弁護士と
精神科医が
答える

学校トラブル解決 Q&A

佐藤香代・三坂彰彦・佐藤克彦──編

子どもの未来社

はじめに──弁護士より

　本書は、学校問題に長く関わってきた弁護士と精神科医のコラボにより、日々、生起する問題に向き合う学校現場の皆さんにとって、解決に実際に役立つヒントを届けたいという思いで執筆したものです。

　昨今、いじめ防止対策推進法や障害者差別解消法、教育機会確保法など、学校における教育や生徒指導の在り方に深く関わる法律が次々と成立し、学校も法律を意識せざるを得なくなりました。また、いじめ・学校事故や児童虐待への対処、こうした問題も含めた保護者対応などの場面で、法律家のサポートがほしいという現場のニーズから「スクールロイヤー」の配置も進んでいます。

　確かに、弁護士は、具体的な紛争に、法律という物差しを当てはめることで、学校がするべきこと・してはいけないことの範囲をある程度見通すことができます。現在、学校トラブルは、教職員の多忙化など学校側の環境と子どもたちや保護者のニーズの多様化などが相まって、いっそう複雑化しています。そうした中では、目の前の問題を、法の視点から整理してみることはとても有効です。

　他方で、学校トラブルの背景を正しく見立て（読み解き）、適切な手立て（解決策）を講じるためには、法律家の視点だけで十分かというとそうとは言えません。現場の先生方の教育的視点はもちろん、精神医学・心理学的視点や福祉的視点からも、知恵を出し合うことが求められています。

　本書では、弁護士と精神科医が、様々な論点について、それぞれの立場から解決に有効と考えるコメントをしています。読んでいただければ、同じ事例に対して、双方の専門家がまったく異なる切り口から課題と向き合っていることがおわかりいただけると思います。本書を通じて、複合的な視点から、問題を検討し・対処することの具体的なイメージやその有効性をお伝えできればと思っています。

　次に、本書では、問題を解決するための重要な手順として、①事実を確認する、②複合的な視点で問題の背景・ポイントを「見立て」る、③「見立て」に応じた「手立て」を考えるの3ステップを紹介しています。このうち、「手立て」に関しては、できないことはできないと明確に伝える、いわゆる「限界設定」と、限界設定の代わりに学校ができることを主体的に提案すること、この2つの柱を通じて、学校がトラブルに振り回されず・関係者とのつながりを維持しながら、子どもにとって最

善の解決にアプローチする方法を勧めています。

　一口に「限界設定」と言っても、学校に日々保護者から寄せられる相談や要望等について、どこまで対応すべきか・どこから対応すべきでないのか、判断に迷うことは多いのではないでしょうか。この本の中では、具体的な事例を題材にしながら、限界設定の具体的な内容を適法かつ合理的に判断していく際に役立つ視点を紹介しています。

　また、私たちは、「限界設定」や「毅然とした対応」だけで学校トラブルを解決しようとすることは、かえってトラブルが長期化して現場を疲弊させ、子どもたちの学ぶ権利等の最善の利益を損なう危険があると考えています。そのためにも、何とか保護者との信頼関係を維持し、つながり続けようとする（場合によっては、学校以外の社会資源を活用することも含めて）ことが重要だと考えています。精神科医による解説を通じて、困難な状況においても、保護者との対話の糸口を見出すための多くの示唆が得られるはずです。

　本書が取り上げている各「質問」は、数多くの実際の学校トラブルに接してきた経験から取捨選択したもので、特に今日教員を悩ませる事案、例えば、いじめ防止対策推進法上のいじめの定義をめぐる問題や、発達障害などのために合理的な配慮が求められる子どもたちに関する事例も取り上げています。現場の教職員の皆さんが、本書の目次と「質問」を一覧する中で、今実際に直面している問題と関連する項目を探して、問題解決の参考に活用していただければと思います。

　本書が、学校トラブルへの対応や保護者との対話に悩みを抱える現場の教職員の方々にとって、方向性を見出し、解決を促進するための一助となれば幸いです。

編者　弁護士 佐藤香代、弁護士 三坂彰彦

はじめに──精神科医より

　突然ですが、この本は不完全です。第1に、それぞれの分筆担当者によって解答内容の不一致があったのですが、それをすり合わせて唯一絶対の正解を導き出す作業をしておりません。第2に、項目によっては質問に対するストレートな解答が得られず、宙に浮いたままになっているものもあります。そんなんでいいのでしょうか？　…私はそんなんでいいんだと、否、そんなんがいいんだと考えています。なんでそんなことを？？　…それは、他ならぬあなたにも、私たちのチームに加わって、チームの一員として、いっしょに考えてほしいからです!!!

　…というだけじゃ何のことだかわからないですよね。その説明のために、少々長くなりますがこの本ができた故事来歴についてご紹介させてください。「学校の先生方を応援するような本をいっしょに作りませんか？」と弁護士さんから声をかけていただいたとき、私は教職員の精神科医というお仕事をやってきた関係上、ぜひとも力になりたいと考えて即決で「Yes!!!」と答えました。しかし、いざ弁護士さんから具体的な事例と質問項目を頂いたとき、さっぱり解答が思いつかないものも多かったのです。たとえば子ども同士のケンカのいさめ方とか。それもそのハズ。私には教師と接する機会はあっても、子どもたちと直接接する機会など皆無なのですから。

　にわか仕込みの付け焼刃で関係書籍を読み漁ってコピペして凌いじゃうかぁ…なんて悪魔のささやきもあったのですが、やっぱり餅は餅屋で児童精神科の先生のお力を借りることにしました。「学校でのトラブル専門」を標榜した児童精神科医はさすがに見つけることができませんでしたが、紆余曲折を経て、なんとか「普通」の児童精神科医を確保できました。日頃の行いが悪い私にしては何たる僥倖!!!

　これで万事OKだ…と思っていたら大まちがい。次第次第に、まだ登場人物が足りないことに気づきました。スクールカウンセラーの分筆担当者がいないではありませんか。学校という現場で実際に働いている心理の専門職の解答が抜けているのです。児童精神科の先生の件に味をしめた私は、さっそくスクールカウンセラーの先生も巻き込むことをたくらみ始めました。幸い、私には心当たりのすばらしい先生が何人もいるのです。友人の少ない私にしては何たる僥倖!!!

　ところが、誰に声をかけようかと考えているうちにまたまた気づいてしまったのです。いや、待て、まだ足りない専門職がいるぞ。養護教諭も仲間に入れなきゃ

ダメじゃないかと。学校という現場で日々、額に汗して働いている養護の専門職の解答が抜けているのです。そんなんじゃ画竜点睛を欠くじゃないか‼　……いやいや、待て待て…それでもまだ足りない重要人物が残っているじゃないか‼　……もうおわかりでしょう。共同執筆者として一番大切な登場人物。それは学校の先生であるあなたです。学校という現場で日々、実際に子どもたちと向き合って悪戦苦闘しながら働いている教育の専門家の解答が抜けちゃっているんですよ。きっとあるハズです。それぞれの事例と質問項目に対する、あなたが日々の実践で培ってきた教師人生を賭けた解答が。あるいは管理職をしているそこのあなた！　現場からちょっとだけ離れた立場だからこそ俯瞰できたものがあるハズです。もちろん後輩の教師に授けたいとっておきの知恵だってありますよね。それから新人教師のあなた。まだ記憶に新しい豊富な子ども時代の経験と、教師としては致命的に不足している経験値を土台にした教育界の常識にとらわれない発想力と、若さゆえの柔軟さにかけてはあなたの右に出る者はいないハズ。突破口となる何かベテランには思いつかないようなアイデアを教えてください。

　そうやって学校現場のみなさんひとりひとりに、私たちのチームの一員として、知恵を結集して、いっしょに考えてほしいのです。だからあえて、学校現場にいるスクールカウンセラーを誘いませんでした。養護教諭も、教師であるあなたのことも、誘いませんでした。この本の分筆担当者は全員、学校現場の外側にいます（←でももちろん心はワンチームとして、スタジアムのスタンド席から応援している熱血サポーターばかりですよ）。だからこそ、事例と質問項目によっては、解答が宙ぶらりんで穴が開いたままなのです。意見もバラバラですり合わせをしていないのです。あなたに‼…チームの一員として参加していただきたい。学校現場のスクールカウンセラーや養護教諭や管理職といっしょになって、この本の分筆者たちの意見も参考にしながら、いっしょに悩んでいただきたい。バラバラな意見のすりあわせをして、あるいは取捨選択をして、あなたなりの解答を出していただきたい。学校現場の実践者だからこそその知恵で、場外にいる私たちではどうしてもひねり出せなかったミッシングリンクで、この本に欠けているその数々の貴重なピースで、穴埋めをしていただきたい。そのときはじめてこの本は、完成することができるのです。どうぞよろしくお願いいたします。

編者　精神科医　佐藤克彦

第5章　特別な配慮を要する子どもたちの問題

第1章

学校トラブル解決に求められる視点

1 教育現場に法律がやってきた！

教育活動の「法化」とそのポイント

●質問●

公立中学校の教員です。昨今、スクールロイヤーという言葉を多くの場面で耳にするようになり、私たちも、日々直面するトラブルや問題について、「法律ではどうなるのか」意識せざるを得なくなってきました。

ただ、教師としては、学校現場で起きることは法律で割り切れることばかりではないのではないかという疑問や、本音で言えば、教育活動と法律は相いれないのではないかという、とまどいも感じています。

教師として、法律とどのように向き合っていけばよいのでしょうか。

弁護士による解説

1 法律は、トラブル解決の道しるべ

（1）学校で起きるトラブルを、上手に解決することはとても難しい！

昨今「モンスターペアレント」などという言葉が生まれ、さも無理難題を突き付ける保護者が急増しているかのような社会的なイメージがありますが、保護者をモンスターと決めつけ、過度に警戒するのは危険なことです。

いつの時代も、多くの保護者は子どもたちの育ちを守るために学校に協力しようと考えていますし、保護者が学校に不満を抱いて、改善などの申し入れを受けた場合にも、その理由には一理あると思われることが大半です。

ただ、残念ながら、ごく一部の保護者について、無理難題と思われる要求を様々な手段で繰り返し、他の教育活動に支障をきたすほど長時間にわたる対応を迫られるケースが存在します。そして、そうした限られたケースへの対応に、ただでさえ多忙な教職員の労力が、かなり奪われてしまう実情があります。

こうした対応が困難なケースについて、学校として取るべき解決策を検討

するために、法律という社会のルールを活用することは、とても有効です。

　また、現在では保護者の物事のとらえ方や感じ方も多様化しています。以前なら、学校側の考えや教育現場の常識を説明すれば、多くの保護者が納得してくれたかもしれませんが、「その考え方はおかしい」「根拠がわからない」などと反論を受けることが増えています。さらには、保護者が、しっかり、いじめ防止対策推進法などの法律を勉強してきて、法律を根拠に学校に具体的な対応を求めるケースも増えています。こうした風潮の中で、学校側も専門的な知識を身につけ、自分たちが示す対応方針について、明確な根拠を示して説明する力が求められるようになっています。

　さらに、学校内で起きるトラブルは、トラブルの専門家である弁護士から見ても、上手に解決するのがとても難しいと感じることが多いのです。

　通常、訴訟などになる事件は、原告対被告という1対1の関係を中心に、過去に起きた問題を扱います。しかし、学校でのトラブルは、関わる当事者が1対複数、複数対複数、あるいは三角関係など、とても複雑な人間関係だったりします。その上、子どもたちはトラブルの渦中でも、日々学校生活を過ごしています。こうした複雑な人間関係と、現在進行形で現場が動く中で、それなりに妥当な結論をその場その場で見つけながら、実際に行動に移していかなければなりません。

　このような複雑で困難な課題に直面するときには、何か進むべき方向を指し示す物差しとなるような基本的な考え方の枠組み・ルールがあると、その先の見通しが持て、とても安心できます。逆に、そうした物差しを持たないまま対応を重ねると、受け入れる義務もないのに無理な要求を受け入れて要求がエスカレートしたり、逆に、根拠なく要求を拒絶したために対立が激化したりして、ますます窮地に立たされることもあるでしょう。

　法的な視点でトラブルを分析する方法は、「本来、学校はこの問題に対してどこまで対応するべきなのか」を確認するために、とても有効です。

（2）「法律に違反しない」＝「対応しなくてもよい」ではない

　ただ、複雑な学校トラブルを解決していく上で、法律が万能なわけではあ

りません。特に、法律は、それぞれの人・機関が守るべき最低限の社会のルールに過ぎません。にもかかわらず、「法律を守りさえすればよい」などと考えてしまうと、教育という学校の本来果たすべき使命がおろそかになりかねません。

　私たちは、学校で起きるトラブルは、子どもたちの成長発達への影響を十分に考慮して、できる限り、対話を通じて調整的な解決を目指してほしいと考えています。そのためには、法的にみれば保護者の要求に学校が応える義務はないような場合であっても、子どもの成長のために有益なことを1つでも見つけて、学校から積極的にトライしてほしい、と願っています。

　この本では、精神科医の立場からも、保護者や子どもを理解し、関係を築くためのたくさんのヒントを紹介していますので、ぜひ参考にしてください。

2　教育の現場に法律がやってきた

（1）急速に進む学校現場の「法化」

　もう1つの視点は、近年、学校現場で生じる問題について、学校が取り組むべき措置の内容を規定した法律が次々と制定されていることです。

　代表的な法律は、次の3つです。

いじめ防止対策推進法 2013（平成25）年制定	・「いじめ」の定義の拡大 ・教員の対応義務と学校の対応の体系化 ・「重大事態」の対応
障害者差別解消法 2016（平成28）年制定	・障害のある子どもへの「合理的な配慮」 ・障害者差別の禁止
教育機会確保法 2016（平成28）年制定	・不登校児童生徒の学習活動への配慮 ・休養の必要性

　もともと、学校内で起きる様々な問題をどのように取り扱うかという点については、学校教育法37条4項で、「校長は、校務をつかさどり、所属職員を監督する」とされていますので、この規定を根拠にして、校長の裁量判断の中で具体的な取り組みが決められる、という構造になっています。

　そして、実際の裁判では、この校長の裁量の範囲をとても広くとらえてい

ます。つまり、具体的なトラブルをめぐって「校長の取った措置・対応が違法だったのではないか」と当事者から訴えられて裁判になったケースは、これまでにもたくさんあります。こうした事件について、裁判所は、実際に現場での教育の責任を負っている校長が専門的に判断した結果なのだから、その内容が明らかに不合理な内容でない限りは、その判断を尊重していくべき、という考え方を示しています。要するに、トラブル解決のための方策は、いろんな方法があったかもしれないけれど、校長が教育の専門家として決めた方策なのだから、その内容があまりにもおかしい場合でなければ、法律上問題はなかったことにしましょう、と言っているのです。これは、かなり学校側に有利な考え方と言えます。

　そのような中で、先に紹介したような様々な法律が登場しました。これらの法律は、これまでは校長の裁量の範囲内であった、学校内で起きるいじめや不登校などの出来事への対応について、学校が何をするべきか、具体的に定めています。そうすると、例えば、いじめ防止対策推進法13条には、各学校においていじめ防止基本方針を定めることと規定されているのに、校長が自分の信念で基本方針を作らなかったりすると、「いじめ防止対策推進法に違反している」などと批判されてしまうようになったのです。

（2）トラブル対応にあたって特に関係の深い法律

　このように現在では、学校の取り組むべき内容を具体的に定めた法律があり、こうした法律に関する通知・ガイドラインなども多数存在します。学校も、その内容を意識しながらトラブルへの対応を進めないと、当事者から攻撃を受ける材料にもなってしまいます。

　そして、教育をめぐる法律は無数にありますが、その中でも、学校内でのトラブルを解決する際に特に注意が必要な法律としては、以下のようなものが挙げられます。

・**いじめ防止対策推進法**→いじめに関する対応全般
・**障害者差別解消法**→障害・発達課題などのある子どもたちへの対応
・**教育機会確保法**→不登校などで学習が難しい子どもたちへの対応

・児童福祉法→児童虐待対応全般

・児童虐待防止法→児童虐待対応全般

・個人情報保護法（条例）→個人情報の管理全般

教職員の精神科医による解説

1　弁護士さんはモンスター？

　教育に携わっている弁護士さんと身近に接してきた私が、まず最初にみなさんに言いたいのは、弁護士さんも私たちと何も変わらない普通の人だということです。厳密に言えば、「法律には詳しい」普通の人だということです。マスコミ弁護士さんの影響もあってかどうかはさておき、てっきり私は弁護士さんって、何か下手なことを言ったらすかさず言葉尻をつかまえて、さっそくネットやマスコミで徹底的に批判し、断罪し、「精神的苦痛を受けた」と賠償請求するのみならず、「そもそもおまえは精神科医としてふさわしくない」と懲戒請求までしてくる恐ろしいモンスターなのではないか…などと妄想めいたことを考えていました（全国の弁護士のみなさん、本当にすみません）。あ、でもひょっとしたら世の中には本当にそういう弁護士さんも実在しているのかもしれません。もしも心当たりのある弁護士さん本人がこれを読んでいたらお願いがあります。以上の発言は全て素人の偏見に満ちた世迷言であって、本当はそんな弁護士さんなど世の中には一人も実在していないのですから、どうぞ笑い飛ばすに留めて、決して私のことを訴えないでください！（結局いるのかいないのか？？？）

　閑話休題。何はともあれ実際は、少なくとも私が教育関係で身近にお会いした先生方は例外なく全員！…繰り返しになりますが（もちろんいい意味で！！）普通の人でした。ああよかった。ホッと一息。ということで、学校の先生のみなさんもぜひ、弁護士さんをこわがらずに、怯えずに、警戒せずに、防衛的にならずに、「自分と同じただの普通の人なんだ。ただし法律には詳しいけどネ」という気持ちで受け入れていただきたいと思います。

　あ、もちろん精神科医も普通の人ですよ。普通の人で、ただし精神医学に

は詳しい…普通の人です。ドラマや映画の影響もあってかどうかはさておき、精神科医って他人の心の中は何でもお見通しで、周囲の人々を思い通りに操る得体の知れない恐ろしいモンスターと思われることもあるものでして……いやはや、何の専門家にせよ専門家というものは、専門外の人間からは、何かしら妄想めいたイメージを持たれてしまうものなのかもしれませんね。

　そうそう、それを言うなら教育の専門家（教師）だって他人事ではないですよね。ひょっとしたら専門外の人間（保護者）からは、やっぱり何かしら妄想めいたイメージを持たれてしまい、こわがられて、怯えられて、警戒されて、防衛的な態度をとられてしまうことだってあるかもしれません。何を隠そう、かくいう私も学校の先生の病院に勤め始めた当初は…あ…えっと…モゴモゴ。ま…まあ、私のことはどうでもいいとして（汗）、言いたかったのは、どんな人間だってみんな、普通の人にすぎなくて、ただし、ちょっと何かに詳しかったり、何かが得意だったりするだけなんですよ、っていうコトです。ホントにシンプルにそれだけの話。だからどんな人に対してもそんなふうに考えて、**こわがらず、怯えず、警戒せず、防衛的にならず、オープンに向き合っていきたいものですね**。弁護士さんに対しても、精神科医に対しても、教師に対しても、もちろん保護者の方々に対しても…です。

2　弁護士さんと学校教育の意外な関係

　さて次に、弁護士さん恐怖症を乗り越えた私がオススメする弁護士さんと接するときの心構えをお伝えいたしましょう。弁護士さんは法律に詳しいわけですが、それってつまり、世の中（一般社会）のルールに詳しいということですよね。家庭と学校という環境に守られて育ち、立派に成長して巣立つことになる子どもたちは、一般社会（世の中）という大空へと羽ばたいていく。ということは保護者と教員は共に、子どもたちが一般社会で生きていけるように育てていかなきゃいけない。もちろん（**試行錯誤しながら成長するプロセスの途上にある**）子どもたちの「大人たちによって守られた環境」と、責任ある大人同士で協働していくことで成り立つ「一般社会」というものは違う世界ですから、学校に一般社会のルールをそのまま適用するのはやりす

ぎでしょうし、逆に、学校のほうが一般社会よりも厳しいルールにしなければならないことも出てくることでしょう。とはいえ、大人になるという最終到達地点には一般社会のルールが待っているのだから、そこに向かえるような方向性をもったトレーニングをしていかなければなりませんよね。この「子どもから大人へと卒業する上での必修科目」である一般社会のルールに詳しい人こそが弁護士さんなのだ…という心がまえでいると、弁護士さんと話をしやすくなるのではないかなと思います。

3　弁護士さんと精神科医やカウンセラーの使い分け

　最後に、弁護士さんと精神科医やカウンセラーの使い分け（？）について説明します。前述の通り、弁護士さんは一般社会のルールを指し示してくれます。この範囲のことは許されるけれども、この範囲から外れると社会のルール違反になってしまいますよと。一方で人は感情を持っています。ルールだからというだけで、何の疑問も持たずに、プログラムされたルール通りに黙々と動いていくロボットではありません。さらに実際のところ、世の中には納得のいくルールもあれば理不尽だと思うルールもある。だからルールを守っている場合でも、そのルールで定められた行動範囲に自ら望んでとどまっていることもあれば、怒りに全身を震わせながらギリギリで踏みとどまっていることもある。ルール違反をしてしまった場合でも、自分なりの正義を貫くために信念をもってしている場合もあれば、知らず知らずに悪気なくとか、感情に振り回されてとか、衝動的にとか、いやがらせ目的で確信犯的にとか、あるいは駆け引きの一手として計画的にとかの場合もある。このように、**ルールを遵守するにせよ違反するにせよ、その裏に潜んでいる「感情をもった人間の事情」**というのは実に千差万別です。

　このように（ロボットではなく）感情をもった人間同士の様々な事情があることを踏まえると、それぞれのケースでどのような対応をすることが、お互いに協力しあって問題解決をしていくことに結びつくのでしょうか。ルールはルールで当面は変えられないものとして、どうやったらそのルールを学んでいけるのでしょう。どうすればルールを守ってやっていけるのでしょう。

どのようにしてルールという範囲のなかで仲良くしていけるのでしょう。こういったことは六法全書に書かれていることではありませんよね。**感情をもった人間同士としてのルールとの折り合いのつけ方**。それをいっしょに考えていくのが、精神科医やカウンセラーの役割だろうと思います。

　イメージで言いますと、まず弁護士さんが、私たちが動いてもいい範囲を教えてくれて、その範囲内でどうするのかを、今度は精神科医やカウンセラーと考えていく、という感じです。あるいは、問題解決を城攻め（←保護者という敵を攻めるという意味ではありませんよ！　トラブル自体が敵の城で、トラブルを通して互いに成長しながら問題解決を成しとげる、というのが城攻めです）に例えますと、**弁護士さんが外堀を埋めて、本丸攻めを精神科医やカウンセラーと共同して進めていく**という感じですね。

【もう一歩深めたい方への参考書籍】
堀切忠和著『改訂　教職員のための学校の危機管理とクレーム対応』日本加除出版、2014
神内聡著『スクールロイヤー　学校現場の事例で学ぶ教育紛争実務Q&A 170』日本加除出版、2018
梅澤秀監・黒岩哲彦著『教育と法の狭間で──法的アドバイスをもとにした実際の生徒指導事例 60』学事出版、2019

2 「子どもの最善の利益」を道しるべに

学校トラブルを解きほぐすためのヒント

●質問●

公立中学校の校長です。部活動の顧問教諭とのトラブルをきっかけに退部した生徒の件で、その保護者との間で半年間、事実調査と顧問教諭の懲戒処分を求める話し合いを繰り返しています。堂々巡りになっていて、学校としては、これ以上できることはないと感じています。退部した生徒は、学校には休まず登校し、担任からは楽しそうに過ごしていると聞いています。

正直、何のための話し合いなのかと疲弊しており、こうした学校トラブルにどのように向き合えばよいのか、悩んでいます。

弁護士による解説

1　学校側を悩ませる事情

学校内のトラブルの中には、保護者からの要望に対する学校側の説明に納得してもらえずに、延々と対応が長期化しているケースが多くみられます。学校トラブルには、第1章-1でお伝えした以外にも、学校側を悩ませる以下のような学校現場に特有の事情があります。

（1）「打ち切り」を選択することのハードルが高い

学校は、1人の子どもと最長6年間にわたって、きょうだいがいればその保護者とはさらに長期にわたって関わっていくことになります。

そして、長期間にわたる教育活動の中で、次々と連絡を取り合わなければならないことが生じます。こうした関係が卒業まで続くのに、1度のトラブルで、学校から「もうこれ以上、話すことはありません。不満があるならば裁判でも何でもやってください」などと言ってしまったら、その後の教育活動はどうなるでしょうか。保護者と学校の対立はいっそう高まり、行事の連

絡1つでギスギスして緊張感が高まり、そうした中で生じた新たな行き違いから、さらに問題が複雑に…なんていう光景が目に浮かびます。

　こうした大人たちのいびつな関係によって、一番ダメージを受けるのは子どもたちではないでしょうか。教職員の中には、子どもたちの学校生活や、今後の長い付き合いを考えると、保護者に「言いたいことの半分も言えない」と嘆く人もいます。

（2）保護者の言い分に「一理ある」ことが多い

　私たち弁護士は、学校の対応に悩む保護者からも相談を受けたり、保護者の代理人として学校と話し合いをしたりすることもあります。そうしたケースの中には、残念ながら、学校の対応に問題があると言わざるを得ないものもあります。

　また、保護者が無理難題を繰り返しているように見えるケースでも、そうした態度に至るまでの思いには共感できる部分があったり、多くの要求の中にも「確かにそれは一理ある」ということが混在している場合もあります。

　そうである以上、保護者の要求をはじめから無理難題と決めつけて扱うような態度では、ますます当事者間の信頼関係を破壊し、円滑な解決を遠ざけてしまいます。保護者の要求と周辺の事実関係を整理し、非を認めるべき点や、学校としてできることの限界ラインを見極めて、是々非々で対応していくことが大切です。

　本書の第2章以降では、実際のトラブルを想定しながら、解決までのステップを細かく確認していきます。

（3）保護者のニーズと子どものニーズがずれている場合も多い

　延々と対応が終わらず学校が困惑しているケースの中には、保護者の要求が、必ずしも子どもの本音・ニーズと合っていないのではないかと思われるものもかなり見受けられます。

　このようなケースでは、保護者の要求に応えているだけでは、子どもの回復につながらず、結局、保護者の困り感も解消されず、いつまでも対応が終

わらないという悪循環に陥っているように見えます。

2　組織的な対応と「チーム学校」を活用した専門的な視点を

　このように、学校トラブルには解決を困難にさせる様々な特徴があり、1人の教師の力でうまく対応するのは大変困難です。そのため、学校内での組織的対応が重要であると言われています。1人の教師が抱え込まずに、速やかに管理職や周囲の関係する教職員に相談して、学校の中で、組織的に対応するチームを早く立ち上げることが重要です。

　それに加えて現在では、教職員以外の他の専門職との協働を目指す「チーム学校」というあり方が提唱されています。困難なケースについて、教職員だけで問題に対応しようとするのではなく、心理や福祉、法律などの多様な専門家の力も活用することが求められています。

　この点については、第2章-3でさらに詳しく解説しています。

3　「子どもの最善の利益」を考えることが解決への道しるべとなる

　学校トラブルに限らず、課題を解決する上で大切なのは、どんな解決を目指すのか、ゴールのイメージを一致させることです。保護者と学校、教職員同士、あるいは教職員と専門家の間で目指すべきゴールがばらばらでは、協力して前に進んでいくことはできません。

　この本では、学校トラブルに遭遇した場合に共有してほしいゴールは、「**子どもの最善の利益**」であると考えています。理想論からこのように言っているのではありません。実際の場面でも、子どもの最善の利益を中心に、保護者と学校が解決策を真剣に考えるようになったとたんに、劇的に事態が進展したケースをたくさん経験しているからなのです。

　そこで、「子どもの最善の利益」について、少し解説をしておきます。

　まず、「子どもの最善の利益」とは、**子どもの権利条約3条1項**に登場する言葉です。ここでは、「子どもに関するすべての措置をとるに当たっては、公的若しくは私的な社会福祉施設、裁判所、行政当局または立法機関のいずれによって行われるものであっても、子どもの最善の利益が主として考慮さ

れるものとする」とされています。

　ちなみに、日本が子どもの権利条約を批准したのは 1994（平成 6）年です。そして、2016（平成 28）年には、**児童福祉法**の 1 条にも、「<u>全て児童は、児童の権利に関する条約の精神にのっとり、適切に養育されること、その生活を保障されること、愛され、保護されること、その心身の健やかな成長及び発達並びにその自立が図られることその他の福祉を等しく保障される権利を有する</u>」と明記されました。このように、子どもに関わる大人たちは、子どもに関わる事柄を検討する際に、子どもの権利条約の考え方やその内容を十分に考慮する必要があるのです。

　では、子どもの最善の利益とはいったいどのような内容なのでしょうか。実は、子どもの権利条約には、その点についてはあまり詳しく書かれていません。それでも具体的な場面で、子どもの最善の利益は何かを見つけていく上で、重要なポイントが 2 つあります。

　1 つ目は、まず、<u>選択可能性のある解決策をできる限りたくさん挙げてみる</u>ことです。そしてその中から、大人側の都合ではなく、子どもにとってメリットがある解決策を選んでいこうという姿勢です。

　2 つ目は、<u>大人の側が子どもの主体性を尊重する姿勢に立ち、子どもの意見をしっかりと聴く機会を持つ</u>ということです。

　子どもの権利条約 12 条は、子どもに関わる事柄については、当事者となる子どもが意見を述べる力がある限り、まず子どもの意見を聴いて、その意見をできる限り尊重しながら物事を決めていくことを求めています（聴取される子どもの権利。意見表明権）。

　子どもとはいえ本人に関することですから、何が自分にとって最善なのかは本人が一番わかっている場合も少なくないはずです。また、自分のことは自分が決めたいという気持ちは、子どもも同じなのではないでしょうか。とはいえやはり、子どもは子ども、大人と同じ水準の自己決定権を保障するわけにはいかず、最終的には大人が代わりに子どものために決定しなければなりません。そこで、子どもの権利条約では、大人の側に、子ども本人から話を聴いて、その後の判断に役立てていくことを求めているのです。

　意見表明権には思わぬ波及効果がたくさんあります。大人が子どもの声を聴きながら解決の方向性を決めようとすることで、子どもは「大人に大切にされている」と感じ、社会に対する信頼や自己肯定感の回復につながります。また、「自分の意見を聴いてもらえたのだから、多少のことでもへこたれずにがんばってみよう」というやる気にもつながります。

　学校トラブルにおいても、困難に見えた状況の中でしっかりと子どもの声を聴くプロセスを持ったことがきっかけとなって子どもが落ち着きを取りもどすケースや、学校や教師の落ち度を非難することに一生懸命になっていた保護者が建設的な方向に視点を切り替えるきっかけになったケースがあります。

　学校と保護者が「何が子どもの最善の利益になるのか。どうすれば子どもの傷ついた人権が回復するか」という共通の目標に向かって、子どもの声に真摯に向き合いながら、解決策を考えることこそが解決への近道です。

教職員の精神科医による解説

1　初心は意外と忘れがち。だって人間だもの。

　このように途方にくれてしまう場面では、今取り組んでいることから一歩身を引いて、「そもそも何のためにこんなことをやっているんだったっけ」と、本来の目的について振り返ってみることが突破口になる場合があります。気づいてみたら保護者を落ち着かせて機嫌をとることだけが目的になっていたり、ともかく何でもいいから大ごとにならないよう消火活動をするだけとか、学校のためだけとか、自分の保身のためだけとか…いえいえ、偉人や聖人君主や聖母や神仏などの超越的存在とは違って、わたしたちが平凡な人間である以上は、そんなことが頭に思い浮かぶのはごく自然なことです。そして気づけば、子どものためという初心を忘れ、別の目的ばかりに集中してしまうことがあったとしても、それも自然で無理もない話です。

　ですから、そんなことばかりしていたと気づいたときには、それは単に、「自分は超越的存在ではなくただの普通の人だった」ということを確認しただけ

だと考えましょう。歴史に名を遺す超越者グループではなく、「その他大勢」という平凡なグループに自分が属していたということで安心するのはよしとして、（**自分が神でなければならぬという傲慢で尊大な方以外**）これをもって自分を責める必要はありません。

　ただそれに気づいた後で、弁護士さんが指摘したとおり改めて「そもそも学校も保護者も子どものために活動しているのだった」という初心に立ち返ればいいんです。さっきまで必死に抱えこんでいたその人間らしい感情や考えは脇に置いて、子どものためという本来の目的を玉座に据えて、活動方針を見直せばいいんです。

2　「子どものため」という目的を一致させるために

　ところでこのケースでは、保護者の要求にこれ以上対応するのは、法的にも制度的にも不要なばかりか、もはや子ども自身も問題にしていないのだから教育的にも不要と思われる状況ですよね。つまり保護者のほうが、気づけば子どものためという本来の目的からズレてしまっているというパターンですね。でも保護者も超越者ではなく普通の人なのですから、いつのまにか初心を忘れて別の目的にばかり集中していたとしても、これをもって保護者を責めることはできないでしょう。あなたも私と同じ平凡な人間なんだよね、と安心することはよいとしても。

　さてではここから、目的の再設定をどのようにしていけばよいのでしょうか。まず提案できるのは直球勝負の作戦で、それは**目的の設定自体を話し合いのテーマにする**ことです。たとえば「これからの話し合いの時間をお子さんのためにできるだけ有意義なものにしたいのです。それはお父さんも同じですよね。ですから、まず話し合いをする前に、**この話し合いで何がどのようになったら、お子さんのためになるとお考えなのか**を改めてお伺いしたいのですが…」と問いかけてみるのです。すると保護者は当然、「それは、だから何度も言うとおり、事実調査をやり直して懲戒処分をしてもらうことに決まっているじゃないか」と返してきますよね。

　ここでめげたら目的の設定自体をテーマにした話し合いにはなりません。

話し合いというのは話し合いをしなきゃいけません。目的設定自体について、話し合いをするのです。だからたとえば、次のように話し合いを進めていきます。「そうですよねえ…ところが残念なことに、学校のほうでは、これ以上の事実調査もできませんし懲戒処分もできない…という結論は変わらないのですよ。実際にこれまで何度も話し合っても、この結論については変わらなかったでしょう。そしてこれからも変わらないのですよ。ですから、この話題についてこれまでと同様に話し合っても相変わらず平行線が続くばかりで、お互いに疲れ果てるだけで○○君のためにならないと思うのです。私としては今、○○君は△△のことで悩んでいるのだから、お父さんとも△△のことで話し合いたいのです。これからの話し合いの貴重な時間を、そのことで使っていきたいのです。私たちが平行線になる話題で対立しているうちに、△△のことを話し合う時間が失われてしまう。それじゃ困りますよね。**私は困ります。困っています。焦っています。平行線になるテーマよりも△△のことを話し合わなきゃいけないのに！…と焦っているんです。**○○君のためにどうにかしてお父さんと△△のことを話し合いたい。早く△△のことを相談したいんです！……すみません。一気に私の思いをしゃべってしまいましたが……お父さんはこの私のお話……どう思われましたか？」

　う～ん。ポイントを提示するのではなく実際の発言例を書くのは気が引けます。長文ならばなおさらです。だって、実際の適切な言い回しというのは、問題や状況の性質やタイミングのみならず、発言者と聞き手のキャラや組み合わせでも変わりますからね。でもあえて長文を載せてみました。くれぐれも丸暗記して棒読みなんかしないでくださいね。

　ポイントは、「私たち（＝学校＋保護者）は話し合いにせよ何にせよ『子どものために』という目的のためにやっているんですよね！」という信念を強くもつことです。言い換えれば、『学校のため』でも『保護者のため』でもないのだということを明確にしてブレないようにすることです。そしてブレそうになったら、あるいはブレていることに気づいたら、再度、「話し合いの目的」についての話し合いを再開することです。

　ちなみに蛇足かつ当然の話ですが、このような直球勝負をするためには、

まずそもそも学校側が、平行線になっているテーマよりも「子どものため」になるようなもっと大切なテーマを、教育の専門家として、実際にちゃんと発見していること、そしてそれをしっかりとプレゼンできるようになっていることが条件になります。本当に大変な時って、行く手を阻むように立ちふさがってきた目の前の問題を解くことばかり夢中になってしまい、「子どものため」という本来の目的にかなったもっと大切なテーマを、放置してしまうことも起こりがちです。それに気づいたらとりあえず窓の外の空でも眺めて…それから3回くらい深呼吸して、（最初にもどりますが）今取り組んでいることから一歩身を引いてみましょう。そして「人間だもの」とつぶやきましょう。まずはそこから、再スタートです。

3　直球勝負がうまくいかないこともある

　しかしこのような直球勝負をしても「子どものために」の旗の下に集えそうにない場合もあります。たとえば保護者が（残念なことに初心の段階から）子どものことなどどうでもよくて、「学校に対してマウンティングをしたい」という自分勝手な目的しか持っていない場合です。その場合は変化球として、時間制限をもうけるようにしたり、丁重にお断りしたりすることになるでしょう。それでも収まらないのであれば、弁護士さんと相談しながら法的にブロックをかけることになるでしょう。なぜなら、**学校が疲弊すること**も「**子どものため**」**にはなりません**から。

【もう一歩深めたい方への参考書籍】
佐藤晴雄編『保護者対応で困ったときに開く本』教育開発研究所、2012
諸富祥彦編『頼れる校長の「保護者のクレーム解消」の技術』教育開発研究所、2008
日本弁護士連合会子どもの権利委員会編著『子どもの権利ガイドブック【第2版】』明石書店、2017
喜多明人他編『逐条解説　子どもの権利条約』日本評論社、2009

3 解決に「役立つ」方法を探す
プラグマティズムのススメ

●質問●

質問1　無理難題を要求されたときは、それほどまでに困っているという思いに寄り添っていくことが大切だと学び、実際にそれでうまくいっていました。でも今回は連絡帳の文章量がどんどん増えて、さらに丁寧に寄り添うようにしてみたら電話も毎日のようにかかってくるようになり、要求もどんどんエスカレートしてきて、他の子どもや保護者に目を向けるどころか、最低限の授業の準備をする時間もなくなって燃えつきそうです。なにが悪かったのでしょうか。

質問2　できないことについては毅然と断るべきと学び、実際にそれでうまくいっていました。でも今回は保護者が怒り出してしまい、さらにブレずに毅然としていたらますます怒りが増してきて、「出るところに出てやる」というところまでエスカレートしてきています。なにが悪かったのでしょうか。

教職員の精神科医による解説

1　解答編の前に…

　学校の先生の精神科医をするなかで気づいたことがあります。それは、先生は常日頃から「何が正しいのか？　何がまちがっているのか？」を教えているので、ある種の職業病として、それにこだわりすぎてしまうことがあるということです。もちろん正しいことを追及するのはよいことですし、まちがっていることをしちゃダメですよね。しかしそれにこだわりすぎると、教科書的にはまちがっている方法について、今はそっちのほうが有効そうだなとわかっていても躊躇して、なかなか手を出せなくなってしまいます。そしてもっと悪いことには、今やっていることが逆効果でしかないとわかってい

ても「教科書的にはコレが正しいことだからやはり、この道しかない！」と
自分に言い聞かせて、その正しいけれど有害な方法を、ずっとやり続けて、
さらに事態を悪化させてしまうこともあるのです。

2　プラグマティズムの追加ダウンロードのお願い

　そこで私がオススメするのは、あなたの頭の中のプログラムにプラグマ
ティズムを追加ダウンロードすることです。プラグマティズムはアメリカで
生まれた考え方（≒哲学）で、日本語訳では実用主義と言います。アメリ
カっていろんな国からやってきた移民たちが寄り集まって作った国ですよね
（←もちろん、先住民の方々の存在を忘れてはいけませんが）。だから、や
れ「伝統的には寝るときは北枕に限る」とか、「いやいや逆で北枕は縁起が
悪いんだ。そんなことも知らないの？」とか、「違う、違う！　昔から斜め
45度こそが正しいんだ」とか、それぞれの出身地によって、伝統とか正統と
か主義主張が見事にバラバラなわけです。そんなバラバラな人々ばかりが集
まって、それでもアメリカという1つの国をまとめて作りあげようというと
きに、正しいかまちがっているかという考え方（軸）とは別に、それが役に立っ
ているかどうかという考え方（軸）で一致団結しようじゃないかという考え
方が生まれたのです。これがプラグマティズム（実用主義）です（図1参照）。

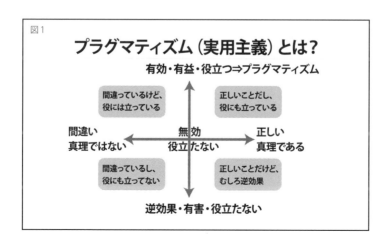

図1

プラグマティズム（実用主義）とは？

有効・有益・役立つ⇒プラグマティズム

間違っているけど、
役には立っている

正しいことだし、
役にも立っている

間違い
真理ではない

無効
役立たない

正しい
真理である

間違っているし、
役にも立ってない

正しいことだけど、
むしろ逆効果

逆効果・有害・役立たない

　注意してほしいのは、どちらか一方の軸を選ばなきゃいけないというワケじゃないことです。役に立っているかどうかという軸にそって考えるときにも、正しいかどうかを完全無視してよいというわけじゃない。単に軸が複数ある、1つじゃなくて2つあるんだ…というだけです。正誤の軸のほかに、役立つかどうかという軸も加えるのがプラグマティズムなんです。

　この新たに加えた「役立っているかどうか」の軸を、もうちょっと詳しくみてみましょう。上の方が「有効・有益・役立つ」という方向で、下の方が逆に「逆効果・有害・役立たない」という方向になります。誰も好き好んで有害なことはやりたくない。だれもが有益なことをしようとして最善を尽くしている。にもかかわらず結果的に有害になっているということですから、「逆効果」の方向とも言えます。上でも下でもないゼロのところは「無効・役立たない」という地点です。「無意味」と言ってもいいでしょう。

　さて寝るときは…結局どっち向きに寝るのがいいんでしょうね。仏様が…とか、風水的には…とか、磁場の影響が…などと諸説入り乱れていますが、現時点ではそれらの諸説を証明するような科学的エビデンスは何もありませんから、どの方角も、正しいともまちがっているとも言えません（正誤の軸では右でも左でもなくて真ん中になりますね）。でもたとえば、風水にハマってるウチのダンナが北枕が正しいとウンチクたれてるアナタなどは、自分も北枕にしたほうが家族の平和のためにはいいのかもしれません。その場合に北枕は、その正誤とは別に、役に立つということになります（プラグマティズムの軸の上の方になる）。あるいは、同居しているお義母さんが仏教にご執心な関係上、北枕は絶対に縁起が悪いと信じている場合には、北枕はその正誤は別にして役に立たないことになります（プラグマティズムの軸の下の方になる）。

3　今していることをプラグマティズムの軸も加えて考えてみれば…

　今、みなさんがやっていること。まちがったことをしたい人なんていませんよね。だからみなさんがやっていることはきっと正しいことです。まちがったことはしていません。でもそれで、結果的にうまくいかなかったり、ある

いは自分を追いつめてしまったりしているとしたら、ちょっとこの話を思い出してみてほしいのです。「それは正しいことだけど、**実際のところ、最近は役に立っていますか？　それとも役に立っていませんか？　それどころかひょっとして今は逆効果になってたりしませんか？**」…この軸を加えて、今していることがどこに位置していることなのかを、見つめなおしていただきたいのです。そしてもしも役に立っていなかったり逆効果だったりしていることに気づいたら、いつまでもそんなやり方にしがみつくのは止めて、素早く手放していただきたいのです。するとここから、新しい出口が見えてくるかもしれません。ここを折り返し地点にして、起承転結の「転」が始まるかもしれません。

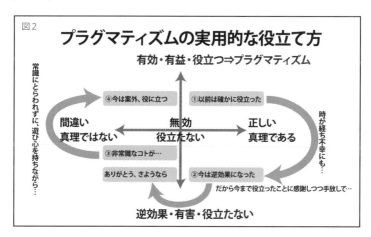

図2 プラグマティズムの実用的な役立て方

4　以下が解答編になります…

　解答1：寄り添うことは正しいことです。そして正しいことの多くは有効ですし、これまでは有効だったのでしょう（図2の①）。でも今は、寄り添うことが逆効果になっているようです（②）。できないことはできないと毅然と断ることもときには必要です。それはまちがっていることのように思えるかもしれません（③）が、社会のルールを学ぶことや、現実世界のもつ限界を受け入れて不完全さと折り合っていくことも、巣立っていく先が不完全な現実社会である以上は、子どもたちにはぜひ学びとってほしい項目である

ハズです。だから、できないことをできないと毅然と伝えることも、教育者として身につけなければならない必要なスキルなのだと考えてみるのはいかがでしょうか（④）。

　解答2：毅然と断ることは正しいことです。そして正しいことの多くは有効ですし、**これまでは有効だったのでしょう**（①）。**でも今は**、毅然と断ることが逆効果になっているようです（②）。断るしかないものは断るしかないにせよ、断るときには必ず毅然とした態度でなければならない、なんていう必然性はなくて、残念そうに申し訳なさそうに不本意そうに断ることもときには必要です。それはまちがっているように思えるかもしれません（③）が、あなたが示さなければならない社会のルールや現実世界の限界や不完全さというものは、あなた自身がそれを望み、あなた自身が作ったものではないハズです。だから、保護者に寄り添いながら、目の前にそびえ立つ超えられない壁をいっしょに見つめ、共に悲しみながらその壁の存在を伝える…という姿勢も、不完全な現実社会の設計者でも創造者でもない同じ人間として、自分が身につけなければならない姿勢なのだと考えてみるのはいかがでしょうか（④）。

5　応用編

　人はみな最善を尽くしている。それは教師も保護者も同様です。そして保護者も保護者なりの正しさにこだわって、良かれと思って、逆効果なことを続けているときもあるでしょう。そんなときにはこのプラグマティズムの図を思い出し、あるいはお互いにこの図を見ながら、今のやり方を見直してみてもいいかもしれません。

　たとえば、「いじめの加害者を謝罪させるまでは我が子を学校に行かせない」と主張している保護者に対して、以下のように伝えてみるのはどうでしょうか。

　「いじめをした生徒にはそれ相応の責任をとってもらうのは当然ですし、物事というものは1つ1つ確実にこなして、ステップを踏んでいくのが正し

いことです（①）。**でも今回は、**その生徒が自分のやったことに向き合い、反省し、相応の責任をとれるようになるには、**今もこうして時間がかかっ**ているのが現実です。だから『加害児童が一人前に謝罪をしてから登校させる』という正しいステップを踏もうとこだわりすぎると、お子さんの学習が遅れてしまい、結果的に逆効果になってしまいます（②）。ご存じのとおり、**実社会の中では、教科書通り・理想通りにはいかないこともあって、私たち大人は日々、**それに直面して苦々しい思いをしながら生きているわけですが・・・ まあ、世間知らずの私のような教員なんかより、お父さんのほうがそこらへんは百戦錬磨の酸いも甘いもで釈迦に説法とは思いますが・・・ だからここは1つ、ステップとしては逆の順番になってしまいます（③）が、いじめをした生徒のことは別にして、お子さんの学習が遅れぬよう、どうすればお子さんにとって負担の少ない形での登校ができるかを考えてみたいのですがいかがでしょうか（④）。」

【もう一歩深めたい方への参考書籍】
魚津郁夫著『プラグマティズムの思想』ちくま学芸文庫、2006
若島孔文著『短期療法実戦のためのヒント47 心理療法のプラグマティズム』遠見書房、2019
中村健一著『策略プレミアム ブラック保護者・職員室対応術』明治図書出版、2016

第2章

学校トラブル対応の
全体像

1 保護者対応の心がまえ

精神科医の視点から

●質問●

　夢がかなって今年からいよいよ教師になります。つい最近まで自分が「子ども」の立場だった強みを生かして、子どものために精一杯がんばりたいと思ってます。でも…保護者のことは正直こわいです。年上だし子育て経験者だし…どうしても引け目を感じます。その上、モンスターペアレントの無理難題クレームでいじめられたらどうしようと、不安になります。クレームってどんなふうに対処したらいいのか、その全体像を教えてください。

教職員の精神科医による解説

1　保護者対応の「起」は覚悟を決めること

　「起承転結」の4つに分けるとわかりやすいです。最初の「起」は、相手に対して共感的な理解をするんだと覚悟を決めることです。共感的な理解とは、この親御さんがこのタイミングでこのような行動に出たのは、やむにやまれぬ、無理もない事情があったのだ、たとえ表面的にはどんなに獰猛なモンスターに見えようとも、本当は子どものことを大切に思い、**本人なりに最善を尽くしている**立派な人なのだ…と理解することです。

　逆に言えば、こんな所業をするヤツは、そもそも人として根本的に欠けているところがあって、悪意と敵意から「こんなことをやったら巡り巡って我が子にとってもデメリットのほうが大きい」ことも百も承知で、我が子も含めた全員をあえて意図的に確信犯的に不幸のどん底に落とそうとしているゲスの極み保護者なのだ！　人間じゃあない！　モンスターだ！…などという敵対的な理解はしないぞと覚悟を決めることでもあります。

　なぜ最初から、相手はモンスターではなく善人だという（ある種）能天気な性善説のほうを採用してしまうのでしょう。理由は4つです。まず1つ目

は、そのような覚悟を決めることは、それ自体が善であるという倫理的な理由です。2つ目はこれと対照的に論理的な理由で、そのように決めてかかったほうが**両者にとって納得のいく（win-win な）解決策**を導きやすくなるからです。自分が心から憎んでやまない悪者を前にして笑顔で握手できるような提案を思いつけ…なんてのはムチャですからね。

　第3はプラグマティック（第1章－3「プラグマティズムのススメ」参照）な理由で、そのほうが単純に役に立つからです。というのも、感情や本音というものは表情や態度を通して無意識に漏れ出てしまうものだからです。たとえば内心で相手に嫌悪感をもっていたら、いくらリップサービスを振りまいても表情がこわばってバレてしまうリスクがあります。「じゃあ笑顔だ！笑顔！」と思い直して精一杯の笑顔を振りまいても、今度は口ばっかりニコニコしてて目が全然笑ってないなどの不自然さが出て、ますます演技だとバレてしまうかもしれません。「いやいや。私は学生時代にずっと演劇部で鍛えてたから心にもないセリフを吐くのは慣れてるモン！」なんていう先生もいらっしゃるかもしれませんケド、でも本心で感じている感情によって瞳孔の大きさも変化するそうですよ。好きな相手を目にすると瞳孔が大きくなって、嫌いな相手だと小さくなるそうです。さすがに**瞳孔の大きさまではコントロールできないでしょう。**

　もちろん瞳孔の大きさを意識的に見ている人はまれでしょうけど、でも、相手が自分に好意をもっているか敵意をもっているかが直観的にわかる時ってあるじゃないですか（←ハズれることもあるので過信は禁物ですが）。ひょっとしたらその時私たちは、相手の瞳孔の大きさなんかも無意識に感じ取っているのかもしれません。いずれにせよ、演技には限界があるし、演技だとバレたらそれこそ欺瞞にあふれた偽善者教師というレッテルを貼られて、もはや信頼もへったくれもなくなります。逆に演技ではなく本心で相手を好意的にとらえているならば、その気持ちが無意識に漏れ出て信頼されやすくなるから便利だよ…ということです。

　ところで最初の段階では、相手の情報がほとんどないことが多いですよね。だから好意的にとらえるか敵意を持ってとらえるかは、もっぱら自分の

意志によって選択するしかない。つまり**何の根拠もなく、エビデンスも欠如したまま、性善説の道を歩むことを決断するんです**。だから覚悟なんです。これは。

　最後に４番目の理由ですが、これは教師という職業特性と合致するからというものです。そうでしょう。威嚇的行動だろうが無茶な要求だろうが、暴言だろうが反社会的行動だろうが、子どものどんな言動も、この子どもがこのタイミングでこのような行動に出たのは、やむにやまれぬ、無理もない事情があったのだ、たとえ表面的にはどんなに獰猛なモンスターに見えようとも、本人なりに最善を尽くしている立派な人間なのだ…という理解をしようと覚悟していますよね。

　もちろん年齢に応じた範囲での言動の責任はとってもらいますよ。責任はしっかりととってもらうのだけれども、こんな所業をするヤツは、そもそも人として根本的に欠けているところがあって、悪意と敵意から「こんなことをやったら巡り巡って誰にとってもデメリットの方が大きい」ということも百も承知で、関係する全員をあえて意図的に確信犯的に不幸のどん底に落とそうとしているゲスの極み子どもなのだ！　人間じゃあない！　モンスターだ！…などという敵対的な理解はしないぞという覚悟を決めて、教育者をやっているでしょう。

　以上の４つの理由から、まずは共感的な理解をするんだと覚悟を決める。これが最初のステップです。

2　覚悟をしたうえでの状況把握（承）

　その覚悟をしたうえで保護者からの訴えの詳細を丁寧に尋ねていきます。これが「承」です。あなたには悪意はない。あなたはあなたなりに最善を尽くしている。にもかかわらず、こうなってしまったのには、いかなるやむにやまれぬ経緯（いきさつ）があったのか。どのような無理もない事情があったのか。それを知りたい！　ぜひ教えてほしい！…そのような思いを込めて尋ねていきます。

　よくハウツー本には質問の仕方は「なぜ（WHY）」ではなく「どのよう

に（HOW）」を尋ねるほうが、相手を防衛的にさせたり自己正当化させたりしないからいいのだとか、「お子さんのこの問題を解決するのに必要なので知りたいのですが」などと目的を明確にしたうえで尋ねたほうがいいのだとか、いろいろなテクニックや尋ね方が書いてありますが、それも「起」であなたが選択した心がまえをしっかりともっていれば、自然と納得できるでしょうし、自然と口から出てくることでしょう。逆に、この心がまえができていないままテクニックだけを駆使しても、前述の通り、真逆の本音が表情や口調から漏れ出てしまい、逆効果になりますよね。テレビでおなじみの元・教師の尾木直樹先生は、荒れた学校での現役時代に、何かの問題を起こした教え子を前にした第一声は「どうしたの？」だったそうですが（←それを知った翌日からさっそく私も愛用させてもらっています）、この言い回しも、こちらの心がまえ次第で吉と出ることも凶と出ることもありそうですよね。

　また、保護者が示す感情は怒りであることが大半だと思われますが、「怒りは二次的感情ですよ」というお話を、教育学の授業やら心理関連の研修でちょくちょく聞いたことがあるのではないでしょうか。まず最初に、悲しいとか、寂しいとか、つらいとか、苦しいとか、傷ついたなどの一次的な感情があって、**その感情を誰も共感・共有してくれないときに初めて、自分の身を守るために感情を怒りに変更して攻撃行動に移るのだ**というお話。だから怒りの手前の、もともとあった一次的な感情を探り当てて、それに共感・共有（シェアリング）していくことが大切なのだというあのお話です。忘れていた方もいるかもしれませんが、もう思い出しましたでしょ？…こんな感じで、すでに学んできた知識も思い出してフルに活用していきましょう。

3　解決策はブレーンストーミングで（転）

　保護者なりの無理もない事情があったのだということを理解して、怒りの出発点となった悲しみなどの一次的な感情も共有できたところで、視点を「これまで」から「これから」にシフトします。まさに「転」ですね。過去の出来事の情報共有・**感情共有**から、未来予想図を思い描きながら解決策を作っていく方向に舵を切るのです。ここでポイントになるのは、解決策の実現可

能性はいったん脇に置いておくということです。

　というのも、そうしないと斬新なアイデアが思い浮かびにくいからです。コレ、ブレーンストーミングのコツですよね。でも他にもあと2つ、もっと大切な理由があるんです。ひとつは、実現可能なものばかりにこだわると「〇×△は前例がないからダメ！」などと学校の常識を保護者に押し付けてしまうリスクがあるからです（←よく「**学校の常識は社会の非常識**」っていうでしょ！）。あとひとつは、実現可能なものばかりにこだわると「〇×△は我が家のやり方とは違うからダメ！」などと家庭の常識を保護者から押し付けられてしまうリスクがあるからです（←核家族化の進行に伴って「**家庭の常識は社会の非常識**」っていうことも増えてきましたよね！）。ちなみに私がよく使う言い回しは「できるかどうかは置いておいて、何がどのようになったら、今日、面談をして良かったなと思えますか？」です。参考までに。

4　「子どものために」の旗の下に集いし勇者たち（結）

　さて最後に、実際にやれることを取捨選択していくワケですが、この段階で理想と現実の壁にぶつかりますよね。ここでのポイントは、**その壁はあなたが望んだものでも、あなたが作ったものでもない**ということです。だからあなたと保護者は、壁を通して対立しているのではないんです。その壁を前にして同じ側にいる仲間なんです。同じ陣営にいて、同じ釜の飯を食った同志なんですから、怒りだって安心してシェアできちゃいます。もちろん、その手前の理不尽だなあとか悔しいなとか悲しいねとかの一次的感情をシェアしたほうがもっといいですけど。

　そうやって壁を不承不承、受け入れつつ、現実的な対策や行動計画を立てましょう。**教師は教育の専門家、保護者は我が子の専門家**。それぞれの役割は違いますが、同じ目的の下で知恵を出し合い、それぞれにできることをできる範囲でやっていく。これが「結」です。

5　実例：クラス替えで親友と別れてしまった！すぐにクラス替えをやり直せ！

　校長先生から「新入生の様子はちょっと読みきれないのと、あと今回の3

年生は1～2年生の間、ずっと落ち着いていたからねえ」という理由で新任
早々、小学3年生の担任になりました。ところが着任早々、ミズキちゃんの
お母さんから電話。出たとたんにどなられました。「うちのミズキになんて
ことを！　だから学校っていうのは！」。さて、みなさんならどうしますか。

起：根拠はないけれど共感的な理解をするんだと覚悟を決めて…

承：「お母さんがそれほどまでにお怒りになっているのは相応の事情がある
と思うのです。ミズキちゃんのために、私にできることを考えたいので、
もうちょっと詳しい事情を教えてください」。詳しく尋ねてみたら、お姉
ちゃんのカナエちゃん（現在5年生、不登校傾向）のときから、クラス替
えのたびに仲良しグループからカナエちゃんだけが引き裂かれてしまうこ
とが繰り返されたそうです。そのたびにカナエちゃんはお母さんに「ま
たお友だちとバイバイになっちゃった！　カナエだけがまた一人ぼっちだ
よ！　なんで！　ヒドいよ！」と泣きついたそうです。お母さんとしても
「なんでウチの子ばかり！」と怒り心頭だったのですが、こんなことで学
校に苦情を言ったら無理難題クレームを言うモンスターペアレントと思わ
れてしまうのではと思ってがまんしていました。カナエちゃんには「もう
いいかげんに泣かないで。ね。お姉ちゃんでしょ。しっかりして。学校だっ
てみんながみんな、友だちといっしょになれるようにはできないのよ。た
またま運が悪かっただけ。世の中、あなたの思いどおりになることばかり
じゃないの」と言ってなだめていました。でも一人ぼっちのカナエちゃん
はとうとう不登校ぎみになってしまい、そこに妹のミズキちゃんまで初め
てのクラス替えなのに仲良しグループから切り離され一人ぼっちになって
しまったのです。「もうがまんの限界！　いいかげんにして！！　なんで
ウチの子ばっかり！！！　ヒドい！！！！　ヒドすぎる！！！！！」……
そういう事情がありました。「お母さん、本当に悲しいですよね。つらい
ですよね。カナエちゃんのこともミズキちゃんのことも。本当に悔しいで
すよね。いいかげんにしてほしいですよね」。心の底から現実の不条理さ

へのやりきれない思いをシェアしているうちに落ち着いてきたお母さんは、「すみません。先生のせいじゃないのに時間とらせちゃって」と謝ります。「いや、でも率直に言って納得いかないですよね！　私もクラス替えのときに一人ぼっちになったことがあって……」。つい最近まで「子ども」だった新人教師のこっちのほうが思わず、怒りの導火線に火がついちゃったとかつかなかったとか……。

転：事情が呑み込めたところで何かやれることはないかの話し合いになりました。あれやこれやとアイデアを出し合いました。

　完全シャッフル性でやり直しするとか、友だちがゼロになるような子どもが一人も出ないように全員の友達調査を行ってからクラス替えをするとか、それを手作業でやったら頭がパニックになるから、それぞれの好きな友人を登録したマッチングアプリを作って自動的に決めるようにするとか、どうせ登録するなら好きな趣味やアニメや得意科目なんかも書き込めるようにするとか、クラス単位じゃなくって全国単位で共通する趣味やアニメや得意科目ごとに友だち作りをできるようにするとか、いっそ子ども向けの健全な友だち作りサイトを学校とPTAで立ち上げて、NHKの教育系番組で特集されたのをきっかけに、かたやIT企業社長のカリスマ・ママとしてバラエティー番組の常連になって芸能界のママ友との社交にうつつを抜かし、かたや現役教師の毒舌コメンテーター枠を独占、ワイドショーでひっぱりだこのうえ、とうとうサイトの登録者数がフェイスブックを超えた高額納税者としてタイム誌の表紙を飾り……。

　…などと、2人で盛り上がるうちに、だいぶ脱線した話になってしまいました。

結：クラス替えのやり直し…はもちろんできません。もちろん時をもどしてやり直してあげたいのだけれども、時の流れの壁も、制度の壁も、あなたが望んだことでもあなたが創造したものでもありません。お母さんといっしょにため息です。その上でできることとして、友だち作りがしやす

い授業をいろいろと企画することにしました。好きな趣味やアニメや得意科目を紹介しあったり、共通する興味でグループになったりができるような授業です。そしてミズキちゃんのように友だちグループから離れて一人ぽっちになっている子どもたちのことを特に大切に見守りながら、授業を進行するように心掛けることを約束しました。

　お母さんのほうは…ミズキちゃんの怒り（←二次的感情）だけじゃなくて、悲しい気持ちや寂しい気持ち（←一次的感情）もしっかりと時間をかけてシェアリングすることを約束しました。そして「世の中、あなたの思いどおりになることばかりじゃないの。お母さんも、それで悲しくなったり、つらくなったりしょっちゅうしているわ。そんなときは味方になってくれる人といっしょに、悲しいな、つらいなって気持ちを分け合うの。そしたらお母さんはね、その分だけ気持ちが軽くなって、また前を向けるようになってくるんだあ。ミズキにも味方がたくさんいるわ。もちろんお母さんだってそうだし、学校の先生だってミズキの味方って言ってくれたのよ。この前の電話でお母さん、先生といっしょに、悲しいな、つらいなって気持ちを分け合ったわ。私たちは何があってもミズキの味方。だから大丈夫。ちゃんとお母さんと先生でミズキを見守っているからね」。そう言ってあげようと心から決めたお母さんはそっと、受話器を下ろしたのでした。

【もう一歩深めたい方への参考書籍】
援川聡著『クレーム対応の教科書』ダイヤモンド社、2014
津田卓也著『どんなクレームも絶対解決できる！』あさ出版、2017
ヴィヒャルト千佳こ著『保護者をクレーマーにしないために』ファストブック、2019
小野田正利著『悲鳴をあげる学校』旬報社、2006
多賀一郎著『大学では教えてくれない信頼される保護者対応』明治図書出版、2017

2 保護者から相談・要望・苦情が来た！

初期対応のポイント

●質問●

　私は、公立中学校の事務職員です。ある日、2年生の男子生徒の保護者から、私宛に電話がありました。

　内容は、「うちの子どもは、いじめにあって1か月も登校していない。なのに給食費を支払わされた」とのことでした。私が、「まだ当分、登校できないようなら、止めることもできますよ」と伝えたところ、「本当なら明日にも通わせたい。これからではなく、過去の分をまず返金するべき」と、かなり怒られてしまいました。

　このような初期対応の場面で、気をつけるべきことを教えてください。

弁護士による解説

　学校トラブルを適切に解決するためには、最初に保護者から要望、相談、苦情を受けたときの教職員の対応（初期対応）が重要です。そこで、初期対応のポイントを確認してみましょう。

1　初期対応では、①事実、②感情、③要望を整理した対応を

　子どもや保護者から聞かれたことに対して、自分のわかる範囲でとっさに親切心で答えるということは、よくあることだと思います。

　しかし、学校トラブルの初期対応としては注意が必要です。

　保護者や関係者から、学校に何かしらの相談や要望、あるいは苦情が持ち込まれたとき、その話の内容を大きく3つの要素に区別して聴き取ることが大切です。その3つとは、①事実、②感情、③要望です。

　これらの要素について、それぞれの対応のポイントを確認してみましょう。

2 「事実」に関する訴え

　質問で言えば、「いじめを受けて1か月学校に通えていない」「それなのに給食費を支払った」という語りが、事実に関する訴えといえます。

　こうした「事実」に関する訴えについては正確に聴き取り、あとで共有できるように記録を残すことが大切になります。「正確に」とは、いわゆる5W1Hを埋めるように、具体的に事実を確認していくことです。

　また、事実の内容だけではなく、その事実を裏付ける資料としてどのようなものがあるのかという点も確認をしておくとよいでしょう。

　さらに、つい保護者の訴えの中に埋もれて見落としがちになってしまう点ですが、当事者である子どもが今どのような様子なのかも、丁寧に確認しておく必要があります。例えば、家の中では元気そうなのか、体調が悪いのか、怒っているのか、そういった実際の子どもの状況は、事態の深刻さを見誤らないためにも要所要所で確認するべき重要な事柄です。

3 「感情」に関する訴え

　この事例では、明確な言葉として感情に関する訴えを見出すのは難しいかもしれませんが、休んでいる間も給食費を支払ってきたことへの保護者自身が抱える理不尽さや怒りの感情が読み取れるのではないでしょうか。

　感情を表出した時、聞き手がその感情に丁寧に寄り添ってくれると、それだけで大きな安心感を得て、その後の話し合いが円滑に進むものです。

　こうした「感情」に関する訴えについては、受容・傾聴・共感を大切にし、あたかも「自分がその人の立場であったら、どんなふうに感じるだろうか」と具体的に想像しながら、「それは○○さんもおつらいですよね」などと寄り添う言葉をかけてあげることをお勧めします。

　ただし寄り添う対象は、あくまでも保護者の方が抱いた「感情」です。事実関係が不明な初期対応の段階では、保護者が訴える事実をそのまま認めたかのような寄り添い方はNGです。

　また、なかには怒りや攻撃的な感情が前面に出ていて、どこに寄り添ったらよいかわからないという場合もあるかもしれません。しかし、「怒り」は

二次的な感情と言われています（第2章-1参照）。日常の中で怒りをため続けていて、すぐに怒りだす人も中にはいるかもしれませんが、多くの場合、理不尽さ、不安な気持ち、悲しさなどの最初の感情がうまく解消されなかった場合に、怒りに発展するということです。そのため、「怒り」をぶつけられた場合にも、落ち着いて「この人が怒りを感じる前には、どんな気持ちでいたのだろう？」と想像し、その人が最初に抱いていただろう感情に寄り添う言葉をかけてあげてはいかがでしょうか。

4　「要望」に関する訴え

　この事例では、「過去の給食費を返してほしい」という部分が、要望に関する訴えです。

　要望に関する訴えを受けた時には、たとえ「自分がその訴えに答えられる」と思ったとしても、即答を避ける慎重さがあるとよいです。

　十分に事情を把握しないまま一部の教員が即答してしまうと、後日、学校が組織として決めた方針と食い違った時に、大変困った事態に陥るからです。「○○先生はできると言ったではないか」という反論や、「○○先生は嘘の回答をした」などという批判を招き、保護者と対立する要素を増やしてしまうのです。

　そこで、要望を受けた時には、まず、保護者の要望内容を正確に理解し、記録に残すことに集中しましょう。この際にも、5W1Hを意識して、いつ、誰が、誰に対して、何をしてほしいのか、可能な限り具体的に確認をしておくとよいでしょう。

　要望の聴き取りを終えたら、学校側の今後の対応の見通しを保護者に説明して、やりとりを終える必要があります。

　保護者に伝える今後の見通しについては、あまり先延ばしにすることはよくありませんが、確実に守れる余裕のある回答が望ましいでしょう。

　例えば、ご質問の事例では、保護者の訴える「いじめ」などの問題について、どの程度、学校内での調査や対応が進んでいるのかよくわかりません。もし学校側が、これまでほとんど事情を把握していなかったような場合なら、

いじめの有無や具体的状況などの背景事情の調査から対応を開始しなければ
ならず、子どもたちへの聴き取りなど、十分な検討時間を確保する必要もあ
ります。

　このように学校として保護者への対応方針を決定するまでに、どの程度の
時間を要するか不明な場合には、「いただいた要望について校内で検討させて
いただきます。いつまでに回答ができそうか、校内の担当者から一両日中に
ご連絡させていただきます」などとして、その場の対応を終えるとよいでしょ
う。

教職員の精神科医による解説

1　「怒り→困り」変換

　まず怒りについては弁護士さんの解説がまさに的確だと思います。考えて
みれば怒りと直面する機会は、精神科医よりも弁護士さんのほうがずっと多
いでしょうから当然ですよね。そこで精神科医のほうからは、**「怒っている
人は困っている人」**なのだと脳内変換してみるクセをつけることをお勧めし
ておきます。

　たとえばこのケースでは、給食費を請求されて怒っているわけですが、そ
の前に、子どもがいじめにあったと訴えていて、どうすれば解決できるのか
わからなくて困っているのだと考えてみる。さらに、子どもが学校に通えな
くなり、これをどうやって解決したらいいのかわからなくて困っているのだ
と。「学校と協力すれば解決できる」という確信を持てずに、むしろ「学校を信
じてゆだねたらナメられてただただ放置されるだけかもしれない」という疑念
がぬぐえず、「（それどころか）学校と敵対して積極的に攻撃して追いつめて突
き動かさないと後で後悔することになるのでは？」という不安やプレッシャー
に苦しんでいて、そんなふうに困っているのに学校からは一方的にお金の請
求ばかりされていると感じて困っている。そんなふうに「困っている**からこ
そ**怒っているのだ」と考えてみるワケです……。さて、どうですか。今ならきっ
と、さっきとは全然違うセリフが思い浮かぶハズです。違う言葉をかけてあ

げたくなってきているハズです。これが「怒り→困り」変換の効果です。

　ちなみにこの技法は、相手の怒りに対してだけではなく、自分の怒りに対しても応用可能です。つまり自分が怒っているときに、「いや、自分は怒っているのではなくて困っているんだ。何に困っているのかというと…」と考えてみるのです。すると、怒りに身をまかせるのではなく、もっと生産的な方法で解決できるようになってくるハズです。私の経験では、自分の怒りに対して「怒り→困り」変換が上手になればなるほど、相手の「怒り→困り」変換も上手になってきます。一般的に、**他人の問題の処理を上手にできるようになるには、自分自身の同じタイプの問題を上手に処理できるようになるのが近道なのです。**ですから、カチンときたり、イライラしたときこそチャンスです。**絶好のトレーニングの機会が訪れたと歓迎して、「怒り→困り」変換の練習に励んでくださいね。**エッ？　私の文章がわかりづらくてイライラしてきたって？　いつ「怒り→困り」変換をやるのか？　今でしょう !!!

2　平常心を保つ and/or 「平常心など保てない」という平常心を保つ

　次に事情の把握についてですが、このケースでは聞き手が事務職員の方ですからあまり深入りしたことはできないでしょう。大切なのは事実関係を把握することになりますよね。

　ところが事実関係を把握するときによく問題になるのは、相手の怒りの感情に呑み込まれて平常心を保てず、その場ではわかったつもりになって事実関係があいまいなままになってしまうことです。たとえば保護者が激しい剣幕で「ともかくいじめられたんだ！」とまくし立てるその勢いにのまれて、具体的にどんなことをされたのかを聞かないままにしてしまうなどです。そうならないように平常心を保つためにも「怒り→困り」変換がお役に立てます。

　しかし、よっぽど武道を極めたとか山にこもって修行したとか、右の頬をぶたれたら左の頬も差し出さないとどうも居心地が悪いというぐらい神がかった愛に目覚めていない限りは、常に平常心を保ち続けるなんて不可能です。そこでもうひとつ、コツをみなさんにお伝えしたいと思います。それは、逆説的ですが、「**平常心を保ち続けるなんてことは、しょせん無理**」とあき

らめることです。そして激しい剣幕で迫られて事実関係がよくわからなくなってしまった時には素直に、「ちょっとすみません。（こわくなってしまって）頭が混乱してしまい（and/or 頭が真っ白になってしまい）、途中からわからなくなってしまったのですが……」と前置きして、わからないところや欠けている情報を尋ねてみるのです。平常心を失ってしまったことと、わからないことはわからないと素直に認めるところがポイントになります。

子どもの精神科医による解説

　まず私の立場を明らかにしなければなりません。トラブルは関係の中で生じるものなので、本来であれば、保護者側の対応や工夫も論じなければなりません。私の想定読者は、トラブルに直面している学校現場の先生です。大方のトラブルは、校内で解決しているはずです。その観点で、絡まって容易に解けなくなったごく一部のトラブルに児童精神科の立場からコメントしていきたいと思います。

　初動と言えども何か対応するには、その瞬間瞬間の見立てや読みが必要であり、見立てについては、第2章-5をご覧ください。ここでは精神科医らしく、「聴く」ということを考えてみたいと思います。松木邦裕の『耳の傾け方——こころの臨床家を目指す人たちへ』[1] より、支持的な聴き方の4つのステップを紹介します。

　　ステップ①：語り表されることをそのままに受け取り、そのままついていく
　　　　　　　　批判せず、傾聴や観察をしつつ、ひたすら耳を傾ける
　　ステップ②：客観的に聞く
　　　　　　　　客観的事実としてではなく、客観化した視点——「この人は
　　　　　　　　…と思っている」から聴く
　　ステップ③：自分の体験、思いと重ねて味わい聴く
　　ステップ④：自分と相手それぞれの思いや考えのずれを細部に感じ取る
　　　　　　　　「なぜ、この人はこう考えるのか」「なぜ、こうするのか」

　この本では、このステップ①から④を達成するのにどれくらいの経験や歳月が必要かという想定質問に対し、それは4〜5年で身につくようなものではなく、この達成には終わりがないと答えています。「聴けるようになる」こととは、もう本当に大変なことです。

　英語には、"It's none of my business." という表現があります。「それは私の仕事ではない」が転じ、「私の知ったことではない」「私には関係のないことだ」という意味で使われます。この保護者にとっての一番の困りごとは、やはり子どもの不登校が解決しないことなのでしょう。保護者は担任に長引く子どもの不登校への不安や不満を吐露できずにいるのか、それとももうすでに誰かの何か（学校に行かない子ども、担任の対応、何もできない自分など）に怒っていて、担任以外の学校関係者にアプローチしてきたのかもしれません。

　働く側にはそれぞれの "business" があります——これが「縦割り」とか「たらい回し」と批判される要因の1つにもなり得ます——が、一部のユーザーからすれば、教師も事務方も用務員も「学校は学校」です。事務方の "business" は給食費なので、今回の対応は事務の職務を果たしたことになりますが、保護者の真のニーズとずれてしまい、怒りを引き出してしまったのだと思います。本当に返してほしいのは過去の給食費ではなく、解決に至らずに苦悶してきた保護者のこれまでの時間や労力かもしれません。

　"Why now?（なぜ今ここで？）"という疑問が頭を一瞬かすめるだけでも、保護者の心の世界に一歩近づいたことになるのではないでしょうか。

【もう一歩深めたい方への参考書籍】
水島広子著『身近な人の「攻撃」がスーッとなくなる本』大和出版、2012
水島広子著『「怒り」がスーッと消える本　「対人関係療法」の精神科医が教える』大和出版、2011
ロバート・D・エンライト著　水野修次郎訳『ゆるしの選択——怒りから解放されるために』河出書房新社、2007
松木邦裕著『耳の傾け方——こころの臨床家を目指す人たちへ』岩崎学術出版社、2015

3 チームで対応を考える
複数での対応と多職種での対応

●質問●

　公立小学校の校長です。児童虐待が疑われる子どもについて児童相談所に相談したことをきっかけに、その母親から、連日のように学級担任宛てに苦情の電話が入り、時には家に呼び出されて、根掘り葉掘り学校が把握している情報を聞き出そうとしているようで、学級担任が、精神的に疲弊しないか心配です。

　このような困難なケースについて、学校として、どのような体制で取り組めばよいでしょうか。

弁護士による解説

1　教職員もチームを組んで対応することの大切さ

　質問では、児童虐待という重大な家庭内の問題が潜んでおり、対応の難しい保護者に対して学級担任が1人で対峙しています。単身で家庭訪問をしていることもあるようで、聞いているだけでもリスクが大きい印象を抱きます。

　第1章では、学校で起きるトラブルには解決が難しい様々な特徴があり、1人の教員では対応できないケースが増えていることをお伝えしました。こうした困難な場面を適切に乗り越えるためには、担当している教員が「対応が困難なケースだ」と感じたら、すぐに管理職や他の教員に相談して複数でのチーム対応に切り替えていくことを組織のルールにすることが大切です。

　複数の教職員が関わることのメリットは、たくさんあります。

（1）幅広い情報共有と役割分担により、正確な「見立て」と「手立て」が検討できる

　どんなに注意を凝らしても、1人の人間が把握できる範囲は限られていますし、物事のとらえ方も一面的になりがちです。しかし、複数の立場の異な

る教職員が集まれば、1人では見えていなかった当事者の別の一面を発見で
きたり、より幅広い視点から問題をとらえることができ、その後の「見立て」
や「手立て」の幅が広がります（なお、「見立て」「手立て」については、第
2章-5〜7で解説します）。

　また、問題を解決する過程では、子どもを厳しく指導する役と、やさしく
受容する役、子どもに寄り添う担当と、母親に寄り添う担当など、多様な役
割が必要になることもあります。チームで取り組めば、そうした役割を適材
適所で分担でき、効果的な解決につながります。

　今回の質問でも、学級担任はすでに保護者の要求を拒めずに家庭訪問まで
行っているようで、学級担任1人では保護者の要求を拒否することは難しい
状況に陥っていると思われます。そのような場合には、管理職から家庭訪問
の実施についてのルールを保護者に伝えてもらったり、家庭訪問をしなけれ
ばならない場合にも複数で対応するなどの連携が考えられます。

（2）対応に当たる教員の孤立を防ぐ

　多くの保護者からの相談や要求は、適切な初期対応をすることで早期に解
消することが期待できますが、なかには特定の教職員に対して強い批判や攻
撃を繰り返し、長時間にわたる対応を求めるなどの事案があります。こうし
た要求にたった1人で対応していたのでは、誰であっても精神が持ちませ
ん。現実に保護者対応に伴うストレスが、適応障害や精神不調の引き金とな
るケースもあります。

　このような場合でも、そのつらさを共有し、場合によってはいっしょに対
応してくれる仲間がいれば、気持ちはだいぶ楽になります。

（3）孤立から生じやすい「誤った対応」を防ぐ

　また、誰にも相談できない環境で過重なストレスがかかった時には、相手
の反応を恐れるあまり、誤った対応をとるリスクが高まります。本来、言う
べきことが言えないなどの萎縮効果や、極端な場合、保護者の強い要求に屈
して、学校に内緒で示談金を支払ってしまうような事案もあります。

　しかしこうした対応は、残念ながら問題を悪化させるばかりで解決にはつながりません。

（4）教職員間の風通しをよくして、いつでも相談できる組織づくりを
　チーム対応は、問題を適切・効果的に解決することにつながりますし、結果として、教職員を守ることにもつながります。
　ただ、そのようなことはわかっていても、他の教職員の仕事を増やしてしまうのは迷惑ではないか、自分の業務の至らなさを指摘されるのではないかなどの不安があれば、つい誰にも相談できず問題を抱え込んでしまいます。
　チーム対応を機能させるためには、日ごろから何でも相談できる風通しのよい職場づくり、組織風土も大切です。

2　専門家を交えた「チーム学校」を活用する
（1）「チーム学校」が求められるようになった背景
　さらに、文部科学省は、学校内での様々な問題に対処するための「チーム学校」という在り方を提唱しました（文部科学省・中央教育審議会「チームとしての学校の在り方と今後の改善方策について（答申）」平成27年12月）。ここで言われていることは、教職員でのチーム対応をさらに発展させて、福祉や心理や法律などの様々な専門家ともチームを組んで対応するという発想です。
　近時、都市化・過疎化の進行、家族形態の変容、価値観やライフスタイルの多様化、地域社会等のつながりの希薄化や地域住民の支え合いによるセーフティネット機能の低下、子どもの貧困の拡大などを背景に、学校が抱える課題も複雑・困難化しています。さらに、情報技術の発展により、子どもたちの人間関係も大きく変化しています。こうした状況から、いじめや虐待といった子どもの生命・身体や人権を脅かす重大事案などについて、教職員が様々な専門家や関係機関、地域と連携し、教職員以外の人たちともチームを組んで課題解決に取り組むことが必要であると考えられているのです。
　実際、子どもたちの問題行動の背景には、多くの場合、家庭、友人関係、

地域、学校など子どもたちの置かれている環境からの影響があり、教師の目に映る子どもたちの表面的な問題行動は、彼らを取り巻く環境の問題と複雑にからみ合って生じています。こうした状況の中では、単に、表面化された子どもたちの問題行動のみに着目して指導を重ねても問題を根本的に解決することは難しく、むしろ子どもからの反発を招き悪循環にもなりかねません。

　こうした困難な状況の中にいる子どもたちへの支援を行う前には、心理・福祉・法律など多様な専門家の力を借りて、子どもたちに関する情報を様々な角度から集め、その問題に対する見立て（アセスメント）を整理・統合して、適切な手立て（プランニング）を検討するべきなのです。

　さらに、こうした支援をより効果的に実行していくためには、学校「内」で教員と心理や福祉の専門能力を持ったスタッフが連携・協働するだけでなく、家庭や地域など、学校の「外」の社会資源にも働きかけていく視点も重要です。

（2）チーム学校を機能させるポイント　①相互理解と②目的・情報の共有

　このように「チーム学校」の考え方は、多様な職種のノウハウを集め、学校内で起きるトラブルに効果的に対応していこうというものですが、それぞれの職種には職種特有の得意分野があることはもちろんですが、物事のとらえ方やこだわる点（つまり、考え方の癖）にもかなりの違いがあります。

　こうした考え方の違いは、それぞれの専門性を習得する過程で身につけたものであり、専門性の源泉とも言えますが、互いにその違いを理解しておかないと、「あの専門家は、こちらの立場をわかってくれない」という気持ちが募るかもしれません。

　また、どんなに力のある専門家を集めても、チームの目指すべき方向性やメンバーに提供される情報がばらばらであれば、現場に役立つ助言は期待できません。多様な専門家の強みを効果的に問題解決に生かしていくためには、第一に、それぞれのメンバーの職種について教育背景や価値観、考え方の違いを理解し、尊重する姿勢が大切です。

　そして、「**子どもの最善の利益の実現**」という共通の目標を設定し、情報

を丁寧に共有して助言を受けることが、有効に専門性を発揮してもらうコツです。

（3）専門家への「丸投げ」は解決を遠ざける

　専門家を交えたチームで取り組む以上、参画する専門家も、時には当事者との面談や家庭訪問などの機会を通じて直接的な支援をする場合もあるでしょう。

　ただ、専門家は四六時中学校に配置されているわけではありません。子どもたちの日常の安心を回復するためには、やはり、学校と当事者との信頼関係を回復し、維持・発展させていくことが、何よりも大切なのではないでしょうか。そのためには、学校自ら、直接に当事者と対話し、実際に行動していただくほかありません。

　そこで「チーム学校」の取り組みの中では、教職員がしっかりと専門家とパートナー関係を築き、適宜サポートを受けつつ、それでも当事者との関わりの場面では、常に中心的なプレイヤーであり続けるという意識がとても大切です。

教職員の精神科医による解説

　このような状況で大切なのは、ともかく孤立しないこととチームで対応することです。その際の弁護士さんと精神科医やカウンセラーの使い分けについては第1章−1「教育現場に法律がやってきた！」をご参照ください。ここでは4つほど標語を挙げておきたいと思います。何かの折に思い出していただければと思います。

【標語1】寄らば文殊の知恵

　私たちの祖先である類人猿は、捕食者なら当然そなえているべき立派な牙も鋭い爪もなく、本来は食べられる側の無力でか弱い生き物でした。ところが、食べる側である獰猛なネコ科動物の脅威に対して、団結して知恵を合わ

せることで彼らよりも強くなるという逆転劇を起こし、食物連鎖の頂点に立つことができました（なお、この逆転劇に関する詳細な情報をお求めのお客様におきましては、最寄りの理科か生物の先生までお気軽にお問い合わせください）。

　生命史からすればつい最近まで霊長類最強の種族として君臨していたネアンデルタール人。彼らのほうが私たちホモサピエンスよりもずっと体格がよくて筋骨隆々としていて1対1では到底かなわない相手だったにもかかわらず、わたしたちは団結して知恵を合わせることによって生存競争に打ち勝ち、ネアンデルタール人が滅亡してしまったのに対して、私たちの方が生き延びるという番狂わせを起こしました（なお、この番狂わせに関する詳細な情報をお求めのお客様におきましては、最寄りの歴史か考古学の先生までお気軽にお問い合わせください）。

　これからも私たちは、どんな不利な状況でも、どんなに困難な状況でも、団結して知恵を合わせ、克服していけることでしょう。

【標語2】明日は我が身 and/or 情けは人の為ならず

　とはいえ、自分のことで精いっぱいで他人のことなんてかまっていられないという時もあるでしょう。例外なくいつでも困っている人に手を差し伸べるようにしていたら、自分が燃え尽きてしまうという本末転倒現象が起きてしまいますから、何事もやりすぎには注意ですよね。とはいえ、逆転劇と番狂わせを起こしてきた奇跡の種族・ホモサピエンスの誇り高き跡継ぎとしては、できるだけ団結して知恵を合わせるようにしていきたいものです。

　そこで紹介するのがこの標語です。具体的には、たとえば帰ろうとしたときに運悪く（？）隣の同僚が大変そうにしているのを目撃してしまい、「多少は話を聞けそうだけどこのまま帰りたいな」という葛藤にかられたときに、この標語を思い出してみてほしいのです。今日、相手を助けることが、明日、自分が助けてもらえることに結びつくかもしれません。助けてくれる人そのものは、今日助けてあげた人ではなかったとしても、自分が誰かを助けている姿を見ている他の誰かが助けてくれるかもしれません。そうでなく

とも、あなたの誇り高きホモサピエンス的行動によって「困っている人には手を差し伸べよう」という文化が醸成されることで、自分が助かるかもしれません。

【標語3】「共にいることは、援助の最初の一歩であり、最後の砦である」

　これは犯罪被害者のカウンセリングで著名な小西聖子先生の言葉です。様々な理不尽な犯罪の被害者に寄り添ってきた、現場の精神科医の重い言葉です。まずは共にいることから始めましょう。それから、ときには励ましたり、助言したり、あるいは相手が突破口を見いだせるようなヒントを上手に出せることもあるでしょう。そうやって相手の傷が癒されたり、立ち直ったり、見事な復活を遂げることができることもあるでしょう。

　でも一方で、そういった出口探しが無意味だったり、逆効果になってしまうこともあるでしょう。それどころか、実際に起きてしまった問題が、自分の人生の経験をはるかに超えているために、共感してあげたくても、あまりに過酷で想像を絶した現実に圧倒されてしまい、共感しきれないこともあるでしょう。さらには、どうにか慰めの言葉をかけたくとも、何をどういったらいいかわからず、途方にくれることもあるでしょう。

　でも、それでも、そんな時にでも、あなたにはやれることが残されているのです。そう。それでも「共にいること」は…「共にいること」ならば…「共にいること」だけは…それだけは必ず、どこまでも、いつまでも、どんな時でも、あなたのやれることとしてしっかりと残されているのです。

【標語4】「精神科医なおもて一人では抱えきれぬ。いわんや教師をや」

　はい。うってかわってコチラは親鸞聖人の「善人なおもて往生を遂ぐ。いわんや悪人をや」をリスペクトして作った私の言葉になります。標語としてはイマイチ語呂が悪くて使いづらいのは、私の日頃の生臭っぷりのせいですので勘弁してください。さて、心に関わる仕事というのはメンタル面でのストレスがとてもかかる仕事です。それでもこの仕事を長く続けることができている人は、1人で抱えないように工夫をしていることが多いのです。

　具体的には、私なんかは週に1回の精神科医が集まって行うカンファレンスで困っていることや悩んでいることを報告したり、互いのストレスを吐露したりしています。スクールカウンセラーのように1人職場の方でも、実はそれぞれ工夫して、1人では抱えこまないようにしているものです（なお、この工夫に関する詳細な情報をお求めのお客様におきましては、最寄りのスクールカウンセラーまで、お気軽にお問い合わせください）。

　このとおり、心のプロですら1人では抱えきれないのですから、みなさんもぜひ1人では抱えこまないようにしてください。どうしても職場内では話せないとか、私のように友人の少ない方ならば、あっさりとプロに頼るのもよいでしょう。つまりカウンセリングを活用してみるのです。精神科医の診療はあまり時間がとれませんし、民間のカウンセリングはけっこうお金がかかりますが、様々な機関が無料のカウンセリングサービスをしていますから、自分の所属している機関でどんなサービスがあるのかチェックしてみるとよいでしょう。

子どもの精神科医の解説

　このケースのキーワードは、「チーム（担任のサポート）」と「限界設定（保護者対応）」のようです。限界設定に関しては、第2章-7をご覧ください。ここでは「チーム学校」と「校内チーム」を中心に論じてみたいと思います。

1　多職種連携としてのチーム学校

　学校を中心としたいわゆる多職種連携については、地域差があるかもしれません。大阪や三重で活躍された児童精神科医の長尾圭造先生によれば、関西では、O157学校給食混入事件1996（平成8）年以降、学校現場での事件や大規模な自然災害（阪神淡路大震災）により、学校場面で子どものメンタルヘルスを大規模に扱わなければならない状況が度々発生しています。その度に大阪や神戸の児童精神科医、特にトラウマを専門とする医師たちが誰に言われるともなく集まって学校現場に入り込み、子どもや保護者の対応、教師

のサポートなどの陣頭指揮を取ってきたそうです。そのおかげか、関西では学校と医療の垣根が比較的低く、子どもの受診に先生が同伴されたり、放課後に学校や病院でカンファレンスをしたりということが度々でした。

　一方で残念ながら、児童精神科を専門とする医師が不足している地域もあります。ですから地域の事情にあった「チーム学校」のあり方を検討していくのがよいのかもしれません。

　ところで「関係者会議」を提案すると学校に身構えられてしまう時があります。なぜだか不思議です。自前（医療なら医療、教育なら教育）だけでは対応しきれないほど難しいケースだからこそ、領域を超えた連携が必要なのであって、自分の側の取り組みに失敗や不十分があって当然です（無論、最初から手を抜いているのは論外ですが）。学校には学校、医療には医療、福祉には福祉のそれぞれの得意・不得意があって——何度か会えばこれはわかってきます——、話し合う中でそれぞれの役割分担が決まっていけば、自分がカバーしきれない部分を他領域の誰かにカバーしてもらえることで、自分の仕事も気分も楽になります。

　例えば、病院は患者が来なければ仕事になりませんが、福祉や学校は家庭訪問が可能です。また、子どもが、家、学校、病院で見せる姿が違うのは当然ですし、保護者もそうです。それぞれの持つパズルのピースを合わせることで、子どもや子どもを取り巻く環境（家庭や学校）の問題がより包括的に見えるようになります。特に虐待のケースの場合などは、できる限り網を巡らせて子どもの異変やSOSをすぐに察知できる体制づくりが必要で、多職種連携は重要です。

　「関係者会議をしても結論が出ないし意味がない」と聞いたことがあります。難しいケースならばそう感じてもしかたがない時もあるでしょう。でもそういう場合に限って関係者会議が一度きりということもあります。結論が出なかった場合でも、会議を定期的に繰り返していくことも必要でしょう。度々会っていれば、動きの悪い部署や機関へのプレッシャーにもなったり、なんらかの偶発的／必然的な出来事をきっかけに事態が動く（動かざるを得なくなる）こともあります。また結論が出なかったとしても、自助グループ

的な効能（「○○学校の○○先生もがんばっているんだし、自分もあきらめずにがんばるか…」）も意外と無視できません。

2　校内チームについて

ビオンという精神分析家がイギリスの軍隊に所属していた頃に行った「集団」の研究を紹介します。彼は、集団は絶えず健康的な状態と病的な状態を行き来していると考えます[2]。

以下、ハフシ・メッド（2003）からの引用です。課題を達成しようとしている健康的なグループ（「作業集団」）では、①基本的作業に集中して中心性が保たれている、②メンバーの協同、③合理的、科学的、④時間や発達を考慮しながら作業が行われている、⑤作業遂行に伴う欲求不満に耐えられる、という特徴があります。

一方の病的／不健康なグループ（ビオンはこれを「基底的想定グループ」と呼びました）の特徴は、①その行動がもたらす影響を考慮しないこと、②科学的でなく、客観的な方法による現実吟味を欠く、③経験から学ばない、④感情（不安、恐怖、憎悪、愛情等）を過剰に重視、⑤時間が考慮されない、⑥発達や成長が重視されない、です。病的グループ内で交わされる言葉は正確性や一貫性に欠けます。

学校問題の大半は学校で解決されているので、医療に持ち込まれる学校問題はほんの一部です。そのまたほんの一部を扱った個人的経験ですが、医療に問題が持ち込まれ、その後もすぐに解決の糸口が見つからない――子どもと保護者・学校・医療がチームとして機能しない――場合に、そもそも学校自体がチームとして機能していない、すなわち学校が病的グループから抜け出せなくなっているケースが時に見受けられます。担任の先生がサポートを得られずに1人で問題を抱え込んでいたり、病院や他機関からの働きかけを「学校への攻撃」のように感じているようだったり、現場の先生と管理職との間のコミュニケーションが難しくなっていたりなどです。

集団は、ひとつの「生き物」です。集団の持つ破壊的な恐ろしさは、歴史の教科書に多くの実例（例えば、ホロコースト）を見出すことができます。

集団を健康に保つためには、所属するメンバーそれぞれの意識や自覚と、自由で共感的で創造的な対話が重要なのです。

【もう一歩深めたい方への参考書籍】
中島一憲著『先生が壊れていく──精神科医のみた教育の危機』弘文堂、2003
真金薫子著『月曜日がつらい先生たちへ──不安が消えるストレスマネジメント』時事通信出版局、2018
井上麻紀著『教師の心が折れるとき──教員のメンタルヘルス 実態と予防・対処法』大月書店、2015
ストップいじめ！ナビ・スクールロイヤーチーム編『スクールロイヤーにできること 学校現場の悩みを法でサポート』日本評論社、2019

4 事実の調査はどのように進めるか

事実確認はトラブル対応の第一歩

●質問●

　公立小学校の5年生の学級担任です。学級内で、男子児童AとBがぶつかって、Bがケガをする事故が起きました。Bの保護者から、Aにわざと突き飛ばされたとの訴えがあったので、Aの話を聴きましたが、Aは「わざとではない」と言っています。しかし、Bの保護者は納得せず、再調査や、AやAの保護者に事実を認めて謝罪するように求めています。

　このような事実関係に争いがあるケースについて、学校は、どのように事実の確認を進めたらよいのでしょうか。

弁護士による解説

　学校トラブルを適切に解決するためには、まず、問題となっている事実を具体的に把握する必要があります。そこで、事実の調査を進める際のポイントを解説します。

1　事実調査の目的を意識する

　具体的な調査方法の前に、学校は、何のために学校内トラブルの調査・報告義務を負うのかを考えてみます。

（1）調査・報告義務の法的な根拠

　公立学校の設置者である地方公共団体と、学校に通う子どもたちの保護者との間には、「在学契約」が存在すると考えられています。そして、この在学契約の内容の1つとして、調査・報告義務があると考えられています。もう少し詳しく説明します。

　在学契約によって学校設置者が負う義務の内容としては、まず授業などを

通じて教育活動を提供する義務がありますが、そのほかにも、在学する子ど
もたちの学校生活上の安全に配慮して、無事に学校生活を送ることができる
ように教育・指導をすべき義務（安全配慮義務）を負っていると考えられて
います。

　そして、安全配慮義務を負っている以上は学校内で子どもに被害が生じた
場合には、自分たちの行ってきた教育活動に問題がなかったか、問題があっ
た場合には、何を改めるべきなのかを真摯に確認することが大切です。その
ためにも、問題が起きた時に、学校自らが何があったのかを調査するべきだ
と考えられているのです。

　実際には、学校による調査の結果に対して、保護者がその内容に納得でき
ず、「まだ聴き取りを受けていない関係者がいる」、「関係者がウソをついて
いる」などと、事実調査の継続を繰り返し求める場合もあります。ただ、学
校には強力な捜査権限もありません。そして、先に述べた学校が調査をする
目的からすれば、たとえ保護者の納得が得られなかったとしても、今後の学
校運営を適切に進める上で十分な事実確認ができたと判断できる場合には、
それ以上の調査をする義務があるとまでは言えません。

　なお、学校の行った調査結果の報告については、保護者から報告を求めら
れた場合には、信義則上、保護者に調査結果の報告をする義務があると考え
られます（札幌地裁平成 25 年 6 月 3 日判決、判例時報 2202 号 82 頁）。

（2）いじめが疑われるケースについては、いじめ防止対策推進法を確認
　学校内で起きる子ども同士のトラブルの中には、「いじめ」を疑うべきケー
スもあると思います。

　その場合には、いじめ防止対策推進法 23 条 2 項により、いじめの事実の
有無を確認する措置を講じる義務が生じます。さらにその結果、いじめがあっ
たと確認され、支援や指導を行う場合には同じ条文の 5 項で、いじめの事案
に係る情報を保護者と共有するための措置が義務付けられています。

　このように、問題の背景にいじめを疑わせる事情がある場合、学校にはい
じめ防止対策推進法に則った行動が求められます。

2　調査にはどのような方法があるか

（1）まずは、当事者及び目撃者、当事者をよく知っている関係者などからの面談による聴き取りが中心となるでしょう

　さらに、実際にトラブルが起きた現場で、当時の状況をそれぞれの言い分に沿って再現してもらい、その内容を記録する方法もあります。

　なお、いじめ防止対策推進法においては、質問票による調査、すなわち、アンケート調査が代表的な調査方法として挙げられています（いじめ防止対策推進法 28 条 1 項参照）。ただし、アンケートの実施は法的な義務ではありません。事実を明らかにする上でアンケートが効果的な場合や、保護者からの強い求めがある場合などには、適切な方法で実施を検討すればよいでしょう。

（2）聴き取りを行う場合には、以下のような点について配慮が必要です
ア　聴き取りを行う際の環境設定
　・複数で取り囲むなどの威圧的な聴き取りをしないこと
　・長時間の拘束にわたらないこと
　・人格を否定する言動など子どもの自尊心を傷つける言動を用いないこと
イ　正確な聴き取りを実施すること
　・５Ｗ１Ｈを意識して、具体的に状況を聴き取ること
　・客観的な事実やほかの関係者の言い分と食い違うことを述べた場合には、そのまま聞き流さず、再度、言い分を詳しく確認すること
　・言い分の裏付けとなるほかの資料があれば必要に応じて提出させること（メールや写真、日記、その場にいたほかの人物の情報など）

（3）記録を残す際には、以下のような点について気を付けましょう
　聴き取り内容を記録する際には、担当した教員自身の解釈・評価等は加えずに、なるべく実際に本人が語った言葉で記録することが大切です。
　また後日、一方当事者から、開示請求が出される可能性があるので、個人

名等はあらかじめアルファベットに変換して表記しておくなど、開示請求に
も迅速に対応できる記録作成をしておくことも有用です。

3　調査の結果が食い違っている場合はどう事実確認をするか

　学校は捜査機関ではありませんので、学校が行う調査は当事者が任意に協
力してくれる範囲に限られます。

　また、そもそもの調査の目的も、子どもたちへの教育的指導の実現や、安
全配慮義務の観点から行われるものであり、その目的を達する上で十分な調
査結果が得られれば、それ以上の調査が法的に必要とは言えません。

　とはいえ、例えば、子ども同士でかなり高額な金品の授受があり、一方は「も
らった」と主張し、一方が「脅されて渡していた」と主張するような場合が
あります。通常、無償で金品を提供する「贈与」は贈る側に一方的に負担が
生じるアンフェアな行為です。そのため、何かしらの特別な動機や事情がな
ければ行われない法律行為と言えます。なぜ、そのような特別な法律行為が
されたのか、普段の力関係などのこれまでの事情をも考慮すれば、どちらの
言い分が妥当か、十分に判断できるのではないでしょうか。こうした場合に
まで、「調査したが、両者の言い分が食い違ってわからなかった」と見逃す
ようでは、教育的な視点からも無責任と批判されかねません。

　以下では、互いの主張が食い違っているときでも事実を認定する際に役立
つ重要な視点を、法律家の立場からご紹介します。

①客観的な事実・証拠（ケガをした部位、事件が起きた時間などの客観的
　状況、メールなどの客観的な資料）などの動かぬ事実と整合しない証言
　は、信用できない。
②ウソをつく動機のない人、利害関係が少ない人の証言は信用性が高い。
③直接の関係者が、あえて自分に不利な内容の証言をした場合には、信用
　できる場合が多い。
④本人の言い分が常識や経験則に照らして不自然でないかどうか、という
　観点から評価する。

教職員の精神科医による解説

1　真実はいつも1つ?

　子ども同士のトラブルで互いの主張がズレているときの対応の秘訣は…私には全くわからないので子どもの精神科医の先生にお任せするとして、大人同士のトラブルで互いの主張がズレているときの対応の秘訣を書こう…としたのですが、その内容が弁護士さんからはお叱りの言葉をもらいそうな内容なので、「弁護士さんからは怒られそうなことを書きます」と前置きをした上で、成人の精神科医として考えていることを書きます。子ども同士のトラブルでもいずれは複数の大人が関わってきて、結局は大人同士のトラブルになるわけだから、きっと参考になるのではないかなと思いつつ……。

　それは…いろいろなジャンルで「事実は1つ。でも事実のとらえ方は様々あってよい。たとえば『コップに水が半分入っている』という事実は1つ。一方でそれを『半分も入っている。うれしいな』とか『半分しか入っていない。悲しいな』とか感じるのは事実のとらえ方で人それぞれ。この2つを混同するのがトラブルの元だから、事実と事実のとらえ方を区別していくことが大切ですよ」とよく言われていて、もちろんそれは本当にその通りなんだけど、臨床の現場ではこのような考え方がときどき逆効果になってしまうことも起こりうるから注意しなければならないよ…ということです。

　というのも法的な世界では(たぶん)事実と事実のとらえ方を切り離していって、事実として認定できるところを追及していくのじゃないかなと思うのですが、精神医療の世界では、どこまでいっても患者さんの言うことと家族の言うことがズレてしまうこともあるのです。あるいは夫と妻の間で、親と子の間で、労働者と管理職の間で、事実のとらえ方だけではなく、事実そのものが、どこまでいってもズレ続けてしまうことがあるのです。それでも「事実は1つなのだから、1つだけが見つかるハズ」と考えて、**そのズレを気にし続け**、ただ1つの事実を追及すべく、ひたすらディベートを促していたら、互いの違いばかりが注目されてしまうリスクがあります。そうやって**わかり合えないという側面ばかりが強調されてしまい、対立ばかりが目立つ**

ようになってしまうかもしれないのです。

　例えば夫婦ならば（政略結婚でもない限り）、あえて夫婦になったのだから共有できるところもあるハズなのに、親子ならば少なくとも遺伝的には似た者同士であるハズなのに、労使関係ならば同じ仕事をしている以上は共通の目標を持っているハズなのに……です。同様に、教師と保護者だって共通の目標をもっているハズでしょう？

　だから「ただ1つの事実の追及」というのは法的な争いならばやむをえないとしても、精神科医としてはあまり熱心にはなれないのです。それよりも共通しているところ、似ているところ、わかり合えるところに注目して、共通の目標を作りたいのです。というわけで事実の追及の件についてはほどほどにしたいのです。

2　みんなちがって、みんないい

　そこで私は、複数の当事者が集まって議論する場では、「それぞれに立場が違うので、それぞれの意見や主張が違っていていいんです。見えているものも違うでしょう。どこまで行っても平行線になっているテーマもあるでしょう。それはそれでよいのです。むしろズレているのが健全なんです。健康な証拠なんです。逆に言えば、まったく一致しているほうが不自然で不健康なので『なぜ完全一致なんていう不気味なことが起きてしまっているのか？』を追及しなきゃいけなくなります。たとえばその裏側に（パワハラ・ＤＶ・虐待などによる）恐怖の独裁政治や病理が隠蔽されているかもしれません……まあ、みなさんの場合は大丈夫だろうと判断しているので私も安心して前もってネタバレしているワケですけど……さてさて前置きはこれくらいにして、ではみなさんさっそく互いにズレた話をしましょう！　あ、いや、もちろん似ていてもいいのですけどね。無理やりズラす必要はないですけどね」などという前置きをするようにしています。

　そうやって互いにズレていることを許容することで、これからの時間を「1つの事実を求めて互いにしのぎを削って争い続ける」のではない時間として使いたいのです。さあ、本論とはだいぶズレた、かつ、弁護士の先生や子ど

もの精神科医の先生とはズレたことを書いてしまいました。こんなことを書けるのは、この書籍が健全で健康な証拠なのだと思います。しかし同時に私たち執筆者一同は、学校という場が「1つの事実を求めて互いにしのぎを削って争う」のではなく、共通しているところ、わかり合えるところに注目して協力し合える場であってほしいという共通の願いも持っています。あなたもきっと、そうなのではないでしょうか。

子どもの精神科医による解説

○外的現実と内的現実

　精神療法／心理療法の世界では、「外的現実」「内的現実（もしくは心的現実）」という言葉があります。乱暴に言えば、外的現実とは客観的でリアルな目に見える世界のことで、内的現実（心的現実）とは目に見えない心の内側の主観的世界のことです。全ての人はこの2つの世界を同時に生きています。これには反論──例えば、客観的な現実などはそもそも存在せず、現実は関係性によって規定されるという社会構成主義など──もあるでしょうが、本章では、外的・内的の2つの世界を想定します。心を扱う私たち精神科医や心理職の主戦場はこの内的世界であり、内的世界と外的世界の不調和や隔絶のもたらす様々な種類の生きづらさです。

○未成熟な心と成熟した心

　心がどう成熟するのか、ここでは辻悟（2008）[3] のモデルを取り上げます。成熟した心では、自分の外側に自分の自由にはならない外的世界があることを知っていて、それはすなわち、独立した自分という存在とその限界を知っているということです。時に矛盾する内と外の2つの世界を両立させ続け、能動的・主体的に現実に関わります。だから、私たちは嫌（内的現実）でも生きるために家事や仕事（外的現実）をしたりします。自分の内側の世界は自分の考えや空想の産物であることに気づいていて、目に見えない自分の心の世界を振り返ることができて、悩みや葛藤を自分の内側に保持できます。

　一方の未成熟な心では、自分の内側に存在する世界が全てであり、自分の内側と外側の区別、つまり自分と他人の区別がない世界です。本当はＡちゃんはもう家に帰りたいかもしれないのに、自分がもっと遊びたいからＡちゃんももっと遊びたいはずだと思ってしまう、などという思い違いが起こったりします。自分の内なる世界には無限な広がりがあり、そこには限界も現実のルールも存在しません。周囲の環境や他人が自分の思いどおりになると思っていて、自分に何か問題が生じるのは周りのせいだと周囲を攻撃、非難したり、悩みや葛藤に耐えきれずに引きこもったり、実際はそうではないのに、世の中がとてつもなく恐ろしい場所のように思えたり、いつも自分はいじめられているような気がしたりします。

　このような未熟な心性が強い人は、自分が望んで、意図して、自覚してそうなっているのではなく、「それしか知らないのでそうならざるを得ない」という点で受身的です。自分を守るという合目的で意図的な「嘘」とは全く別物です。

〇子どもの内的現実に目を向ける

　発達途上にある子どもを扱う学校現場では、客観的事実だけでなく、この内的現実にも十分に目を向ける必要があります。子どもの発達段階や年齢によって、現実をありのままに見つめるという成熟した心の機能の獲得度が変わってきます。また内的現実と外的現実の矛盾や乖離に、個性や病理が現れてきます。何より、子どもなりのストーリーをないがしろにして「正しいこと」を伝えることだけが、子どもの心の成長をもたらすのではないでしょう。

　しかも、この内的現実は子どもにも親にも教師にもあり、「未成熟なこころの部分」は終生失われることなく、「成熟したこころの部分」と相克しながら存在し続けます。実際の出来事の程度とそれがもたらした影響・反響（今回は保護者の訴え）の大きさに何らかのギャップがあるのであれば、「内的現実」もしくは「心のストーリー」という観点を無視するわけにはいかないでしょう。

　各関係者の関係性についても注意を払わなければなりません。加害者・被

害者というカテゴリーはいったん棚上げにし、AとBのこれまでの関係性、AとBそれぞれの親子関係の質、子どもや親と学校との関係の質を検討し、それに応じた心理面での対応やフォローも必要になります。

〇心のストーリーを聞きだす

　学校が大人の対応に苦慮すればするほど、子どもの心のフォローまでする余裕がなくなったり、被害・加害それぞれの立場の親と子がペアとして扱われてしまったりする傾向があるように見受けられます。

　可能な限り、親と子双方から別々に丁寧に話を聞いていきます。例えば、それぞれの子どもは自分の親の対応をどう思っているのでしょうか。Bはもしかすると、自分の親の学校への対応にとまどいや恥ずかしさを感じているかもしれません。そうであれば、BにはBの心情に沿ったフォローが別途必要になり、それをBの保護者とどう共有するかを考えていかなければなりません。

　本当にいろいろなパターンがあります。Bの保護者の言うように、Aのウソかもしれません。背景にいじめがあるかもしれません。私の体験した極端な例では、学校に行きたくないのに休ませてもらえない子どもが、学校に行かなくてすむ理由を見つけたと思っていたとか、家庭外に共通の敵が現れたことで子どもと親の関係の緊張・対立・叱責（時に虐待的な対応）が減った、などということもありました。

　利害が交錯する状況なので、役割を決め、チームで対応することも重要です。対応する側の先生たちも守られ、支えられていることが、それぞれの物語を聞きだし、それぞれの物語に対応する（場合によっては対応しない）ことを可能にするのだと思います。

【もう一歩深めたい方への参考書籍】
アダム・カヘン著　小田理一郎監訳『敵とのコラボレーション』英治出版、2018

5 トラブルの背景の「見立て」とは？

問題の在り処とアプローチ方法を見つけ出すための"地図"作り

●質問●

公立中学校２年生の学級担任です。私のクラスの男子生徒Ａは、もともと落ち着きがなかったのですが、最近はほかの生徒にちょっかいを出すことが増えていました。昨日、Ａがふざけて体操服を振り回していたところ、同じクラスのＢの目元に当たり、緊急に病院に搬送する事態が起きました。Ｂの親からは、今後、二度とこのようなことが起きないようにしてほしいと言われています。

このような生徒指導や再発防止策を考える必要があるケースについて、どのような順序で、どんなことを検討していけばよいのでしょうか。

弁護士による解説

学校トラブルの事実関係が確認できたら、今度は問題の背景を検討します（見立て）。

そこで、見立てのポイントを解説します。

1 まず背景要因を検討する（見立て）

問題が起きると、これからの再発防止に向けた具体策を性急に検討しようとしがちです。しかし、そもそもなぜそうしたトラブルが起きたのか、その背景にある要因を見極めないと、的外れな対策になりかねません。

まずは起きている問題について、それがどのような要因による、どのような問題なのかを診断するプロセス、見立てのプロセスが必要です。

例えば、子どもが学校で落ち着かないような場合、その原因としては、家庭内で不和が広がって不安になっている、勉強についていけずに自己肯定感が低下している、学校内での居場所が感じられなくなっている、発達障害な

どの器質的な課題の表れなど、いろんなことが考えられます。いったい、これらのうち、何が当てはまるのかによって、かける言葉や解決に向けた具体策は変わってきます。

　また、この見立ての作業は、トラブル対応に当たる教員が解決するべき課題・目標を明らかにするプロセスでもあります。だからこそ、対応に当たるチームのメンバーには、なるべく全員見立ての議論に参加してほしいと思います。そうすることで、1つの視点に偏らない様々な可能性を検討対象にすることができ、より子どもの実情に近づくことが期待できます。また、結論を全員が共有することで、方向性を一致させた組織的・統一的な取り組みが実現します。

2　「見立て」のプロセスは、どのように進めるのか

　実際に問題を見立てていく際には、見落としを防止するために、いくつかの重要な視点から問題の背景を検討してみることをお勧めします。

第1の視点：子どもの意見表明権（聴取される子どもの権利）の視点

　子どもの身に起きたこと、子ども自身に関わることですから、当事者本人である子どもの感じていることや思いの中に、重要な要素が含まれていることはまちがいありません。本人の語りは、見立てをする上で最も有力な材料です（**子どもの権利条約 12 条「聴取される子どもの権利」**）。

　ただし、中には保護者と子どもが一体化して、子ども自身も親とまったく同じ主張を繰り返すようなケースもあります。そのような場合でも、まずは子どもの意見を可能な限り尊重しつつ、親子関係に何か問題を感じた場合には専門家にも相談して対応を検討してみてはいかがでしょうか。

第2の視点：本人を取り巻く環境に目を向けるソーシャルワークの視点

　子どもの問題行動の背景には、必ず、環境的理由・原因があると考えられます。この環境的な背景要因を理解して、その解消・緩和に向けた支援をしないままに対症療法に終始しても、関係はこじれて指導はますます困難にな

るでしょう。

　環境的理由・原因と言っても、どのような切り口から検討したらよいか迷う場合もあると思いますので、代表的なキーワードを挙げておきます。

　「これ、当てはまるかも？」というものを、ピックアップするところから始めてみてはいかがでしょうか。

【環境的な理由・要因を検討する際の代表的なキーワード】

愛着課題、自尊感情の低さ・自信のなさ、不安の強さ、孤立感、発達障害などの器質的な課題、対人スキル・コミュニケーション能力の課題、不信の蓄積、夫婦関係のストレス、（母子）分離不安、貧困・経済的しんどさ、うつ・人格障害等の精神上の課題

　この検討作業は、子ども本人のみならず、子どもに対して大きな影響を及ぼしている親・家族についても同様の検討を進めていただくことをお勧めします。家族の状況を整理することで、子ども本人が置かれている状況がより明確に見えてくるはずです。

第3の視点：学校のこれまでの対応の振り返りの視点

　学校内で起きるトラブルの中には、学校側のこれまでの対応が子どもや親に不信感を抱かせるなどの悪い影響を及ぼした結果として、問題が拡大しているケースもあります。このようなケースでは、学校側が自身の対応を振り返り、改める努力をしなければ解決に至ることは困難です。

　そこで、学校側の対応にも問題点がなかったか、振り返りを行うことは有益です。例えば、これまでの子どもに対する指導や対応は適切だったか、トラブル発生時の初期対応や保護者への報告は適切だったか、過去の対応の中で保護者の不信感を蓄積させる出来事はなかったか、などの点を自ら点検してみることです。

第4の視点：コンプライアンス、リスクマネジメントの視点

　学校内で起きたトラブルに対して、その問題は社会的・法的にはどのよう

な評価を受けうるのか、また、この問題の対応を誤った場合には、どのような社会的なリスクを背負うのかという点の見極めは、対策を検討する上でとても重要です。

　この点を見誤ると、社会から予想外の大きなバッシングを受ける、いわゆる炎上に発展したり、逆に問題が明らかになることを恐れるあまり、過度に保護者の言いなりになるなどの事態を招きかねません。

　ただし、この点は、現場の教職員だけで議論をするのは難しい面があります。少しでも不安があれば、スクールロイヤーなどの地域の学校問題に関する法律相談の制度を利用して、外部の専門家に早い段階で意見を求めることをお勧めします。

第5の視点：児童虐待対応・子育て支援の視点

　第2の視点と重なる所もありますが、子どもの問題行動の背景の1つとして、児童虐待などを含む家庭内での生きづらさがある場合があります。

　児童虐待防止法5条では、学校の教職員を含む、児童の福祉に職務上関係のある人たちに対して、児童虐待を発見しやすい立場にあることを自覚して、児童虐待の早期発見に努めるように求めています。

　こうした社会からの期待を考えれば、問題の背景に、何か虐待を疑うべき事情がないかという視点で、検討してみることはとても大切です。

教職員の精神科医による解説

1　心情的には自然なコトだけど実際には逆効果なコト

　ここでは、解決策を考える場面で盲点になりそうなことを挙げておきます。それは「人はみんな誰だって、自分を嫌っている人のことなんて好きになれないし、**自分を嫌っている人の言うことなんかききたくない**」ということです。何を当たり前のことを！　と思うかもしれませんが、これが不思議なくらい忘れられてしまうものです。特にそれが問題行動だったり、誰かが被害にあっていたり、誰かが怒っているときなどでは、問題行動に腹を立て

ながら、あるいは被害者のことを思って義憤に駆られながら、もしくは怒っ
ている誰かからの叱責を避けようとしながら、目の前の相手のことを考える
余裕がないまま、相手を嫌った精神状態のまま、自分の言うことを相手にき
かせようとしてしまうことって、案外あるのではないでしょうか。

　でもそうやって子どものことを、こちらの言うことをききたくないという
セッティングのまま、無理やり言うことをきかせようとするとどうなるで
しょう？　そしてそんな学校のことを、保護者はどう思うでしょう？　逆で
もいいですよ。保護者のことを、こちらの言うことをききたくないというセッ
ティングのまま、無理やり言うことをきかせようとしたらどうなるでしょ
う。そしてそんな学校のことを、子どもはどう思うでしょう？（←もちろん
それでも無理やりにでも何かをしなければいけないこともあります！　これ
はあくまで1つの視点としてお考えください）。

　ということで、相手に言うことをきいてもらうには、好かれていたほうが
断然よくて、そして相手に好かれるには、まずこちらが相手を好きになって
いたほうがいいということになります。まとめて言えば、**まず自分が相手を
好きになって**、それから相手に好きになってもらって、そして相手にこちら
の言うことに耳を傾けてもらう、という順番です。

　もちろん学校は子どものためにあるワケで、教師は子どもが好きなワケ
で、そんなのは当たり前ではあるのですが、それでも問題行動が起きた時に
は、被害が出ている時は、誰かが怒っている時には、子どものためにという
視点も子どもが好きなんだという気持ちも忘れられてしまい、結果的に逆効
果なことばかりやってしまうリスクが生じます。

2　心情的には高い徳性が求められるコトだけど効果的なコト

　ということで対策編では、問題行動が起きた時こそ、被害者が出ている時
こそ、誰かが怒っている時こそ、その子どもの好きだと思えるところを改め
て意識的に見つける努力をすることが大切になります。その子どものよいと
ころはどこでしょう？　たいしたものだと感心できるところ。それでもこう
いうところがあるのだと思えるところは？　こんな状況であるにもかかわら

ず、この程度に抑えて、本人なりに一生懸命耐えていることは？　本人の秘められた可能性は？　それはどんなタイプのダイヤの原石で、どんなふうに化けそうですか？　**特に、学校という保護者の目から見えない場所で教師が見つけたよいところは教師にしか見ることができませんから、ぜひ保護者に教えてあげたいですよね？**……そうやって見つけた本人の光るものを、本人や保護者と共有できたら、今とどのように変わりそうでしょうか？　ちょっと想像してみてください。

子どもの精神科医による解説

○見立て≠病名／診断基準

　イメージしやすくするために少々極端に言えば、「見立て」とは、問題の在り処とそのアプローチ方法を見つけ出すための"地図"を作ることです。病名（診断名）は、地図の中の1つのポイントではありますが、診断名だけで、これから歩むべきルートやゴールがわかるわけではありません。

　例えば、「落ち着きがない」という現象1つに対しても、その背景によって対応は全く異なります。この「落ち着きがない」という状態像に対し、『ADHD、LD、HFPDD、軽度MR児保健指導マニュアル』（診断と治療社）では、気質から身体疾患、薬物、精神疾患、虐待、発達障害まで約20の疾患・原因の可能性が列挙されています。なるべく包括的で正確な地図を作るには、何らかの知識や理論が必要になります。そうでなければ、見たいところだけを見る、見たくないものは見ない、当てずっぽうの偏った地図ができあがってしまいます。

　また、地図は一度作って完成ではありません。子どもや家族、学校の仲間や先生とその歩を進める度、見えなかった景色が見えるようになり、現在の地形ができあがるまでの過去から今に至る過程が明らかになってきたりするので、常に訂正や改訂がされていきます。そうして地図が精緻化されたり、治療や様々な取り組みを通じてこれまでの荒れ地に建物や側道が作られたり（時に種々の"災害"によって景色が一変することもありますが）すること

で、子どもや家族自身が自分の内にそれぞれの歩みが記された地図を作るようになり、そうこうする頃には、我々の地図はカルテ庫の隅にそっとしまわれていたりするのです。

○目に見えない心を見立てる

　例えば、多動性障害の診断基準には、「症状は２つ以上の状況で」見られるとありますが、学校で暴れたり、逃げ出したりと問題を起こすのに、家では全くそんなそぶりを見せない子どももいます。学校の先生が困った状況を保護者に伝え、一生懸命受診を促していても、保護者は全くピンときていなかったりします。子どもと２人でじっくり話して子どもがその気になってくれれば、たとえ小学校の低学年であっても、「家でのストレス（離婚や家庭内不和、保護者からの厳しい叱責や虐待、習い事や受験塾などでの余裕のないスケジュールなど）を学校で出していた」と教えてくれたりすることがあります。

　中には、いろいろな理由で家では無理でも、学校の先生には自分のしんどさや大変さに気がついてもらえるのではないかと期待していた子どももいました。ある特定の先生にだけ怒りや拒否が向かったり、過度にこわがったりする場合に、その先生が自分の親（繰り返される叱責や暴力を受けていた場合など）と重なってしまっていたり、思い出したりするということもありました。もともと発達の偏りのある子と保護者が、「反抗→叱責→反抗」のやり取りを繰り返したことによる二次障害であったり、そもそも人への関わり方がわからない子もいるかもしれません。

　子どもの問題行動は、様々な要因の組み合わせによる「結果」としての事象である場合も少なくなく、目に見える子どもの行動だけでなく、目に見えない心のストーリーや、家庭や社会を含めた大きな視点での包括的な見立てが必要になるのです。

　実際の見立てに関しては第２章－６を参考にしてください。

【もう一歩深めたい方への参考書籍】

森俊夫著『先生のためのやさしいブリーフセラピー：読めば面接が楽しくなる』ほんの森出版、2000

ピーター・ディヤング、インスー・キム・バーグ著　桐田弘江、玉真慎子、住谷祐子訳『解決のための面接技法──ソリューション・フォーカストアプローチの手引き』金剛出版、2016

近藤直司著『医療・保健・福祉・心理専門職のためのアセスメント技術を高めるハンドブック【第2版】─ケースレポートの方法からケース検討会議の技術まで』明石書店、2015

6 不登校を題材にケースを見立てる

複数の可能性を想定する

●質問●

　中学１年生の男子生徒Ｍが２日ほど学校を欠席したため、担任が家庭に連絡したところ、保護者は、子どもがクラスで孤立させられ不安定になって学校に行きたくないと言っている、学校として対応してもらいたいとのことでした。担任は他の生徒らに事情を聞くなどして調べてみましたが、今のところ人間関係上の問題は確認できず、その旨をＭの保護者に報告しました。

　しかし保護者からは、報告にＭは納得しておらず学校に行きたくないと言っているとして、不登校状態が２週間になっています。

　どのように考えて、どう対応したらよいでしょうか。

弁護士による解説

1　不登校事案における「見立て」の問題

　子どもの不登校の数は、1990 年代から小中学校ともに高い水準で推移しています。

　質問のケースの場合、保護者からは、学校での人間関係上のトラブルが原因で子どもが学校に行きたくないと言っていることが不登校理由とされていますが、これは保護者からの話であって、子ども本人から確認されている訳ではない点は要注意です。

　実際、不登校については、様々な要因を想定する必要があるとされていて、文部科学省の諮問を受けた「不登校に関する調査研究協力者会議」も、不登校の要因・背景について、学校の要因だけでなく「本人・家庭・学校に関わる様々な要因が複雑に絡み合っている場合が多」いことを指摘しています（平成 28 年 7 月最終報告）。

　こうした意味で、不登校事案の場合には、何が原因となって不登校が起き

ているのかについて、さまざまな可能性を想定し、関係する教師、養護教諭、当該生徒と関わりのある他の生徒などからの聴き取りをするなどして、正確な個々の事案についての「見立て」（診断・アセスメント）をしていくことが求められます。

2　質問ケースにおける、複数の「見立て」の必要性

（1）「学校での人間関係上のトラブルによる不登校」の可能性

　質問のケースの場合、保護者からの指摘に沿った、「学校での人間関係上のトラブルによる不登校」の可能性を検討する必要があるのは当然です。質問のような保護者からの訴えがあった場合、<u>いじめを受けていると「思われる」場合であるとして、いじめの事実の有無の確認をすべき場合と言えるでしょう</u>（いじめ防止対策推進法23条2項）。

　質問のケースでは、この「見立て」の線に沿って担任がクラスの生徒からの「事情を聴く」ことを行っています。ただ、このようないじめの可能性についての聴き取りは、その後に被害生徒が先生に「チクった」「告げ口した」として事態が悪化するきっかけになる可能性もあるため、被害者も加害者も特定しない形での実施を検討するなど、慎重に実施する必要があります。

　いずれにせよ、こうした調査によって実際に生徒Mの人間関係のトラブルが確認される場合もあり、その場合には、こうした線に沿ったトラブルの実態・原因・背景を明らかにして、そのケースの「見立て」を具体化し、これに基づいた「手立て」、対応につなげていくことになります。

　また、クラスの生徒からの聴き取りだけではクラスでのトラブルが確認できない場合もありますが、だからといって、それだけでクラス内でのトラブルの可能性がないと断定することにも慎重であるべきでしょう。

（2）その他の理由による不登校の可能性

　他方で、質問のケースの場合、不登校の原因については、当初、保護者からの話だけの情報になっていて、子ども本人からの話が聞けておらず、本人の状態が直接確認できていません。

　学校での出来事に起因して不登校となっていると保護者が報告してきたため、学校が様子を見ていたところ、実際には、家庭での不適切養育が不登校の原因であったことが判明したとのケースもありました。この意味では、この質問のように不登校の原因を含めた見立ての材料が不足している場合には、「家庭側の何らかの問題での不登校」の可能性も同時に想定する必要があります。

　すなわち、児童生徒の不登校という事案であっても、その原因・背景にはさまざまな可能性が考えられるため、こうしたケースに遭遇した場合には、当該ケースについて複数の教員を含むチームでその「見立て」を行うようにし、できるだけ多くの関係者の情報・視点を出し合い、さらに心理・医療等の専門家の視点も踏まえた「見立て」をしていくことが重要です。

（3）仮説としての「見立て」（「見立て」の修正の可能性）
　以上のように、関係する教員によるチームにおいて、ケースについての「見立て」をし、この「見立て」に対応して、その解決に有効と思われる「手立て」を検討し事案に対処していくことになります。

　そして、「見立て」とは、あくまでその時点で得られた材料をもとにした仮説であって、いったん「見立て」を行いそれに基づく「手立て」を取り始めた後でも、新たな事情が判明して、当初の「見立て」が不正確または不十分であった場合、その時点で「見立て」直しをしていくことが求められる場合もあることを念頭におくべきでしょう。

教職員の精神科医による解説

1　吹けば飛ぶような　仮説を糧に……

　もう中学生にもなれば、周りの生徒たちが、大人にはわからないぐらい巧妙に口裏を合わせていて、本当に意図的に本人を孤立させている……という可能性だってありますよね。その場合については、いじめや学級運営の問題になりますからそちらの項目に譲るとして、ここでは生徒Mの訴えが実態の

ないものだった場合を考えてみたいと思います。

　その場合は、「そのような訴えをせざるをえない事情を抱えている」ということになりますから、それが何なのかをまず仮説設定しないと対策も立てにくいですよね。たとえば「学校にいけない別の理由があって、かつ、その理由を保護者には言えない」という事情を抱えているのかもしれません。より具体的には、たとえば「自分なりに精いっぱい勉強しても親の期待通りの成績が出なくなった」ということなのかもしれません。

　あるいは発達障害の傾向がある場合には、「社交的にすごさなきゃいけないことに大きな苦痛を感じているけどそれを誰にも言えない」とか、さらに「自分でもそれが苦痛なのだと気づいていない」という事情を抱えていることもあります。たとえば「給食の時間に食べること以外に雑談までしなきゃいけないということに大きな苦痛を感じている」のかもしれません。ほかにもいろいろな事情が考えられるでしょう。

2　物事はね、心で見なくてはよく見えない。一番大切なことは……

　そしてそれぞれの事情に応じて対策を考えていきます。前者ならば学習上の工夫や、成績の期待度の親子間ギャップへのフォローをする方向の突破口を探すことになるでしょうし、後者ならば社交による苦痛を減らすような工夫や、社交以外の領域で活躍できるような役割作りをする方向の突破口を探すことになるでしょう。

　目の前に立ちはだかる（目立つけど）実態のないものを追いかけまわしているうちに、このような本当に大切なところの改善がおろそかになってしまうのは悲劇ですよね。だから保護者の方にも、早々に肝心の問題に気付いていただき共同戦線を張りたいところです。

　そのための実際の言い回しはケースバイケースとしか言いようがないですが、大枠でいえば……①M君の訴えには実態がないことをストレートに伝える、②いくら調査をしても証拠が出てこないことで困っているのでいろいろな可能性をいっしょに考えてほしいと頼む、③遠回しに匂わせる、④M君の言うことの真偽については継続審議で判断保留のまま、不登校の長期化を防

ぐための方策を別立てで話し合う、⑤M君の言うことの真偽について審議している場合ではなくて、一刻も早く不登校対策をしなければならないことを強調してそちらを話題の中心にする、⑥保護者が頑として再調査以外のことを話し合おうとしない場合には、他の保護者にも登場していただき、他の保護者と①〜⑤の対策を練る、⑦どんなきっかけでもいいからともかくM君本人とコンタクトをとって本当に困っていることを共有する……などの作戦があります。いくつもの作戦を念頭に置きながら試行錯誤していくのがよいでしょう。**ひとつの作戦しかないと考えると焦りからかえってうまくいかなくなることも多いですから。**

子どもの精神科医による解説

1　思春期・青年期のこころの発達

　見立てを論じる前に、思春期・青年期のこころの発達について概観します。健康的な発達過程を知らなければ、彼らの心理的問題を見立て、アプローチすることができないからです。ここでは、山本晃（2000）[4] の分類を用い、思春期・青年期の各段階について検討します。精神科医的見立ての方法については第2章−5、児童期の心の発達については、第2章−7をご覧ください。

（1）青年期前期

　中学生の時期に相当します。身体的変化の受け入れが課題となり、家族以外の対象に関心を向け、心理的な親離れが始まり、「反抗」が本格的になる時期です。同性との親密な交流や親友を通じ、人から見て自分がどのように見えるかを推し量るなどの自分を客観視する能力が発達します。山本晃（2001）はこれを、自分中心の「天動説」的世界から、自分がこの世界の中心ではなく、多くの中の一人に過ぎないという「地動説」的世界観への転換に喩えています。親以外の大人や教育者、友人や憧れの対象のよいところを取り入れ、親とは違った自分の理想像を作り始めます[5]。

（2）青年期中期

　高校生世代に相当します。両親から離れ、異性に向かおうとしながらも、経済的には依存しているし、不安になると甘えてもくる時期です。山本晃（2002）によれば、青年期中期の感情状態は、親からの離脱による「悲哀」と、新しい異性という対象の発見による「愛のなかにある」という感情の間を揺れ動きます。この移行期にはやり場のないエネルギーが自分に向かい、時に自己破壊的になります。自分を過大評価したり、現実を顧みなくなったり、極端に感情的になったり、自己中心的であったり、そうかと思えば、自分の殻に閉じこもったり、自分はこの世で役に立たなくて生きる価値もない、みんなに嫌われていて死んでしまいたいと思ったりするのです[6]。

2　不登校の見立てについて

　これまで不登校は様々に論じられてきました。例えば、1990 年代の養育環境原因論と学校原因論との論争[7]があり、学校教育を巡る社会的状況の変化と関連付けられた論文[8]もあります。ここでは、不登校の総論ではなく、目の前の「不登校」の子どもとその親への個別的アプローチへの精神科医の視点に焦点を当てます。

　ここでは、医学領域でよく使われる生物心理社会モデル（bio-psycho-social model）を用い、各項目でどのような点に注目するか、本質問の M の事例で説明します。これまでに私が出会った子どもの顔を思い浮かべながら、項目ごとに数例ずつ挙げてみました。実際には、複数の項目からの複数要因の組み合わせですから、わずか 8 行の 1 つの事例でも（だからこそ、でしょうが）その組み合わせは数限りなく存在するのであり、誰 1 つとして同じ見立ては存在しません。学校の先生から、「登校刺激はするべきかどうか」との質問を受けることが時々ありますが、見立てが精密になればなるほど、子どもが登校して教室で日課をこなす以前に解決すべき課題（児・保護者・学校）やプロセスが見えてくることも少なくありません。

（1）生物学的要因（bio-）

　遺伝子や体質、運動機能や脳機能など。認知や運動、言語面などの発達の遅れや偏りの有無や程度。生物学的基盤が想定される精神疾患など。

Mのケースの場合）

1．うつ状態や精神病（様）状態、強い不安状態に陥ることで、現実をありのままに認知することが困難になっていて、過剰な被害感や孤独感・疎外感を抱きやすくなっていたり、必要以上に自己卑下していたり自尊心が低下している。そのような現実的根拠がないにもかかわらず、孤立させられたと感じてしまう。

2．感覚（音）過敏や、他者の感情や社会的文脈の読み取りの困難、他者との言語・非言語の双方向のやり取りが苦手、知力（判断力、理解力、語彙など）の乏しさなどの発達特性がある。同級生とのコミュニケーションや仲間関係の構築に何らかの難しさを感じている。人への関わり方がわからない、他者の表情を読み違えている、うまくいかないことは感じているが、どこでどうつまずいているのか自分でもわからない、など。

3．フラッシュバック（PTSD症状）やタイムスリップ現象（自閉症スペクトラムの症状）で、過去と現在という時間軸が混乱している。

（2）心理学的要因（psycho-）

　心理的な発達・成熟の程度や停滞、逸脱など――例えば、基本的な安心感や信頼感、自己肯定感や自己効力感、自己の一貫性（気分や状況に振り回されたり流されない）、自分と他人の区別（自分と同じように心を持つ存在として他者を認識する）、自分や自分の周りを客観的に吟味・振り返る力（内省、現実吟味）、気持ちや考えを言葉にする能力、不安や葛藤を衝動的に行動で発散せずに自分の内に抱えておくことができる力、他人を思いやる力、「どうにも答えの出ない、どうにも対処しようのない事態に耐える能力（帚木蓬生『ネガティブ・ケイパビリティ』）」（negative capability）など。

Mのケースの場合）

4．理想の自己像と現実の自分に乖離が大きく、自分が自分を許容できず、そのために周りも自分を受け入れるはずがないと思っている。

5．嫌われたり排除される不安が強く、本当は人と関わりたいが他者と親密な関係を作れない。実際には自分が周りを遠ざけているにもかかわらず、他者が自分を遠ざけていると感じる。

6．気分がコロコロと変わりやすく、それによって自分や周囲に関する捉え方が極端に変わる。ある瞬間まで「理想的」と思っていた人が、ある瞬間の些細なことで、自分を攻撃したり、見捨てる「悪い人」になる。

7．自分の望むような形で他者が自分に関わってくれず（自他の区別が悪く、他者に過度な期待や依存）、他者への怒りや不満が強くなる。

8．他者との（正当な）衝突を好まない、周りの大人に迷惑をかけたくない等を理由に、相手の気持ちや意図に自分を合わせることに終始し、自分の気持ちや考えがわからず、表層的には人に囲まれているが、空虚感を感じている。

（3）社会的要因（social-）

子どもの家庭での生活（誰とどんな家——自分の部屋はあるかどうか——に住んでいて、家のどこが居場所で、何時に起きて、誰とどんな御飯を食べて、放課後は誰とどうすごして、誰とお風呂に入り、何時頃に誰と寝るのか）、親子や兄弟含めた家族関係、同級生や教師との関係、学校での授業中や休み時間のすごし方、成績や部活、課外活動への参加、余暇のすごし方、親戚とのやり取りや地域活動、問題となっている症状や行動がどこでどう表れるか、これまでの学年や所属先（幼稚園、小・中・高）でどうであったか、など。

Mのケースの場合）

9．学校にはまだ覚知されていない、いじめがある（第2章−2を参照のこと）。

10．種々の理由（学業、対人関係や対人トラブルなど）でM自身が学校

への適応に何らかの困難を感じていて、学校への抵抗感や拒否感が強まっているが、家庭内では様々な理由でそれが共有されておらず（Mの自覚や語彙力、家族関係が疎、家族の多忙や疲労、親の子どもへの理想・期待が高くて子どもが弱音を吐けない）、本質的ではないささいな表層の問題に置き換えられている。

11. 家庭内の緊張や衝突（家庭内不和、家庭内暴力、繰り返される叱責や攻撃的言動など）の緩和・忌避のため、親と子で無意識的に共謀し、問題の原因を家庭外に見出し、家族内メンバーのつながりを強める。

12. 経済的困難や家庭の機能不全。例えば、Mが身体／精神疾患を患う保護者の面倒を見なければいけない、子どもが学校にいる間に保護者が死んでしまう（病気や自殺企図、家庭内暴力）かもしれない不安があって登校どころではない（無論、そんなことが不安などとは親に言えない）、不安が強い保護者の「家の外は危険な場所で、いつ災難が襲ってくるかわからない」との信念をMも共有していて家庭外が安心できる場所ではない、など。

　このように、不登校は学校現場で生じる問題ですが、学校での子どもを見ているだけでは不十分ということになります。

　見立てに関しては、視点や情報が多いほど包括的・網羅的になり、本質をとらえやすくなります。と同時に、様々な断片的な情報をいくつかのストーリーにまとめあげるには、知識や経験が必要になります。スクールカウンセラーなどの校内の資源の活用や、校外の関係機関や他・多職種（医療、児童福祉）連携が重要となる理由の1つです。

【もう一歩深めたい方の参考書籍】
齊藤万比古著『増補　不登校の児童・思春期精神医学』金剛出版、東京、2016
滝川一廣著『家庭のなかの子ども　学校のなかの子ども』岩波書店、東京、1994
皆川邦直著『精神科医の思春期子育て講義』岩崎学術出版社、2018
　←保護者向けだが、不登校・家族内暴力、自傷、性非行などへの諸対応についても論じられている。

7 「見立て」から「手立て」を導く

限界設定と対案の提示

●質問●

公立小学校の校長です。

子ども同士のトラブルをきっかけに不登校となった児童の保護者から、毎日家庭に教師を派遣して学習指導をしてほしいと求められており、学校として、どのように対応するべきなのか検討しています。

このような、学校に様々な要求が出されているケースについて、学校は、何をどこまでしなければならないのでしょうか。

弁護士による解説

学校トラブルについて、事実の確認と見立てができたら、具体的な解決策を検討します(手立て)。そこで、手立てを検討する際のポイントを解説します。

1　解決への「手立て」を検討する際のポイント

保護者からの何かしらの要望や要求を受けた際に、学校として、その解決に向けて何をどこまでするべきなのでしょうか。これは、解決のための「手立て」をどのように考えたらよいのかという問題です。この点について、以下の3つのポイントに整理して考えてみましょう。

①できることとできないことを区別する（合理的な限界設定）

②つながるチャレンジ（信頼関係を保つためのポジティブな具体策）

③他機関との連携（他の機関への適切な情報提供）

2　できることとできないことを区別する（合理的な限界設定）

（1）合理的な限界を見定めて保護者との対話に臨むことが大切

過剰な要求や無理難題については早めに見極めて、「学校としては応じられ

ない」と伝えるべきです。ただし、要求に対して「応じられない」との回答になる場合、単純な拒否とならないよう、3で述べる、学校側で検討したポジティブな具体策（対案）を、同時に伝えるようにすることが望ましいと言えます。

　そして、できること・できないことの見極めは学校が恣意的に決めるのではなく、第三者の目からみても「合理的」と言える内容を目指す必要があります（合理的な限界設定の必要性）。

　また、学校としての対応の限界を検討しなければいけない事項としては、①保護者から求められている具体的措置に関すること（例　毎日家庭訪問して学習保障をしてほしい）だけではなく、②長時間にわたる電話での相談や文書回答などの保護者との関わり方・意思疎通の方法に関することも挙げられます。

（2）具体的措置に関する「合理的」な限界設定とは

　では、学校として、できること・できないことをどのように見極めていけばよいのでしょうか。

　この点を検討する上で、まずは、そのトラブルに関連する法令や通達などの内容は確認しておいた方がよいでしょう。こうした公文書の中には、学校がとるべき措置を具体的に義務付けていたり、適切な対応例が示されていることがあります。昨今では、保護者もこれらの文書をインターネット上で見ることもできます。それなのに、学校がこうした文書の内容と矛盾する対応をした場合には、大きな反発を招きかねません。そこで、まずは参照するべき通知などの文書がないかを確認してみましょう。

　では、こうした公の基準がないケースについては保護者の要望に応えなくても問題ないと言えるのでしょうか。

　保護者は、学校にはたとえ法的な義務とまでは言えない内容でも、子どもの成長のためにできる限りの工夫と努力をしてほしいと期待していますし、学校長には自分の判断で公務をどのように進めるかを決める一定の権限があり、校長の決断次第でできることはたくさんあります。

　そうした中で、学校として「できません」と答える以上は、なぜそうした

結論になったのか、合理的に説明ができるように検討を尽くしておく必要があります。

検討の際のポイントとして、いくつか重要な視点を紹介しておきます。

①その要求に応える（応えない）ことは、社会の常識に適うか

②他の子ども・保護者・教員などの関係者との間で正義・公平に適うか

③子どもの成長発達の保障のために、本当に役立つ内容といえるか（子どもの最善の利益）

④学校制度や予算を踏まえて、実現できる内容か（キャパシティの問題）

（3）保護者との関わり方に関する限界設定

次に、実際の現場では、保護者との関わり方について明確なルールを設けず、なし崩し的に長時間にわたり頻繁に対応が求められるなどして、その対応に当たる教員が疲弊してしまう、というようなケースもあります。

特に検討を要するのは、保護者が教員に精神的に過度に依存し、長時間の対応や、頻回な対応を強いられたり、執拗な誹謗中傷や暴力的な言動等がある場合です。これらについては、保護者との関係についてこれまでの学校の対応を振り返り、適度な距離感を保った関係に軌道修正するための具体的な手立てを検討することが、教職員の健全な労務環境を守るためにも必要です（長時間・頻回対応については、第6章－2の第3項参照）。

3　つながるチャレンジ（信頼関係を保つためのポジティブな具体策）

保護者が困り果てて学校に対応を求めたのに、「検討させていただきましたが、対応できません」という結論だけでは突き放されたような気持になって、ますます「なぜできないの？　おかしい！」と反発したくなります。

学校トラブルでは、子どもの成長発達のために保護者との信頼関係を決裂させない努力、つながろうとする姿勢を示し続ける努力が求められています。

そこで、「要望にそのまま応えることは難しいけれど、子どものために、別の対策を考えたので、その取り組みに理解・協力をしてほしい」と対案を積極的にプレゼンしていくことが大切です。

ここでのキーワードは、「子どものために」です。学校自ら積極的に、子どものための対策を保護者に提示することで、「いっしょになって考えてくれている」という安心感を提供できますし、議論の方向性を子ども中心に修正する効果も期待できます。

4　他の機関への適切な情報提供

わかってきた事実や背景要因に照らして、学校だけでは解決することが難しいと思われる場合には、心理・福祉・法律などの専門家に専門的な助言を求めることや、地域の他の機関に相談して、いっしょに対応することも検討しましょう。

教職員の精神科医による解説

いわゆる限界設定の問題ですが、弁護士さんとコラボをしている中で私は、限界設定は以下の2つに分けることができるということを教わりました。

1　法的・制度的限界

1つが法的・制度的限界です。極端な例を挙げれば「ウチの子の養育費全額と毎月の携帯代とネットゲーム代を払え」というのは法的な限界を超えていて、「ウチの子に24時間365日の専属の教師を100人用意しろ」というのは制度的な限界を超えていますよね。教師としてすべきこととして定められた法的な限界、公教育として割り当てられた予算や人員などの制度的な限界。それはあなたが望んだことでもなければ、あなたが決めたことでもありません。ですからいずれも、あなた個人としてはやれるならばやってあげたい（？）ところですが、法と制度の厚い壁に阻まれて、残念ながら遺憾にもできないことになります。あとはその時々の内容と、自分と相手の心情に合わせて、毅然と断るのもよいでしょうし、残念そうに断るのもよいでしょう（その際には、**相手の怒りに真っ向から対立するのは大抵は逆効果**で、怒りの手前の感情をシェアすることが大切になります。詳細は第2章－1「保護

者対応の心がまえ」を参照ください）。

2　キャパシティーの限界

　もう1つが、こちらが持っているキャパシティーの限界です。極端な例を挙げれば、長時間に及ぶ電話や面談を連日のように要求してくるとか、1つ1つは法的・制度的にはできなくはない要求を、しかし連日連夜のように次々と乱れうちしてくるなどです。他にも、発言内容そのものは（法的な限界を超えた）人格否定や恐喝や金銭要求ではないけれども、しかしこちらが恐怖を覚えたり傷ついたりしてしまうような態度や口調でどなり倒してくるとか、何度も同じことを蒸し返して堂々巡りに責め続けてくるなどです。このようなキャパシティーの限界については、たとえば（電話にしろ面談にしろ）相談の時間は1時間程度が妥当など、おおよその目安はありますが、六法全書にも教育基本法にも「どこまでが許容範囲でどこからが限界なのか」が明確に書いてあるわけではありません。だから、その都度その都度、ケースバイケースで決めていくことが必要になります。

　そのときのポイントは「子どものためという目的からすると、どの程度までが妥当だろうか」という観点から決めていくことです。その際には、子どものためになることと保護者が満足することが（一致するならばいいですが）不幸にして一致しない場合も出てきますよね。その場合は、学校は当然、**子どものためになることを優先して、「いずれは保護者が満足するようになる」という将来像をあきらめる**、という覚悟を決める勇気を持つ必要があります。極端な例を言えば、夕方になると学校に押しかけて面談を要求し、子どもの夕食や世話を放置しているケースなどです。子どものためには面談の時間帯の許容範囲は？　限界は？　どうでしょう。それぞれの実際のケースに合わせて、学校側が覚悟を決めて保護者に伝えなければならない限界設定というのが、自然と浮かび上がってくるのではないでしょうか。

　担任を長電話で長時間拘束してしまう場合はどうでしょう。そのため授業の準備や他の児童への対応がおろそかになってクラスの雰囲気が悪くなれば、巡り巡って犠牲になるのは我が子です。我が子のためには、担任には授

業の準備の時間を確保させ、他の児童への対応もしっかりと行ってもらう必要があります。さらに言えば、担任を長時間労働と睡眠不足に追いやれば授業の質が落ちるのは当然です。我が子のことを思うならば、担任を追いつめて健康状態を損なわせるのは逆効果になる恐れがあるのです。

　「……という事情がありますので今日の電話は最長で1時間とさせてください」と担任が言えるでしょうか？　言えることもあるでしょうが、まあ、言いにくいですよね。「あなたのお子さんのために担任を疲弊させずに学級運営を滞りなく進める必要があり、したがって電話での相談は最長でも1時間以内とさせてください」という内容を言うのに一番ふさわしい役職は何でしょうか。これはもちろん管理職になりますよね。このようにそれぞれのケースについて、**誰が限界設定を伝えるのがベストか**も考えていく必要があります。

　それから**どのような理由が納得しやすいのかもまたケースバイケース**です。たとえばそうですねえ。私なんかは、「一般的にカウンセリングにせよ法律相談にせよ問題解決型の会議にせよ、1時間ぐらいが目安で、それ以上長時間話をしても論点があいまいになったり疲労で集中力が途切れて生産的な解決策が出づらくなります。一方で1時間と区切ることで、双方ともその限られた時間で何とかしようと論点を明確にする必要が出てきますし、生産的な解決策も出てきやすいものです。実際、以前の話し合いでは、3時間くらいかけて話し合ったのにお互いに疲労した割にはあんまり進展しなかったことがありましたよね。たぶん今回も、時間を区切らなければ同じことの繰り返しになるんじゃないかと心配です。もちろん試しに今日もやってみるのもいいですけれども……いや、私自身は気乗りはしませんけど」なんていう言い回しを思いつきました。役に立ちそうであれば役に立つ範囲で参考にしてみてください。

　ちなみに会議が迫っているときの突然の電話。これはどうしましょう。1時間の限界よりももっと短くしないとマズいですよね。そのときにはその限界を、「できません」というネガティブで逃げ腰の姿勢ではなく、「できます」というポジティブで前のめりな姿勢で伝えましょう。たとえば、「あああ！

　せっかくお電話いただいたのに実はあと30分後に会議が始まってしまうんです。じっくりとお話を伺いたいのに残念です！　悔しい‼　もったいない‼　しかもまだ会議の準備もしてなくって最悪だ。え〜っと、どうしよう、困った。え〜っと、でも……、そうか！　はい、やっぱり大丈夫です！　何とかします！　準備は10分くらいで何とかしますんで、そうすれば20分間確保です！　よし、今から20分間なら大丈夫です‼　で、どうなされましたか？　お母さん、時間がないので単刀直入にズバッとお願いします‼‼」という感じです。

　そうそう、申し遅れましたが実は私には教師経験がありません。見事にゼロ年です。ですから現場での教師−保護者関係における一番自然な言い回しがわかりません。ですから、くれぐれもセリフの棒読みはしないでください。あくまでも「**逃げ腰ではなく前のめり**」というニュアンスだけを真似するようにしてください。

子どもの精神科医による解説

　まずは、児童期のこころの発達に触れます。見立ての際に必要な知識だからです。次に、精神科医の視点での限界設定について論じてみたいと思います。

1　児童期から思春期前の子どものこころの発達

（1）児童期

　人は6歳前後には、この自分はどういう人間であるのか、何を周りの人は期待しているのかを思慮し始め、その人の個性はすでにはっきりとできあがっています[9]。児童期に身につけるべき力として、①知能、特に言語による表現力、②身体的能力、③他人と共感するなどの社会的理解を挙げています[4]。

　①に関し、自分の「考えていること」を、周りの人にわかるように言語で表現できるようになっていく必要がありますが、言葉が追いつかずに問題行動としてしか表現できない子どももいます。③の児童期の「共感能力」とは、

相手の立場でものごとを見る能力、「他人が考えることを推測できる」という視点の変換能力のことです。

（2）前青年期

小学校高学年から中学校初めくらいの時期を言います。

かたくなで反抗的になり、依存対象である親から分離しようとし、その不安を解消して支えるのが友人です。同性ごとに集団化して徒党を組むので、「ギャングエイジ」と呼ばれたりします。

この10歳前後には、親とのこれまでの関係の性質を問わず、親と離れた自分というものを強く意識するようになります。小学校中学年の子どもは、夢想的、空想的、哲学的ですが、高学年になると、現実的、身体中心、社会的になっていきます[9]。

2　限界設定

「限界設定（limit setting）」という言葉は様々な場面で用いられています。例えば、イヤイヤ期の2歳の子どもに「ダメなものはダメ」と教えることも、海外では "limit setting" という言葉で表現されたりしています。

精神科医療における「限界設定」とは、自分と他人の間の境界線が曖昧で不安や葛藤を自分の中で留めておけず、様々な行動（自傷行為や薬物乱用など）でそれらを解消しようとする病理を持つ患者さんを治療する際に、治療が壊れずに維持するための工夫として行われるものです。例えば、最初は軽微な「特別扱い」でも、だんだんと患者さんの要求が増えてそれに応じられなくなっていくと、患者さんはその不満や怒りを行動（自傷行為や頻回な夜間の救急受診など）で示すようになり、最後は治療が続けられなくなり、患者さんは「やっぱり私は見捨てられる」「自分なんか価値がない」という思いを再確認するだけになってしまいます[10]。言いなりや迎合と、共感・受容は別物です。一方で限界設定が治療者の安心や保険のためであってはならないのですが——これは自戒ですね。

○学校での限界設定の難しさ

　医療では、保護者にも十分に配慮しますが、あくまでも「患者さん本人（子どもであっても）のために」という絶対命題があり、その点ではシンプルですが、限界設定にまつわる学校場面での難しさは、「個人」と「集団」という、時に両立が難しい2つの視点を併存させていかなければならないこと、また「子どものために」の保護者と学校の認識の違いを擦り合わせていく難しさではないでしょうか。

　学校場面での大概の問題は、先生方の熱意と努力によって学校内で解決されています。医療場面に現れてくるケースというのはわずか一部に過ぎず、子どもに医療的な介入が必要な場合か、子ども・保護者と学校のボタンの掛け違いによる行き詰まりの例、ということになるでしょうか。

　後者に関して、学校の先生からの相談のお電話で、「学校は集団なので」と聞かされることが度々あります。保護者の「教室で同級生と同じことをすべき」という価値観や学校の「集団秩序の維持」という価値観などのために、大人が自らの立ち位置を変えられず、子どもが今いる土俵とは違った場所から子どもだけをどうにか変えようとしてもうまくいくわけがありません。保護者と学校が「面談」を繰り返す度に両者に亀裂が深まっていって、私たちがその間にはさまって調整役をすることもあります。そしてそこから学校の奮闘によって子どもが改善していく——急激な変化を見せる子もいれば、じっくりと時間をかけていく子もいて——ことが多く、こうなると保護者もそれを実感し、保護者と学校で子どもの成長のために協働する関係が築かれていくことが多いのですが、何とかひねり出した対策や対応に「ウチは私学で」「人手が足りなくて」「受験生だし」と言われてしまうこともあり、その結果はご想像の通りです。

　なるべく子どもや保護者それぞれから聴き取りを行い、今何が起きているのかを見立て、浮かび上がってきた様々な問題を仕分けして「今」取り組むべき課題を見つけ出し、子どもと保護者と学校とが1つのチームとしてこれにどう取り組むのかを考えるのが大切です。

　そして子どもの仕事（まずは休養という場合もあります）、保護者の仕事（問

題の一部は後回しにし、子どもが成長してその問題が扱えるようになるまで待ってもらうことも含まれます)、学校の仕事、それぞれの役割や課題を明確にしていくことです。家庭には家庭にしかできないことがあり、学校には学校にしかできないことがあります。

　何らかの事情で家庭がその機能を十分に果たせなかったり、子どもが集団に参加する前段階としてより集中的で治療的な個別アプローチが望ましい場合などは、地域の関係機関や医療・福祉などの隣接分野を巻き込めばいいのです。

【もう一歩深めたい方の参考書籍】
岸見一郎・古賀史健著『嫌われる勇気』ダイヤモンド社、2013
岸見一郎・古賀史健著『幸せになる勇気』ダイヤモンド社、2016
スーザン・フォワード著　亀井よし子訳『となりの脅迫者』パンローリング、2012
小倉清著『子どもの危機にどう応えるか──時代性と精神科臨床』岩崎学術出版社、2020

8 保護者にどう伝えるか？

面談の準備と留意点

●質問●

公立小学校の校長です。

子ども同士のトラブルをきっかけに児童が不登校となった事案について、保護者から学校に対して、事実関係の調査や家庭への教師の派遣などの学習支援など様々な要求を受けていましたが、ひと通り、事実関係の調査も終えて、学校としての方針もまとめたので、保護者と面談して、学校側の見解を説明することを予定しています。

こうした保護者との面談を行う際に、学校として注意しておくことについて教えてください。

弁護士による解説

　学校トラブルについて学校側の解決策の検討を終えたら、その内容を保護者に説明し、理解を求める必要があります。そこで、保護者との面談に臨む際のポイントを解説します。

1　十分な事前準備を

（1）どのような場・環境で回答を行うか

　学校は、保護者に対して積極的に情報提供を行う必要がありますが（学校教育法43条参照）、いつ、どこで、どのような方法で行うかなどの「回答の仕方」は、校長の裁量で決めることができる事柄です。

　そして、話し合いは、たとえその場で伝えられる情報が同じものであっても、場所や時間帯、参加者などの環境の違いによって、一方当事者にとっては自由に発言しにくいと感じる場合があります。そうすると、せっかく時間を取って丁寧に伝えたつもりでも、不満が解消されずに終わったり、逆に相

手のペースに巻き込まれて負担の重い約束をさせられてしまう、などの失敗例も起きてしまいます。

　こうした失敗を回避するためにも、一方にストレスがかかったり無理をさせることもなく、余裕を持った環境を設定できるとよいでしょう。

（2）回答の中身を検討する

　学校が保護者に向けて回答・説明しようとする内容について、前もって保護者の立場・視点に立って、その内容に対する疑問点や反論を検討してみると、当日の想定問答がイメージできます。

　例えば、当日のテーマが、いじめがあったかなかったかなどの具体的な「事実」についての調査結果の報告が中心になる場合、学校がどのような調査を行ってきたのか、その結果どのような情報が得られたのかを、保護者は可能な限り具体的に知りたいと考えています。こうした思いに応えるためには、これらの点の丁寧な情報開示に努める必要があります。他方で、開示する必要のない関係者の個人情報をうっかり漏らしてしまうようなことが起きないように、あらかじめ点検しておきましょう。

　次に、当日のテーマが、保護者が学校に求める具体的な措置・対応について、学校側の提案する解決策（手立て）の説明が中心となる場合もあります。このような場合には、学校内で子どものためにどのような議論がされたのか、教員間での意見交換の経過を丁寧に説明すると説得力が増します。

　また、学校の対応について積極的に非を認めて、謝罪をした方がよい場合もあります。そうした時には、その後の話し合いを円滑に進めるためにも、謝罪を後回しにせず、早めに切り出すことをお勧めします。ただし、学校がどの出来事を対象に、どういう理由から謝罪しているのか、当事者に誤解を与えないように説明の仕方を検討しておくことが大切です。

2　面談時の留意点

　次に、実際の面談場面での大切なポイントをいくつか整理してみましょう。

（1）子どもの安全な学校環境作り、子どもの成長発達を実現するための話し合いであることを、実際に言葉に出して確認する

　過去の出来事への不満や、それぞれの当事者の立場やこだわりなどのために、大人同士で「どっちが正しいか」を議論することに終始してしまい、建設的な話し合いができなかった、というような経験をされた方も多いのではないでしょうか。

　こうしたことを可能な限りなくすためには、共通の建設的なテーマを常に確認する工夫が大切です。

　学校内でのトラブルを解決する上で、常に話し合いの目標に掲げるべきテーマは、「子どもの成長発達権の保障のために、今、何が求められているのか」、「子どものために、学校と保護者は、それぞれ何ができるか」です。この目標を冒頭で明確に確認すること、そして、話し合いの流れが逸れてきたなと感じた場合にも、改めて口に出して何度でも確認することが大切です。

（2）保護者の言い分を尊重する姿勢で臨む（受容と傾聴を基盤としながら率直な意見交換を心がける）

　学校と保護者との話し合いの場に立ち会うと、保護者がせっかく率直な意見や思いを打ち明けているのに、「でも」「ですから」などと切り返して学校の立場を説明しようとする場面に出会うことがあります。学校なりにがんばって対応しているという思いがあればあるほど、学校の努力を保護者に正しく理解してほしい、という気持ちはよくわかります。しかし、これでは信頼関係の回復は遠ざかるばかりではないでしょうか。

　傷ついたり不満を抱えている当事者は、まずは自分をわかってほしい、安心させてほしいという気持ちを持っています。学校から見た「正しい考え」を示す前に、「ここは安心できる場所ですよ」ということを言葉だけではなく、態度で示す必要があります。それが「受容と傾聴」です。

　受容と傾聴を基盤としながら、学校の立場や考えを「反論」という形ではなく、保護者に丁寧に説明する姿勢が大切です。

（3）合理的な限界設定とつながる努力（対案を示すなど）の両輪を提示する

直接の対面の場で、学校としてできることの限界を当事者に明確に説明することも、話し合いの大切な目的の1つです。

その際には、できないことの説明をした後、間髪いれずに、その代わりに学校が取り組みたいと考えた主体的な提案（対案）を提示してください。

例えば、こんな説明の流れがスムーズではないかと思います。

「ご要望について、十分な検討をさせていただきましたが、〇〇の観点から、そのご要望には応じられないという判断に至りました。ただ、学校としてはお子さんのために、△△のような対応を検討しています」

（4）学校の調査した事実関係について納得が得られない場合

主に、保護者から事実関係の調査を求められているようなケースでは、学校が調査の結果、確認できた事実関係を説明することが、話し合いの主目的となる場合もあります。

第2章-4で述べたとおり、事実の調査は学校がとるべき安全配慮義務の内容を検討するための前提になるものですから、保護者にとってもその後の学校の対応の内容を左右する重大な問題です。

話し合いの中で、学校としては調査を尽くしたつもりでも、保護者から、学校がそれまで把握しておらず、もしそれが真実であるならば、学校の今後取るべき対応に影響を与える可能性のある新事実が主張されたような場合には、いったん立ち止まり、学校の用意した結論を押し付けずに、再度、事実確認をする姿勢も大切です。

他方で、学校が確認した事実関係と保護者の主張する内容との間で齟齬が大きくなく、学校の取るべき対応に影響を与えるものではないと判断されるような場合には、保護者の納得が得られなかったとしても、再度の調査に応じる義務はないと言えます（ただし、法的な義務ではなく、つながるための努力の1つとして、再度取り組むという選択はありえます）。

（5）学校側の提案した解決策（手立て）に争いがある場合

　学校側の示した解決策について、保護者からすぐには理解を得られない場合もあります。

　そのような場合にも、学校として、結論に至るまでにどのような議論がされたのか、その内部での検討経過をなるべくわかりやすく説明してください。乱暴に結論を出したわけではなく、様々な配慮をした上で出した結論であることを伝えることが重要です。

　ただし、それだけでは保護者に納得していただくのは難しいこともありますので、この回答で終わりではなく、今後も対応を進める中で不合理な点が生じたら柔軟に見直していく姿勢を積極的に示して、安心していただくことが大切です。

　なお、こうした回答について文書での提出を求められる場合の留意点については、第6章－2の第1項を参照してください。

3　回答後の対応（モニタリングとPDCAサイクル）

　保護者に対して、学校として調査結果を踏まえて見解を述べたり、今後の取り組みを説明した以上、その後は、保護者も同様のトラブルを防ぐために、学校によりいっそうの期待を抱くことが予想されます。また、法的な観点からも、学校は一度このトラブルを把握して対応した経緯がある以上、以前よりも同様のトラブルの発生を予見しやすくなっている、または、トラブル発生を回避しやすくなっている、とも言えます。つまり今後は、学校により高度な安全配慮義務が課されることになる、という認識を持つ必要があります。

　その点でも、回答後の対応こそ本当の解決への取り組みの始まりです。特定の教員任せにするのではなく、教職員がチームとなって子どもたちのその後の様子を観察し（モニタリング）、その結果、当初説明した再発防止策に何か不備や不足が発見された場合には、保護者とその対応について話し合って、柔軟に修正を図っていくことが大切です。トラブル対応にも、PDCAサイクルの視点が重要なのです。

教職員の精神科医による解説

　このような実践は弁護士さんのほうが慣れているので精神科医が助言できることはあまりありませんが、精神科医は精神科医らしく、精神論を2つほどお伝えしたいと思います。

1　これはラストシーンではなくワンシーンである

　精神論の第1は、「この面談は、この問題によって引き起こされた様々な葛藤や浮き沈みを経つつも、最終的には**お子さんと保護者と学校関係者が困難を克服して成長していく大きな物語**（←短くても数か月、長ければ何年もかけたものもあるでしょう）のワンシーンなのだ」という意識をもつことです。そのような大局的な立ち位置に立てば、その場での小さな勝ち負けにこだわったり、目先の利益に目がくらんだりせずに、本当に大切なところをおさえながら話を進めていきやすくなると思います。

2　私たちは確かに対立もしているが同時に仲間でもある

　精神論の第2は、立場が違うもの同士が対立しているときには、文字通り「立場が違っていて対立している」という面ばかりが目立ってしまい、「同じ目的をもっていて、しかも同じことで困っている仲間同士なのだ」という面を忘れがちなので、それを忘れないようにしましょうということです。

　このケースでいうならば、例えばその場の面談で、「家庭に教師の派遣をせよと要求する保護者」と「そこまではできぬと断る学校」という、異なる立場で対立することになるかもしれません。**しかし同時に、「子どものためになりたいという同じ目的をもっていて、しかも不登校で学習が進まないという同じことで困っている仲間同士」**であることもまた、まぎれもない事実です。一片の曇りなき純然たる真実です。何人にも侵すことのできない永久不滅で神聖不可侵な絶対的真理に他なりません（←忘れがちなことなので精一杯強調してみました）。

　ですから対応のコツは、そこに自信をもって、対立「も」あるけど仲間同

士で「も」あるのだということを常に意識し、仲間同士として困っているところを強調しながらつながっていくことです。つまり「学校は教師を派遣しろ」という発言を聞く時にも、「**（学校と保護者は子どものためになりたいという同じ目的を持っていて、しかも不登校で学習が進まないという同じことで困っている仲間同士なんだから）**学校は教師を派遣しろ」という前半の（○○○）の中身を感じ取りながら受け止めるのです。そしてこちらも「**（学校と保護者は子どものためになりたいという同じ目的を持っていて、しかも不登校で学習が進まないという同じことで困っている仲間同士なんだから）**派遣をしたいのはやまやまなんですが、予算や人員や制度の壁に阻まれて派遣まではできないのですよ」というように、やっぱり（○○○）の気持ちを込めて伝えるのが大切になります。もっとも別に（○○○）の中身は隠す必要はなくて、文字通り伝えてもよいですよね。そのような気持ちがあれば、たとえば以下のような対話も自然と生み出されやすくなるハズです。

3　対話の一例

保護者　「だからそういったわけで学校からウチに教師を派遣してくださいよ」

校長　「そうですよね。学校としてもぜひそうしたいんですが、それで先日も再度教育委員会にも頼んでみたんですが、人員的にやっぱり無理なんです。すみません。でもそれではお母さんも心配ですよね。私も心配だし何とかしたいので、派遣は**無理でも他の手立てを考えたいのです。とりあえず科目から考えてみたいんですが、□□君は得意科目からやりたいほうですか？**　いや、お子さんによっては、苦手科目の克服を優先したほうがいいタイプもいらっしゃるものですから…」

保護者　「いやいや。ウチの子も算数とかの苦手な科目は全然手をつけようとしなくて…」

校長　「あ〜。まあ、そっちのほうが普通ですよね。でもそれだと苦手なものを避けることでますます苦手意識が高まるという悪循環が

グルグル回っちゃって、ホント、困りますよね」

保護者 「そうなんですよ。だから何とかちょっとでもやらせようとして」

校長 「あれやこれやとお母さんも手を尽くしてきたのでしょう？」

保護者 「そうなんですが…」

校長 「なかなかうまくいかないですよねえ」

保護者 「そうなんです。かえって算数という名前を聞くだけで拒絶するようになっちゃって。私の顔を見たらどうせまた算数をやれって言うんだろみたいな感じで嫌われちゃって……。どうしたらいいでしょう。やっぱり教師じゃないと」

校長 「いやいや。実はプロでも苦手なものをやらせるのは至難の業なんですよ。だから結局のところは、得意なものから始めて勉強自体の苦手意識を減らしたり、新しいことを知ることの楽しさを感じてもらったりとかから始めるしかないことが多いんです。ほら。□□君は図工が得意じゃないですか。最近はどうですか？」

保護者 「いや。もうマンガばっかりで『ワンピース』とか『鬼滅の刃』とか」

校長 「なるほど！　国語の教科書に負けないくらい複雑な人間関係のからんだ話も理解できてるじゃないですか！　じゃあ国語から始めましょう！　『ワンピース』と『鬼滅の刃』、どっちが好きですか？　それによってこちらもプリントの作り方が変わってくるものでして」

保護者 「え、そうなんですか！　さっそくウチの□□に聞いてみます！　そういえばマンガの話なんて真面目に聞いたことなんてなかったです。ところで先生、本当に国語の教科書に負けないくらい複雑なんですか？」

校長 「もちろんです！　ぜひ□□君にもお伝えください。学びにはいろいろなスタート地点があるものですよ」

あくまで一例ですが、１つ１つの言い回しのテクニックよりも、これは困難を克服していく大きな物語のワンシーンであってラストシーンではないと

いう心のゆとりをもつこと、そして「困っている者同士で相談している」という雰囲気をこちらが積極的に**保ち続ける**こと、最後に「いっしょに解決策を作っていく」という信念を**持ち続ける**ことがポイントになります。

4　〵　業務上　つかんだマイクは　放さない（字余り）

　ところで話し合いの原則ですが、保護者のニーズは大切にしつつも、主導権（イニシアティブ）はあくまで学校側が保持しているべきです。「何を話題にして、誰が、何を、どこまでしゃべることができるのか？」などを決めるのは学校側です。主導権と書くと仰々しいので簡単な言葉で言い換えると**司会進行役**ということです。

　司会進行役になるコツは**質問する側に立つ**ことです。もちろん質問されてもかまいませんが、質問をしてもよいですよ、という許可を出すのは司会進行役のほうです。あるいは「質問はありませんか？」という質問をしたり、「そのご質問をすることの意図というかニーズというか、あなたの願いを知りたいのですが、いかがでしょうか？」とか、「その質問に対して、実際にこちらができるかどうかは置いておいて、あなたの考える理想的な回答というのは、どういったものでしょうか？」などという**逆質問をする**のも司会進行役のほうです。

　ちなみにこれは権力関係とか上下関係とは無関係で、単純にサービス提供者や事業者側として当然のことです。ちょっとイメージしてみてください。新しいパソコンを買いに家電量販店に行きました。店員さんには「どんなことをしたくてパソコンをお買い求めに？　どういったきっかけで新しいものを買うことにしたのでしょう？」などと質問してほしいでしょう？　何がわからないかもわからないド素人の私たちのニーズを大切にしながらも、しっかりと司会進行役をして、ベストのパソコンまで導いてほしいでしょう？あるいは風邪をひいてお医者さんのところにいったときもそうですよね。仕事が休めないのでとりあえずこの咳と倦怠感を取り除いてほしいなどというニーズは大切にしつつも、ちゃんと司会進行役を務めてほしいですよね。

　大切なお子さんを預かっている教育者として、保護者のニーズを大切にし

つつも（←それが子どものニーズとバッティングする場合には子どものニーズのほうが優先ですが）、司会進行役のマイクはしっかりと握り続けるようにしてください。もしも、どうしても保護者が司会進行役を務めたいという場合で、かつ、どうやらいったんは保護者に主導権を握ってもらったほうがよさそうだという場合でも、「司会進行のマイクを一時的に手渡すということを許可する」**総合司会進行役**というスタンスは崩さずに、ベストの解決策まで導いていきましょう。

　上記の例でも学校側が司会進行役として、質問する主体になっています。上級テクニックとして、たとえ保護者が保護者の満足のための質問や実現困難なテーマをもった質問をしてきても、こちらはそれに真正面からは答えずに、あるいは答えながらも**主題を変えて**、子どものためになるような、あるいは実現可能なテーマをもった**質問をしていく**というものもあります。保護者の質問に対する校長先生の発言はまさにそのような例になっています。

【もう一歩深めたい方への参考書籍】
バルバラ・ベルクハン著　小川捷子訳『ムカつく相手を一発で黙らせるオトナの対話術』
　CCCメディアハウス、2009
バルバラ・ベルクハン著　小川捷子訳『ムカつく相手にもはっきり伝えるオトナの交渉術』
　CCCメディアハウス、2011
三谷淳著『本当に賢い人の　丸くおさめる交渉術』すばる舎、2016
中土井僚著『マンガでやさしくわかるU理論』日本能率協会マネジメントセンター、2015

第3章

いじめへの対応

1 「いじめ防止対策推進法」が求める取り組み

●質問●

　公立小学校の校長に着任しました。「いじめ防止対策推進法」では、いじめに関して、学校に求められる基本的な取り組みや対応について、どのように定められているのでしょうか。その概要を教えてください。

弁護士による解説

1　いじめ防止対策推進法の成立

　いじめの問題は、1980年代中頃以降、学校における最優先課題の1つとして、様々な取り組みがなされてきました。文部科学省も社会の注目を集める事件が起きるたびに、いじめの定義を見直し、いじめの積極的な認知と早期の対応を求めてきました。

　しかし、残念ながらいじめを原因とする悲惨な事件は後を絶たず、2011（平成23）年には滋賀県大津市で同級生らからいじめを受けていた中学2年生の男子生徒が自死する事件が起きました。この事件では、学校がいじめを放置したとして、また教育委員会が事実を隠蔽しようとしたとして批判が集まり、これを機に、いじめ問題に関する法整備を求める声が高まりました。こうした背景のもと、2013（平成25）年6月、いじめ防止対策推進法（以下、「法」）が成立しました。

　この法律は、「いじめが児童等の教育を受ける権利を著しく侵害し、その心身の健全な成長及び人格の形成に重大な影響を与えるのみならず、その生命又は身体に重大な危険を生じさせるおそれがあるものである」との認識のもと、「いじめの防止等」（いじめの防止、いじめの早期発見及びいじめへの対処をいう。以下同じ）のための対策の推進を目的（法1条）として、国、地方公共団体、学校及び学校設置者がとるべき措置等について定めていま

す。従って、学校はこの法律に沿っていじめの予防等に関する体制を整えることが求められます。

2　法が定めるいじめの定義

　法は「いじめ」の定義として「児童等に対して、①当該児童等が在籍する学校に在籍している等当該児童等と一定の人的関係にある他の児童等が行う②心理的または物理的な影響を与える行為（インターネットを通じて行われるものを含む）であって、③当該行為の対象となった児童等が心身の苦痛を感じているもの」と定めています（法2条）（①・②・③は筆者加入）。[1]

　1986（昭和61）年に文部科学省が定めたいじめの定義は、「①自分より弱いものに対して一方的に、②身体的・心理的な攻撃を継続的に加え、③相手が深刻な苦痛を感じているもの」というものでした（①・②・③は筆者加入）。これが、1994（平成6）年及び2006（平成18）年の定義変更を経て現在に至っているわけですが、それまでの定義と比較して、本法の定義は、①加害者と被害者の力関係の差が求められていない、②-1「攻撃」ではなく「心理的又は物理的影響を与える行為」であれば足りる、②-2行為の継続性が求められていない、③苦痛の「深刻性」が求められていない点が異なります。

　こうした定義変更の背景には、「一方的」、「継続的」、「深刻な苦痛」といった文言の解釈に議論が集中し（ひいては、当該行為がいじめにあたるか否かの議論に終始し）、結果としていじめへの対応が遅れてしまったことへの反省があります。後を絶たない悲惨ないじめ被害を減らすために、より多くの事象をいじめと認知して早期に対応することが必要であり、その意味では積極的な評価ができると指摘されています。

　一方で、いじめの定義を広げたことにより、成長過程においては避けがたい子ども同士の衝突や、傷つき・傷つけから、犯罪に近い行為まで一様に「いじめ」として捉えられるようになりました。本来、子ども同士のトラブルの中には、子ども同士の自主的解決にゆだねることが望ましいものや、教師による教育的な指導を通じて子どもたちの関係調整を図っていくべきものも少なくありません。なぜなら、子どもたちはそうした経験を通じて、相手を受

け入れることを学んだり、問題を解決する力を身に付けたりして成長発達していくからです。

　そこで、学校現場においては、いじめ防止対策推進法上の「いじめ」の定義に該当する場合であっても、すべて一律の対応をするのではなく、子どもたちの間で生じている個々のトラブルの背景・実態についてしっかりと把握し、適切な「見立て」を行った上で、これへの対処については、行為の内容や被害の程度、加害側の意図等に照らし、適切かつ柔軟な対応が求められます。＊2

【補注】
＊1　「児童等」とは、学校に在籍する児童又は生徒をいい、「学校」とは、学校教育法1条に規定する小学校、中学校、高等学校、中等教育学校及び特別支援学校をいう（法2条2項、3項）
＊2　2017（平成29）年3月14日、改定文部科学大臣「いじめの防止等のための基本的な方針」
　　2016（平成28）年7月28日、東京都教育委員会いじめ問題対策委員会「『いじめ総合対策』に示された取組の進捗状況の検証、評価及びいじめの防止等の対策を一層推進するための方策について（最終答申）」

3　法が学校に求めていること

（1）基本的な対応・措置

ア　いじめの防止等のための基本方針の策定

　第1に、法は、学校に対し、国及び地方公共団体が定めるいじめ防止基本方針を参酌して、その学校の実情に応じた「**いじめ防止基本方針**」を策定することを求めています（法13条。以下「学校基本方針」という）。

　これは「基本方針」という名称ではありますが、単にいじめに対する基本的な考え方や方針を提示するだけでは足りず、「いじめの防止」（未然防止への取り組み）にはじまり、「早期発見」（いじめの兆候を見逃さない、見過ごさないための手立て等）、「いじめに対する措置」（発見したいじめに対する対処）までの一連の内容について、具体的な行動計画を示すことが求められています。

イ　いじめ対策組織の設置

　法はまた、学校に対し、当該学校におけるいじめの防止等に関する措置を実効的に行うため、当該学校の複数の教職員、心理・福祉などに関する専門的な

知識を有する者、その他関係者により構成されるいじめの防止等のための組織（以下、「学校いじめ対策組織」という）を置くことを求めています（法22条）。

　これはいじめについては、特定の教職員が1人で抱え込むのではなく、学校が組織的な対応をすることにより、複数の目による状況の適切な見立てが可能になることに加え、心理や福祉の専門家であるスクールカウンセラーやスクールソーシャルワーカー他、外部の専門家が参加しながら対応することで、より実効的な解決（手立て）に資することが期待されることから規定されたものです。

　学校いじめ対策組織は、学校基本方針に定められた事柄を実行する際に中核となる組織であり、いじめの未然防止や早期発見から起きたいじめへの対応にいたるまでの直接的な事柄のみならず、教職員の資質能力向上や校内研修、さらには学校基本方針の点検や見直しも担います。従って、こうした多岐にわたる作業を実効的に行えるような体制づくりが求められます。

ウ　保護者、地域住民及び関係機関との連携、学校全体での取組

　学校及び教職員は、保護者や地域住民、児童相談所その他関係機関と連携を図りつつ、学校全体でいじめの予防及び早期発見に取り組むとともに、在籍する児童等がいじめを受けていると思われるときは、適切かつ迅速に対処する責務を負うとされています（法8条）。保護者、地域その他関係機関との信頼関係に基づき、多角的な視点からいじめの実態やいじめにつながりかねない状況などについて、日常的に情報を共有できる体制を構築しておくことが求められています。*3

【補注】
*3　2016（平成28）年7月28日、東京都教育委員会いじめ問題対策委員会「『いじめ総合対策』に示された取組の進捗状況の検証、評価及びいじめの防止等の対策を一層推進するための方策について（最終答申）」

（2）「いじめの防止」のための措置

ア　児童等に対する教育

　いじめを未然に防止するために、法は、児童等が豊かな情操と道徳心を培

い、心の通う対人能力の素地を養うための、教育活動を通じた道徳教育と体験活動の充実を求めています（法15条1項）。

　いじめはどの子どもにも起こりうる、どの子どもも被害者にも加害者にもなりうる問題です。*4 従って、学校には、この事実を前提として、すべての児童等の尊厳が守られ、いじめに向かわせないための教育・指導を実施することが求められます。

　いじめ予防のための教育に関し、文部科学省のいじめ防止基本方針は、①児童等がいじめの問題を自分のこととして捉え、考え、議論することにより、いじめに正面から向き合うことができるよう、具体的な実践事例の提供をする、②児童生徒の発達段階に応じ、自分の大切さとともに他の人の大切さを認めることができるようになり、それが様々な場面で具体的な態度や行動に現れるようにするための取り組みを推進する、③児童生徒の豊かな情操や他人とのコミュニケーション能力、読解力、思考力、判断力、表現力等を育むため、読書活動や対話・創作・表現活動などを取り入れた教育活動を推進する、④生命や自然を大切にする心や他人を思いやる優しさ、社会性、規範意識などを育てるため、自然体験活動や集団宿泊体験等を推進するといった取り組みを推奨しています。*5

　いじめを予防するための教育というと、「いじめは絶対にやってはいけない」という精神論を一方的に教え込む授業を想像しがちですが、そのような指導は効果が低く、かえって児童等にストレスを与えかねないとの指摘があります。*6　むしろ、いじめとは何かということを正しく伝えて学級全体で認識を共有することや、なぜ「いじめ」が起きるのか（「いじめ」たくなる気持ちはどうして起きるのか）を考える、社会の多様性に触れる機会をもつ、異なる意見の中から解決を導き出すような学級活動等を積み重ねる等、児童等の多様性への寛容さや共感性を育てる取り組みを中心に据えるべきでしょう。

【補注】
＊4　2016（平成28）年6月、国立教育政策研究所生徒指導・進路指導研究センター「いじめ追跡調査2013-2015」
＊5　2017（平成29）年3月14日、改定文部科学大臣「いじめの防止等のための基本的な方針」
＊6　荻上チキ著『いじめを生む教室』PHP研究所、2018

イ　教職員の意識改革と共通理解の形成

　学校及び学校設置者は、教職員が、いじめを防止することの重要性を理解するよう啓発その他必要な措置を行うとともに（法15条2項）、教職員に対し、いじめ防止等のための対策に関する研修や資質向上のための措置を計画的に行うこととされています（法18条2項）。

　児童等に対しいじめ予防のための教育を行っても、彼らを取り巻く環境がいじめを助長しあるいは許容するものであれば、いじめ予防は期待できません。例えば、特定の児童又は生徒があだ名で呼ばれて嫌がっている時に、クラスの担任が「この程度は子ども同士のじゃれ合いに過ぎない」と判断して放置したり、担任自らがあだ名で呼ぶようなことがあれば、児童等はお墨付きをもらったと考えて行為を継続するでしょうし、場合によっては、さらにいじめがエスカレートすることも考えられます。

　従って、教職員に対しては、いじめの態様や特質、原因・背景、具体的な指導上の留意点等について校内研修等で周知を図るとともに、学校基本方針について共通理解を形成しておくことが必要です。

ウ　保護者のいじめに関する理解の促進

　法は、学校に対し、児童の保護者がいじめを防止することの重要性を理解するよう啓発その他措置を行うことを求めています（法15条2項）。

　保護者がいじめの問題で学校と関わるのは、自分の子どもがいじめの被害者や加害者になった後というケースが多いと思われますが、問題の当事者になる以前に、学校と保護者の間で、いじめについての理解や学校のいじめ問題に対する基本的な考え方、いじめ予防のための計画、いじめが発生した場合の対処方法等を共有して、共通理解を形成しておくことは極めて重要です。その意味でも、学校が策定するいじめ防止基本方針については、各学校のホームページに掲載する等の方法により、保護者や地域住民に周知することが望ましいでしょう。

（3）いじめの早期発見のための措置

　2018（平成18）年に総務省が公表した「いじめ防止対策の推進に関する調

査結果報告書」によれば、法が定める「重大事態」に該当するケースでいじめが確認されたケースのうち78%の案件で、「冷やかし・からかい」といった比較的軽微ないじめが確認されています。すなわち、ある日突然、重大ないじめが行われて児童等の心身生命財産に重大な被害が生じ、あるいは児童等が不登校に至るということではなく、軽いいじめからスタートして重大な結果を及ぼすいじめに至るケースが大部分だということです。従って、早い段階でいじめを発見し対応することは極めて重要です。

　一方で、いじめは、大人の目につきにくい場所や形で行われることが多く、また、いじめを受けている児童等が進んで教師や保護者にいじめを申告・相談するケースはさほど多くはありません。従って、いじめを早期に発見して対応するためには、大人の側がしっかりとアンテナを張っていじめの認知に努める必要があります。

　いじめの早期発見のための措置として、法が定めているのは、**①定期的調査の実施**、及び、**②相談体制の整備**です（法16条1項、同3項）。

　①定期的調査については、「いじめチェックシート」や「生活意識調査」等のアンケート調査等が想定されますが、アンケート調査から直ちにいじめを発見できるケースは稀ですので、やはり、日々の観察や個別の面談等を通じた情報収集が不可欠です。また、アンケート自体が目的となってしまい、結果の共有や分析が行われなければ、調査を行った意味がありません。アンケートで得られた情報をしっかりと共有して対応につなげることが重要です。

　②相談体制の整備については、児童等や保護者からのいじめの相談の受け入れ体制を整備・周知するのみならず、学級担任やスクールカウンセラーによる平時の面談を定期的かつ計画的に実施することも含めて、体制を整えることが求められています。その際、いじめを受けた児童等の教育を受ける権利その他の権利・利益が擁護されるよう配慮しなければなりません。これは、いじめについて相談をした結果、いじめをしている児童等から仕返しを受けるなどして、登校を困難にさせること等がないよう、個人情報やプライバシーに配慮した相談の在り方を工夫し、相談内容等の情報を管理することを求めたものです。

なお、この他にも、保健室の利用記録、生活ノートや学級日誌などから児童等の状況を把握することも考えられます。いずれにしても、教職員が日ごろから児童等を見守り、信頼関係の構築に努め、児童等の示す小さな変化や危険信号を見逃さないこと、そして教職員相互が積極的に情報交換を行い、情報の共有に努めることが大切です。

（4）いじめの相談・申告があった場合の措置

学校の教職員等が児童等からいじめの相談を受けた場合は、<u>速やかに学校に対し通報等の措置をしなければなりません</u>（法23条1項）。これは、いじめを発見し又は相談を受けた教職員が一人で抱え込まず、学校いじめ対策組織に報告し、学校の組織的な対応につなげることを求めたものです。

その後、<u>学校いじめ対策組織が中心となって、速やかに関係児童等から事情を聴くなどしていじめの有無の確認を行い、その結果を学校設置者に報告しなければなりません</u>（法23条2項）。

（5）いじめがあったことが確認された場合の措置

いじめの有無の確認を行った結果、いじめが確認できた場合は、<u>いじめをやめさせ、再発を防止することを目的に、当該学校の複数の教員により、また心理・福祉等の専門的知識を有する者の協力を得て、いじめを受けた児童等及びその保護者に継続的な支援を、そしていじめを行った児童生徒には継続的指導、その保護者には継続的助言を行う</u>ことが求められています（法23条3項）。具体的にどのような支援・指導を行うかは、学校いじめ対策組織において事案の見立てを行った上で協議・決定します。

なお、法は、いじめを受けた児童等の安心・安全を確保するために、いじめを行った児童等について、<u>別室で授業を受けさせる</u>（法23条4項）、<u>校長及び教員による懲戒</u>（法25条）、<u>教育委員会による出席停止</u>（法26条）等の措置をとることを定めていますが、行われた行為の内容や背景事情について十分な分析・検討を行わないまま、安易に分離・排除が行われないよう注意が必要です（第3章-4参照）。

　また、いじめを受けた児童等の保護者といじめを行った児童等の保護者の間で事実認識の食い違い等から争いが生じないよう、<u>学校いじめ対策組織が調査を行って得た情報や、学校が行う支援・指導等に関する情報を、当事者のプライバシーに配慮しつつ可能な限り双方保護者と共有すること</u>が求められています（法23条5項）。

　いじめが犯罪行為にあたる場合は、<u>一次的には学校が教育的な視点から指導を行い、それでも行為がやまない場合や被害の拡大が懸念される場合は警察に相談し、警察と連携して取り組むこと</u>が求められます（法23条6項）。ただし、直ちに在籍する児童等の生命・身体及び財産に重大な被害が生じるおそれが現にあるという場合は、すみやかに警察に通報しなければなりません。学校には、行為を行った児童等への教育的配慮と他の児童等の安全確保の両面から、慎重な検討と判断が求められます（第3章－6参照）。

（6）ネット上のいじめへの対応

　近年注目を集めているネット上のいじめについて、学校は、<u>児童等及びその保護者に対し必要な啓発活動を行うこと</u>を求められています（法19条1項）。文部科学省のいじめ防止基本方針は、早期発見の観点から、学校設置者と連携し、学校ネットパトロールを実施することにより、ネット上のトラブルの早期発見に努めることとしています。*7

　ところで、ネットいじめを受けている人の大半は、リアルな空間でもいじめを受けているという調査結果があります。要するに、教室での人間関係がネット上に持ち込まれて展開されているのがネットいじめだと言えます。従って、ネットいじめへの対処を教室内でのいじめへの対処と切り離して考えるのは相当ではなく、1つの問題として取り組むことが必要です。なお、ネット上の不適切な書き込み等に対し取りうる法的措置等については、第7章－3をご参照ください。

【補注】
＊7　2017（平成29）年3月14日改定「いじめの防止等のための基本的な方針」別添2「学校における「いじめの防止」「早期発見」「いじめに対する措置」のポイント」

（7）重大事態への対処

　法は、いじめにより特に深刻な被害が生じている「疑い」のある場合を「重大事態」と定めて、学校がとるべき措置等について、別途規定を設けています。法が定める重大事態とは、①いじめにより当該学校に在籍する児童等の生命、心身または財産に重大な被害が生じた疑いがあると認めるとき、②いじめにより当該学校に在籍する児童等が相当の期間学校を欠席することを余儀なくされている疑いがあると認めるときを指します。

　重大事態が生じた際の学校がとるべき対応の流れについては第3章‒7をご参照ください。

4. いじめ防止対策推進法の見直し

　なお、2013（平成25）年6月に成立し9月28日に施行された「いじめ防止対策推進法」は、付則において施行後3年を目途に検討し必要な措置を講じる旨定められました。これを受けて文部科学省は、2017（平成29）年3月14日改定文部科学大臣「いじめの防止等のための基本的な方針」を発表しましたが、施行後7年を経た現在、いじめの定義や、学校のいじめ対策組織の在り方、重大事態への対応など、本法律の課題も指摘されています。今後は、実態を踏まえさらなる見直しや法改正に向けた議論が活発化することも見込まれます。

【もう一歩深めたい方の参考書籍】
坂田仰編『補訂版 いじめ防止対策推進法 全条文と解説』学事出版、2018
第二東京弁護士会子どもの権利に関する委員会編『どう使う どう活かす いじめ防止対策推進法〔第2版〕』現代人文社、2019

2 それは「いじめ」なのか？

いじめの定義について

●質問●

　私が担任をする５年生の男子児童Ａの保護者から、「Ａが学校で変なあだ名で呼ばれているらしく、明日から学校へは行かないと言って泣いている。これはいじめだから、すぐに調査をして加害児童を厳しく処罰してもらいたい」と電話がありました。子どもたちから話を聞いたところ、最近男子の間で、「あだ名」をつけ合う遊びが流行っていて、Ａだけではなく他の子どもたちもあだ名で呼ばれているということがわかりました。

　このような場合もいじめにあたるのでしょうか。また、調査や指導を行う場合に留意することはありますか。

弁護士による解説

1　いじめの定義

　「いじめ防止対策推進法」が定義する「いじめ」は、それ以前の定義と比較して以下の特徴があります。

　①加害者と被害者の力関係の差が求められていません。

　②「攻撃」ではなく、「心理的又は物理的影響を与える行為」であれば足りるとされたことにより、加害者側が、相手を「攻撃」しようとする気持ちや動機は不要になりました。そのため、過失や善意に基づく行為であっても、いじめにあたる場合があります。

　③行為の継続性が求められていません。従って、突発的、衝動的にとった行為であってもいじめにあたると判断されます。

　④「苦痛」の深刻性が求められていません。

　このように、いじめに当てはまる言動の範囲を大きく広げる方向で修正されたことについては、子ども同士のトラブルや子どもが抱える困りごとの早

期発見と早期対応を可能にする点で有用であるとの評価がある一方、あらゆる態様のトラブルについて、「被害者」と「加害者」の二項対立的問題として捉え、「分離」「排除」「懲戒」等画一的な対応を促すことにつながりかねない弊害も指摘されています。

　今後、教育現場には、いじめ防止対策推進法の趣旨を活かしながら、同時に弊害を防ぐ、いじめ指導の力量が問われてくるといえます。

2　いじめの申告・相談があった場合の学校の対応

（1）いじめの相談・申告があった場合、いじめ防止対策推進法は学校及び学校設置者に対し次の対応をとることを求めています。

　①相談を受けた教職員の学校への通報その他適切な措置（法23条1項）

　②いじめの事実の有無を確認するための措置（法23条2項）

　③学校設置者への報告（法23条2項）

　通常、いじめの相談を受け、あるいは、いじめを発見するのは担任や部活動の顧問等であることが多いと思われますが、そのような場合に単独で解決しようと抱え込むのではなく、いじめ防止対策推進法の規定により各学校に常設されるいじめ対策組織（法22条）で情報を共有し、チームで対応することが重要です。

　いじめの相談や申告があった場合は、前記の「いじめ」の定義を十分にふまえて軽々にこれを否定するのではなく、その有無を確認するために調査を行うことが必要です。もっとも、調査の手法や規模は、いじめの態様や被害状況等により様々です。例えば、法が定める重大事態に該当するようなケースでは、学校または学校設置者の下に組織される外部の専門家からなる第三者委員会により調査が行われますが、比較的初期のいじめの場合は、学校内に常設されるいじめ対策組織が調査を行うことが多いでしょう。

（2）調査等の結果、いじめがあったことが確認された場合、学校は次の対応をとることが求められます。

　①いじめを受けた児童等及びその保護者に対する継続的な支援（法23条

３項）

②いじめを行った児童等に対する継続的指導、その保護者に対する継続的助言（法23条３項）

＊①及び②は、いじめをやめさせ、再発を防止することを目的に、複数の教員により、心理・福祉等の専門的知識を有する者の協力を得て行う。

③いじめを受けた児童等その他児童等が安心して教育を受けられるようにするための措置（法23条４項）

④双方当事者の保護者間で争いが起きることのないよう、事案に関する情報の共有等の措置（法23条５項）

⑤いじめが犯罪行為として行われる場合の警察との連携等（法23条６項）

⑥いじめを受けた児童等その他児童等が安心して教育を受けられるようにするための校長等による懲戒及び教育委員会による出席停止措置等（法25条、26条）

3　質問のケースにおける対応

（1）いじめ該当性

　Aは、クラスの他の子どもたちからあだ名をつけられ、そのあだ名で呼ばれることに苦痛を感じて登校を拒んでいることから、「一定の人的関係にある」他の児童等の「心理的な影響を与える」行為によって、「心身の苦痛」を感じていると言え、法が定義する「いじめ」には該当すると考えられます。A以外の児童らにもあだ名がつけられ、その児童らが苦痛を感じていなかったとしても、Aが苦痛を感じている以上、法の定義する「いじめ」には当たると考えて対応することが求められます。

（2）調査の実施

　本件において保護者からいじめの申告を受けた担任は、速やかに学校内のいじめ対策組織にこれを報告しなければなりません。その後、当該組織が中心となって、A本人や周囲の子どもたちから話を聞くなどして、当該事案についての具体的内容を調査することになるでしょう。

　質問のようなケースで、Aのみが著しく不適切なあだ名をつけられているとすれば、深刻ないじめが進行している可能性があります。学校としては、「あだ名」程度と軽々に判断することなく、Aがどのような場面で、どのようなあだ名で呼ばれているのか、他の児童らとの関係性はどうかといった視点からAを含む児童らを観察し、聴き取りなどを行う必要があるでしょう。

　A本人から話を聴く場合は、過小評価も過大評価もせず、気持ちに寄り添いつつ、5W1Hを明確にしながら話を聴くことが重要です。教職員が「あだ名くらいのこと」、といった姿勢で接すると、Aの信頼が得られないばかりか、かえって傷つけてしまい、いじめが継続したりエスカレートしても二度と助けを求めなくなってしまう可能性があります。他方で、Aがこれからどうしてほしいのかという気持ち・意向を尊重する姿勢が重要で、具体的な支援方法を検討する上ではこの点を重視する必要があります（「暴走しない」）。

　また、Aの傷つきの程度を的確に把握するためや、Aや保護者に心理的サポートを提供するために、スクールカウンセラー等専門家に同席してもらうとよいでしょう。

（3）調査結果に基づく対応

　調査の結果判明した具体的な事案の内容について、保護者に事実関係を報告するとともに、校内のいじめ対策組織においてAの意向も踏まえつつ、とるべき措置を検討し、実施することになります。

　前述のとおり、法の定義を前提にすると、幅広い行為がいじめに該当することになるため、これを踏まえて、個別ケースにおける対応策は、各事情（行為の性質、程度、被害の状況等）に応じた的確なものであることが求められます。

　本件は、子どもたちが成長過程において通常経験する「傷つき」、「傷つけ」と悪意をもってされる行為との区別が難しい事案です。このようなケースにおいて、一律に「被害者」と「加害者」の2者対立構造を前提とした措置をとると、かえってAを孤立させ事態を悪化させることにもなりかねません。

学校としては、丁寧な調査を行い、事案の見立てをしっかりと行った上で、対応策（手立て）を決めることが重要です。

　仮に調査の結果、他の児童らが悪意なくあだ名で呼んだことに、Ａが傷ついたという事実にとどまることが明らかになった場合は、学校としては、法の「いじめ」定義にはあたるものの、「加害者」対「被害者」の構図の中で解決をはかることは適切とは言えません。こうした場合クラス全体への指導として、あだ名で人を呼ぶことについて子どもたちが考える機会を設け、いじめになりうることを丁寧に説明して、やめるよう指導することが望ましいでしょう。

　いじめは、いじめをする子といじめを受ける子の2者関係によってのみ成立するのではなく、間接的な形でいじめに加担する観衆と集団のいじめの構造を黙認する傍観者がいることによって成り立つものであるとする学説があります（「いじめの四層構造」森田洋司、1986年）。質問のケースも、そうした集団の人間関係の中で起きていると考えることができます。従って、集団に対し、いじめを正しく理解できるよう働きかけることで、互いの人格を尊重し認めあう集団作りを進めることが重要です。

　そして、Ａ及び保護者に対しては、気持ちに寄り添いつつ、法の「いじめ」定義には当たるものの、このケースでＡを被害者、他方を加害者として対処することはかえってＡが安心して学校生活を送れるようにすることの妨げになることから、学校としての、事案についての見立てと手立てを具体的に説明して、Ａが安心して学校生活を送ることができるよう、支援と見守りを継続することを伝えることが大切です。

　一般に、子どもからいじめを受けていると聞かされた保護者は、不安と怒りでいてもたってもいられない思いに駆られます。そんな時に十分な説明や情報提供がないと、保護者の学校に対する不満や不信が募り、いじめをしたと言われる児童等に対してやみくもに厳しい処罰を求めたり、担任の交代等学校として対応が難しい要求を突きつけられることにもなりかねません。学校としては、他の児童等のプライバシーに配慮しつつ情報を共有して理解を求めていく姿勢が重要です。

子どもの精神科医による解説

1 いじめの統計学

いじめは世界的な問題です。40 か国の 11 歳、13 歳、15 歳の子ども 202,056 人を対象とした研究では、男性が 8.6 ％から 45.2 ％、女性が 4.8 ％から 35.8 ％でいじめられた経験を有していました[1]。我が国では、2017（平成 29）年度のいじめ認知件数（全国の国公私立小・中・高校および特別支援学校）は約 414,000 件であり、平成 25 年の「いじめ防止対策法」の成立以来、増加の一途をたどっています。令和元年度の子ども・若者白書（内閣府）によれば、2010（平成 22）年度に小学 4 年生だった子どもが中学 3 年生になるまでの 6 年間で、「仲間外れ・無視・陰口」の被害・加害それぞれを経験しなかった児童生徒はいずれも 1 割以下であり、ほとんどの子どもが被害も加害も経験しているということになります。2016（平成 28）年のいじめ追跡調査（2013-2015、文部科学省）の調査報告書によれば、クラス替えのない年度内の半年間で、被害経験者の 3 分の 1 が入れ替わるとされています。つまり、特定の児童生徒にいじめ被害が偏るのではなく、多くの子どもが入れ替わりながらいじめに巻き込まれているということになります。

いじめの原因・動機の最も多い理由が「力が弱い・無抵抗」で約 3 割、続いて「いい子ぶる・生意気」が約 2 割、以下、「態度動作が鈍い」、「よく嘘をつく」「仲間から離れようとする」という理由が続きます。いじめが発覚するきっかけはアンケート調査などの学校の取り組みによるものが 52.8％、本人からの訴えが 18.0％、学級担任が発見が 11.1％、当該児童の保護者からの訴えが 10.2％となっています（2017（平成 29）年度）。

2 いじめがその後の人生に与える影響

学校でいじめられた経験は、子どもの心身に大きなダメージをもたらします。いじめを苦にした自殺の報道も後を絶ちません。これまでに、いじめの短期的影響としては、身体症状（頭痛、腹痛、腰痛）、心理的苦痛（うつ、機嫌が悪い、神経質、孤独、孤立、無力感）、学業不振（成績低下や出席率

の低下）、長期的影響としては行動パターンの問題（攻撃性、暴力、飲酒や薬物乱用）などの報告があります[12]。

　また最近では、学校でいじめられた体験が、成人期のネガティブな経験や心身の傾向に悪影響を与えることもわかってきました。具体的には、成人期の精神疾患、学歴の低さ、経済的問題、成人期の社会的関係の困難、職場で同僚や上司から被害を受けやすいなどが、これまでに報告されています。

　ここでは、学生時代のいじめが日本の成人勤労者の心理的苦痛やワーク・エンゲージメント（就労員満足度とも訳される。仕事に対する一貫して安定した情緒的・意欲的な満足な状態）にどのような影響を及ぼすかに関する研究[13]を概観したいと思います。首都圏に住む成人13,920人が無作為に選ばれ、最終的には3,111人の就労者の回答が解析されました。小学校もしくは中学校でいじめを経験した人は1,318人（42％）でした。学校でいじめられた経験があると答えた人は、成人期の心理的苦痛が有意に高かった一方で、ワーク・エンゲージメントに関しては、いじめられた経験を有する人の方がいじめられた経験のない人に比して優位に高かったという結果になりました。いじめの経験により、自己効力感、自尊心、楽観主義などの心理的な資源が減ってしまうため、成人期の心理的苦痛が強まるのでしょう。その一方でワーク・エンゲージメントが高まった理由としては、いじめを経験した子どもたちが心理的回復力を手に入れてその経験を克服した可能性や、心理的苦痛や心理的資源の乏しさのせいで下がった学校での社会適応を埋め合わせるために、ワーク・エンゲージメントが高くなっている可能性が考察されています。

　このように、いじめは単に学校時代の問題に留まらず、人生に広範で重篤な爪痕を残すことになります。子どもに関わる大人は、いじめを見過ごすことの罪の大きさを認識しておく必要がありそうです。

3 当事者がいじめを否定している時は？

いじめ被害の訴えがない場合の対応

●質問●

私が担任をしている中学１年の男子生徒Ａは、いつも同じグループのＢ、Ｃ、Ｄにからかわれ、荷物持ちや使いっぱしり等をさせられています。しかし、Ａを呼んで、「いじめを受けているのではないか」と尋ねても、Ａは、「仲間内でふざけているだけ」といじめを否定します。

このような場合、どのように対処すれば良いでしょうか。

弁護士による解説

1 いじめの定義といじめ該当性

いじめ防止対策推進法の定義に従えば、当該児童生徒（以下「児童等」）と一定の人的関係にある他の児童等が行う心理的または物理的な影響を与える行為によって、当該行為の対象となった児童等が心身の苦痛を感じている場合「いじめ」に該当することになります（法２条）。

本件では、被害者のように見えるＡ自身が「ふざけているだけ」と述べており、形式的に定義を当てはめると、本人が精神的苦痛を感じていない以上、いじめには該当しないということにもなりそうです。

しかし、「いじめの防止等のための基本的な方針」（文部科学省平成29年度改定）には、「被害者の心身の苦痛について限定して考えるべきではない」との注釈が付されており、「いじめられていても、本人がそれを否定する場合が多々あることを踏まえ、当該児童生徒の表情や様子をきめ細かく観察するなどして確認する必要がある」としています。また、過去に起きたいじめによる自死事案の多くは、本件のような「仲間内」のいじめによるものであり、この点からも、Ａが否定しているからといって、安易にいじめはないと判断することは危険です。Ａはグループにとどまりたいという思いからいじめを否定して

いる可能性もありますし、いじめのエスカレートや報復を恐れている可能性もあります。あるいは、暴力をもって口止めされているため被害を申告できないのかもしれません。従って、教師の目から見ていじめが疑われる場合は、行為の対象となっている生徒が否定している場合であっても、積極的に校内のいじめ対策組織内で情報を共有して調査を行い、いじめの発見に努めるべきでしょう。

2　調査について

　いじめ防止対策推進法は、学校及び学校設置者に対し、いじめを早期に発見するための措置を講じることを求めています（法16条1項）。

　具体的には、定期的なアンケート調査や教育相談の実施によりいじめの実態把握に取り組むとともに、児童等が日ごろからいじめを訴えやすい雰囲気をつくることが求められています。

　本件においても、A本人には、グループの中での苦痛なことを話しても、A自身の意に反する対応は取らないことを伝えて、安心して話せる環境づくりに努めることが求められます。また、クラス又は学年全体でアンケート調査や面談による聴き取りを行うことで、他の生徒らから、教員の目につかないところで行われていることや、グループ内の関係性などについて情報が得られる可能性が高いでしょう。ただし、このような調査を行うにあたっては、情報を提供した生徒らが新たにいじめのターゲットになることがないよう、特定のケースについての調査であるとの前提に立たないように調査の実施方法を工夫したり、情報の管理には十分な注意が必要です。

　また、いじめがあると、児童等らの生活態度にも変化が生じることが多いため、保護者から事情を聴くことも有用でしょう。もっとも、詳しい事情がわからないうちに、対象となる生徒の保護者からのみ聴き取りを行うと、いたずらに保護者の不安を煽って事態を複雑にしたり、当該生徒との信頼関係を損ねてその後の調査や対応に支障が生じたりという事態も想定されます。そこで、例えば、保護者用のいじめチェックシートなどを作成して、広く保護者からの情報を収集する等、調査の方法には工夫が必要でしょう。

また、調査と並行して、Aに対しては引き続き声かけなどを行い、信頼関係の構築と状況把握に努めることが望まれます。

子どもの精神科医による解説

1　いじめの政治学──いじめが展開するプロセス

　学校でいじめられた体験を語る子どもや大人に日々出会いますが、その苦痛な体験をすぐに親や先生など周りの大人に相談できたという人は、それほど多くない気がしています。いじめが法的に定義化され、「（相手の行為を）あなたが嫌だと思えば、それはいじめなんだよ」と子どもに語りかける場面も増えましたが、「苦痛の訴えがないこと」＝「いじめがない」ではありません。

　精神科医の中井久夫は、自身のいじめ体験も踏まえ、いじめを、他人を支配し、「奴隷にしてしまう」プロセスとして、「孤立化」「無力化」「透明化」の３つの段階に分けて論じています[14]。いじめが気づかれにくいのは、この政治的な過程が実に巧妙に展開していくからです。被害者はいじめがひどくなっていく全ての段階で、「これを見て何とか気づいてくれ」というサインを周りに、特に先生や両親に出し続けていますが、中井によれば、このサインが受け取られる確率は、太平洋の真ん中の漂流者の信号がキャッチされるよりも高くはないのです。

（１）孤立化：いじめのターゲットを決めて孤立させ、いじめられる正当な理由があることを周囲に吹聴（PR作戦）します

　これによって被害者は、「自分がいじめられてもしかたがない」という気にさせられていきます。被害者はだんだんとオドオドするようになり、周囲から人が遠ざかっていき、被害者は孤立無援を実感するようになります。その一方で加害者と傍観者はいっそう力を得ていきます。中井の慧眼は、このPR作戦に大人（親や学校の先生）も巻き込まれるという指摘です。PR作戦の文言が連絡帳を介して学校から親に伝わったりすることもあって、被害者の子どもは家庭で親からも孤立し、加害者は先生という強力な味方を得た感

覚になっていきます。

（2）無力化：被害者に「反撃は無効」と知らしめ、被害者を観念させます

　孤立化段階で、加害者は大人がこのいじめに手出ししないと踏んでおり、被害者は大人からの救援の期待を失っています。加害者が大人に訴えることをきつく罰するのは、「大人に話すこと」を卑怯、もしくは醜いことと思わせるためであり、被害者もこの価値観を受け入れていきます。この段階の暴力がもっとも酷く、被害者が「自発的に隷従する」ようになっていけば、暴力の"脅し"だけで被害者がコントロールされるようになっていきます。

（3）透明化：被害者はもはや孤立無援で、反撃も脱出もできない無力な存在です

　周りの大人や同級生は遠く別の世界の存在で、加害者との関係だけが「リアルなたった１つの関係」となります。永遠に続くかのような長く苦痛な時間の中で、加害者の気まぐれでたまたまいじめられなかった日が恩恵となり、感情面でも加害者に隷属していくことになります。被害者が大人の前で加害者と仲良しをアピールしたり、いじめられていないかと聞かれて激しく怒り出したりします。金銭の搾取がなされ、金品を家から持ち出さざるを得なくなることで、子どもは家族や社会との最後の絆を自分の手で断ち切ることになるのです。中井はこの状況を、ナチスの強制収容所に喩えます。一方、周囲の大人は、今や日常風景となったいじめの状況に慣れきって、いじめをいじめと認識しなくなっているのです。

　同じく精神科医の滝川一廣は、いじめの対応の難しさとして、それが子ども個人の問題だけでなく、集団心理の問題であることを指摘しています[15]。この集団という言葉には、もちろんクラス内の子ども集団や親対応も含まれますが、上述の中井の指摘のように、親や教師といういじめに対応する立場の大人が、いじめの政治過程に気づかない間に組み込まれてしまっているということでもあるのです。

　最近では、教師間のいじめも話題となっています。子どもがその場面を直

接目撃していなくても、校内に漂う空気感や大人の姿勢、価値観を子どもは感じるのであり、大人が健全な集団を保てることが、子ども集団により効果的に介入する前提となることは言うまでもありません。

これらの指摘に、心がざわついたり、とある子どもの顔が浮かんできたり、ということのない先生は少ないのではないでしょうか。このケースでは、先生がAからの何らかの救援信号を受け取られた今、まだ完全な「透明化」の段階までは行きついていないと言えるでしょう。これがAを救い出せる最後のチャンスかもしれません。

これだけ精緻にいじめの過程を描写した中井も、その対応については、「その場に則して有効な手立てを考えだし、実行する以外にない」「まずいじめられている子どもの安全の確保であり、孤立感の解消であり、二度と孤立させないという大人の責任ある保証のことばであり、その実行であるとだけ述べておきます」と書くに留めています[14]。これこそが、いじめへの対応の本質だからです。

【もう一歩深めたい方への参考書籍】
中井久夫著『いじめのある世界に生きる君たちへ──いじめられっ子だった精神科医の贈る言葉』中央公論新社、2016
滝川一廣著『子どものための精神医学』医学書院、2017
日本弁護士連合会子どもの権利委員会編『子どものいじめ問題ハンドブック──発見・対応から予防まで』明石書店、2015

4 指導に迷う「いじめ」ケース
いじめた子の課題、いじめられた子の課題

●質問●

　私は公立小学校で5年生の担任をしています。Aから、「クラスのみんなからのけ者にされていじめられている」という申告がありました。さっそく、他の生徒に事情を聴くと、確かにのけ者にしていると認めましたが、「Aに突然キレられて、むかついた」、「Aは自分勝手な行動をする」、「以前、自分もAに悪口を言われた」などといった意見が多く聞かれました。

　たしかにAの言動にも課題がありそうですが、このような場合どのように指導すべきでしょうか。

弁護士による解説

1　いじめ防止対策推進法のいじめの定義との関係

　本件の場合、Aの言動に周囲の児童が困惑し、接し方に困って距離を置いているような状況ですが、このような場合も「いじめ」に当たると判断すべきでしょうか。

　いじめ防止対策推進法では、**①一定の関係性、②影響を与える行為、③行為をされた側の心身の苦痛**、がある場合には「いじめ」に当たるとされています（2条）。

　事例でも、実際に周囲の児童がAから距離を置くなどの行為があった場合には「影響を与える行為」があったこととなり、また、これによりA自身が「のけ者」にされていると感じて精神的苦痛を感じているとすれば「心身の苦痛」があったことになりますから、法が規定する「いじめ」定義には該当することになります。

　そして、距離を置くことになった事情はさておき、Aが学校生活に困難を感じていることは確かですので、他の児童らに積極的ないじめの意図までは

なくとも、放置することは望ましくないでしょう。Aの安心を回復するために、また、深刻な事態に発展することを予防するためにも、早期に適切な対応をとることが求められるといえます。

2 いじめにあたることを前提にしつつ、実態に応じた「手立て」を

（1）「いじめ」定義に当てはまる場合でも画一的な対応に縛られない視点

いじめ防止対策推進法が定める「いじめ」は、いわゆる社会通念上の「いじめ」の範囲より極めて広く、行為を受けている児童等が心身の苦痛を感じている場合は、「いじめ」に該当すると理解することが求められています。学校が初期段階でいじめを認知し適切な対応につなげるためには、この「いじめ」の定義について学校全体で共通理解を図ることが必要です。

一方で、認知された「いじめ」の解決にあたっては、画一的な対応ではなく、被害の児童等の心身の苦痛の程度（一時的か継続的か、ケガの有無、登校や教室への入室しぶりの有無等）や、加害の児童等の行為の重大性（意図せず行った言動か、衝動的に行った言動か、あるいは故意で行った言動か、暴力を伴うか否か等）を総合的に考慮し、被害の児童等の意向もふまえながらケースごとに適切な対応をとることが求められています。[1]

【補注】
[1] 平成28年7月28日、東京都教育委員会いじめ問題対策委員会「『いじめ総合対策』に示された取組の進捗状況の検証、評価及びいじめ防止等の対策を一層推進するための方策について（最終答申）」

（2）「加害」児童らへの対応

質問の事例でも、学校としては、児童等の行為について「いじめ」と判断して、いじめ防止対策推進法に沿った対応をする必要があります。

ア 他の児童らが思わずやり返したという場合

Aが先に嫌なことをしたことに対し、他の児童らが思わずやり返したような場合は、単純にAをいじめ「被害者」、他の児童らをいじめ「加害者」と捉えて、他の児童らを厳しく指導・処罰するべきとは言えません。このようなケースで、他の児童らを一方的に指導すると、児童らの納得が得られず、

かえって問題解決から遠ざかる可能性が高いでしょう。

　まずは、他の児童らから、Aを避けるに至った背景事情について受容的に話を聞き、実際にどのような背景でいじめが起きているのか、いじめをした児童らの言い訳にすぎないのか、現実に解決すべき課題があるのか等慎重に見極めることが大切です。

　その上で、仮に実際にA自身の言動にも課題があったとしても、「のけ者」にするという形でいじめてよいことにはならないことを理解させ、「無視」や「排除」という行為が相手の自尊心や自己肯定感を傷つけるものであること、Aを「のけ者」にしたところで、他の児童らがAに対して感じている困りごとの解決にはならないこと等を丁寧に指導して、Aとの関係をよくする方法が他にないか、いっしょに考えていく姿勢が求められます。

イ　他の児童らがAを傷つける意図であった場合

　いじめが起きている場面においては、いじめる側が相手を傷つける意図でいじめを行っているにもかかわらず、「いじめられる側が悪い（いじめられる側に原因がある）」という言い訳をすることが少なくありません。質問のケースにおいても、他の児童らが思わずやり返してしまったのか、あるいは相手を傷つける意図をもって、大勢でAを仲間外れにしたり無視したりする状態に至っている、いわゆる「典型的な」いじめのケースであるのか、しっかりと見極めることが必要です。

　そして仮に調査の結果、後者であることが明らかになった場合は、「加害」側の児童らに対して、そうした行為は他者の人格を傷つけるもので許されないことについての理解を図る指導をすることが求められます。

　もっとも、この場合においても、「加害」側児童らに対し一律に「厳格な指導」をするというだけでは、必ずしも児童らの真の反省につながらず、いじめの解決からかえって遠ざかる恐れもあります。「典型的ないじめ」ケースの場合にも、個々の児童の関与の動機・背景はさまざまです。そうした各児童の関与の動機についてコミュニケーションを図り・正確な把握をした上で、各児童の抱える問題に即した指導が必要です。とりわけ、こうした典型的ないじめケースで中心となっている児童については、家庭を始めとして児

童を取り巻く環境の中に不適切養育など深刻なストレス要因が存在している場合が多く、こうしたストレス要因を抱える児童については、いじめでの被害側の傷つきについて考えてもらう前に、まず、児童自身の抱えているストレス・苦痛についての共感とケアが不可欠であることが指摘されています（この意味で、いじめ加害側に対しても「指導」のみでなく「支援」が必要であると言うことができます）。

なお、本件がいわゆる「典型的な」いじめのケースであった場合、学校は「加害」側の保護者に対して、継続的な助言をすることが求められます（法23条3項）。中には、子どもがいじめ加害に関わったと聞いて、「それくらいのこといじめには当たらない」、「被害側の児童に落ち度があった」等として学校の調査結果を受け入れない保護者もいるかもしれません。しかし、いじめを行った児童等に対する指導は、いじめをやめさせ、再発を防止することを目的に、いじめについての正しい理解と人格的成長を促すものであり、その指導の効果を得るためには保護者の理解と協力が不可欠です。従って、学校としては、他の児童等のプライバシーに配慮しつつ丁寧に情報提供を行い、スクールカウンセラーやスクールソーシャルワーカー等専門家の協力を得ながら助言を続けていくことが重要です。

（3）「被害」側のAへの対応

Aに対しては、Aが感じている苦痛や不安を受け止めて、状況改善に向けて、しっかりと見守り支援していくことを伝える必要があります。

悪意のないいじめであっても、一度の指導でいじめが止み状況が改善するとは限らないため、学校はいじめを行った児童等に対する指導を継続するとともに、いじめを受けた児童等の見守りを継続することが重要です。

また、本件のようなケースにおいて、再びAが孤立することを避けるためには、A自身が他の児童らとの関わりを改善できるよう支援することも重要です。そのためには、他の児童らの行為の背景にある事情をAに伝えて理解を促していくことも求められるでしょう。ただし、その際決して、いじめられるのはあなたに原因があるからだ、といった誤った指導を行わないよう注

意が必要です。いじめが起きた場合に、いじめを受けた側が悪いということ
は絶対にないという大前提を見失ってはなりません。

　Aが、突然怒り出したり、協調的な行動ができなかったり、悪口を言って
しまう背景にある事情を、Aといっしょに考えてみることが大切です。クラ
スでいじめられないために、自衛的にそのようなふるまいをしているのかも
しれませんし、学習にストレスを感じているのかもしれません。あるいは、
家庭環境が影響しているとか、A自身の特性に起因しているといった可能性
もあるでしょう。いずれにしても、A自身が抱えている「困りごと」をいっしょ
に考えて対応を検討する姿勢が求められます。

　なお、仮にAの言動の背景に発達上の課題がある場合は、保護者ともよく
話をして対応を検討する必要があります。2011（平成23）年8月に改正され
た「障害者基本法」は、国や地方公共団体に対し、障害を持つ児童生徒（発
達上の課題を持つ児童生徒を含む）がその特性を踏まえて十分教育を受けら
れるようにするため、可能な限り障害を持たない児童生徒とともに教育を受
けられるよう配慮を求めています（法16条1項）。また、2016（平成28）年
4月に施行された「障害を理由とする差別の解消の推進に関する法律」は、
障害を持つ者から社会的障壁の除去を必要としている旨意思表明があった場
合には、その実施が過重な負担を伴うものでない限り、「合理的配慮」を提
供することを定め（法8条2項）、これを受けて文部科学省が発出した対応
指針では、合理的配慮は、本人及び保護者と合意形成をした上で実施するこ
とが望ましいとされています（平成27年11月26日、「27文科初第1058号
別紙2」）。

　これら法の趣旨に照らしても、Aが発達上の課題を抱えている場合、学校
はAや保護者としっかりと協議したうえで、Aの困難の緩和・除去に積極的
に取り組むことが求められるといえ、具体的には、A本人と保護者の意向を
尊重しつつ、Aの当該学級への在籍を継続しつつ特別支援教育支援員を配置
する方法や、同じく当該学級への在籍を継続しながらAが合わせて通級での
指導も受ける方法、また、場合によっては、Aが特別支援学級（固定級）に
在籍替えをする方法なども選択肢としては考えられます。

子どもの精神科医による解説

　それがいじめに該当するかどうかの定義は弁護士の先生方にお任せすることにして、のけ者にされた A も、のけ者にしている他の子どもたちも、今この瞬間にそれぞれの立場で困っているのだから大人が何か対応しなくちゃ——という視点から、この問題を考えてみました。いじめがいかに展開するかに関しては第3章 - 2、いじめの構造については第3章 - 5をご参照ください。ここでは、いじめる側について、議論してみたいと思います。

1　いじめる子の特徴について

　一般的に、攻撃的な子どもは他の子から避けられることが多いですが、小学校では成績が良かったり、思春期前半では、いじめる子が尊敬されたり、恐れられたり、好まれたりすることもあります。他者をいじめる子どもの傾向として、1) 両親からの不適切な養育、特に身体的もしくは性的虐待、2) 家庭内暴力の目撃、3) 多動や注意障害、4) 怒りやすさ、などが指摘されてきました[16]。

　ある研究者[17]によれば、学校や集団でのヒエラルキーの中で権力や立場がほしい時にいじめが始まると考えているようです。いじめの加害者は、他の子どもに比べて先生や学校との結びつきが弱いことが多く、学業成績が重視される日本でも例外ではありません。先生との間に距離があることで、そういった子どもは人気者になりにくいようです。

　いじめの加害者は、一見すると小学校でも中学校でも"無傷"であるため、その否定的な予後は目に見えては明らかではありません。一方で被害者同様、いじめる側も他児に比べて心理的もしくは身体的疾患が多いという報告[18]や、思春期や成人期に自己破壊的行動、怪我、依存、犯罪加害のリスクが高いとの報告も数多くあります[17]。子どもはいじめることで、短期的には即座に目的を達成することができますが、長期的に見れば他者と交渉するなどの社会的に適切な方法を学ぶことなく、この不適応なパターンが永続的に固定化するという損失をもたらすと考えられます[19]。

　いじめていたのが女性の場合、将来、暴力的なパートナーを選んでしまったり、10代で子どもを出産し、病気や破壊的、攻撃的になった子どもとの間で家庭内暴力の加害者や被害者になるということがあるようです。

　いじめ－いじめられっ子（第3章－5参照）では、事態はもっと複雑です。ADHD、発達遅滞、反抗挑戦性障害、行為障害などと診断されることも少なくありません。こういったいじめたりいじめられたりを繰り返す子どもは、身体的な暴力になりがちで、被害も深刻になりやすく、親のサポートや同級生との友情、学校での成功を体験することが最も少ないと言われています。

　子育て世代の大人の患者から、かつて自分が学校で同級生をいじめていたことを打ち明けられることがあります。もっと聞いていくと、彼らも当時はいろいろな事情で苦しんでいたことがわかってきます。適切なSOSを周囲の大人に出せず、怒りや不満をぶつけるべき本来の対象とは何ら関係のないクラスの子どもにぶつけていたり、自分には与えられることのない「良いもの」で満たされていそうに見える子どもをいじめたり、弱そうに見える子どもをいじめて自分の弱さを克服した気分になっていたりしていました。それを20年も30年も経て、自責感や罪悪感、恥の感覚や、「自分は人として踏み外した」という劣等感や自己否定と共に語る彼らの顔を見ていると、彼らにとってもまだ「いじめ」が終わっていないことを感じます。いじめる側への「指導」とは、何を指すのでしょうか。単に「いじめはいけない」と、いじめを止めさせるだけでは不十分であることを、彼らに教えてもらった気がします。

2　いじめる子への対応：学校編

　まちがいなく、学校場面でのいじめに対峙するのに中心的な立場となるのは学校の先生方です。言うまでもありませんが、先生と生徒との肯定的な関係は、いじめを減らし生徒が安全と感じられることに、強く相関することがわかってきました。先生自身のいじめに関するスキルや知識、信念も、学校場面での子どものいじめに影響を与えます。先生が生徒のモデルとなるような適切な行動を取れるかどうかということでもあります。先生の役割が大変重要なのは、仲間、生徒、先生、教室内のスタッフとの強力な関係があれば、

好ましくない家庭環境に関連したマイナスの影響の多くの部分を改善させることが可能であるからです。これは、診察室でも日々体験していることで、家庭環境が行きづまっているにもかかわらず、子どもが突然大きな、もしくは徐々にではあっても確実に成長を遂げることがあり、担任の先生を含めた学校の底力に感嘆する瞬間です。

学校の文化、学校の風土といじめとの関係性についても議論されています。学校の風土とは、学校社会での全ての人（生徒も先生も管理職も）の行動や関係性によって形作られます。先生と生徒の間の肯定的な関係と、いじめを含めた不適切な行動に対しての大人の否定的な態度が、肯定的な学校風土を作る鍵となります。

最近では、いじめに対して学校全体でアプローチすることの重要性が議論されています。いじめを許容・支持しない学校風土に変えていくためには、**傍観者に対してもアプローチが必要**と考えます。いじめの場面を何度か見かけた先生や生徒も対象に含まれます。発生したいじめの事象を、教育可能な瞬間として、複雑な社会性もしくは行動として話題に取り上げ、目に見える形で扱っていくのです。

先生が子どものいじめに適切に対応するには、**先生が支えられていることも重要**で、ある研究では、先生が校長にサポートされていると思える方が、先生がいじめた子に対応する際に自己効力感を感じやすいという調査研究もあります[16]。学校の先生によるいじめとそれに対する校長の態度との関係についてのアメリカの調査で、500人以上の校長にインタビューを行った研究者は、学校社会で発生するあらゆるレベルの攻撃性に注意を払い、それを同定する作業を行うべきであると結論付けています（第4章-4を参照）。なぜなら、それがその学校コミュニティー内でのある偏見のカモフラージュになっていたり、またある時は、それを終わらせる良い方法を想像できない人によって許容されていたりするからです[20]。「チーム学校」については第2章-3も参考にしてください。

3　いじめる子への対応：家庭編

　いじめに対して学校と保護者が協働するため、いじめと家庭についてごく簡単に振り返ります。子どもと親の相互関係は双方向性ですが、いじめに関連した家庭要因として、

- **難しい家庭環境**（親の就労状況等）にあり、兄弟間や両親と思春期の子どもとの間で衝突が多い
- **養育スタイル**の問題、例えば、親の過保護、親の見守りが不十分、子どもを過剰にコントロールする
- **家庭内暴力**（目撃も含む）

などが挙げられています[16]。ある調査によると、多くの子どもが他者を傷つけたい衝動を持つことがある一方で、いじめたくなった時に自分を止められなかったことがある子どもは12%でした[21]。いじめたくなる衝動を抑える動機として最もよく見られたのが、もし自分が同級生をいじめたら自分は自分を恥じるだろうという思いでした。この恥の起源は家庭での養育者との体験に遡ります[22]。肯定的で支持的な家族関係のある家庭で両親がいじめを拒絶することは、学校でのいじめの言動を抑えるのに重要な役割を果たします。

　オーストラリア政府に関連する機関からは、「あなたの子どもがいじめている時にすべきこと」というリーフレットが発行されています。親として自分の子どもが他児をいじめているのを信じることは難しく、しかしそれは時に起こり得ることとし、親自身が事態に圧倒されて冷静に考えられなくならないよう、「Keep CALM（calm は穏やかにという意）」という標語が作られています[23]。

　C：親自身の考えや行動をコントロール（control: C）する

　A：話を続けるにはあまりに自分が動転しすぎていないか、自分を評価（assessment:A）してどうするかを決める

　L：あまりに腹が立ったり興奮している場合は、その状況から離れる(leave: L)

　M：24時間以内にその状況に対処する計画を立てる（make: M）

　「子どもが親に挑んでいる時というのは、親が子どもを尊重することと親

のサポートを、子どもが最も必要としている時なのだ」との注意書きと共に、親ができる10の望ましい行為として、

- **穏やかでいつづける**：責めずに、できそうな解決に目を向ける
- **子どもと話す**：いじめが受け入れられないこと、止めねばならないことを毅然と伝える
- **なぜかを問う**：子どもが学校や家庭で何か問題を抱えていなかったかを見つけ出してみる
- **乗り気になる**：子どものいじめに対して真剣になること、学校の方針を支持すること
- **わかりやすくて妥当なルールを決める**：よい行いを褒め、それを最後までやり抜くこと
- **子どもを観察する**：子どもを見守り、子どもの進歩には直ちにプラスのフィードバックをする
- **尊敬できる家庭を作る**：家族メンバー間で、相手を尊重して親切な行動を促す
- **子どもとの時間を過ごす**：関係を育み、葛藤に上手く対処する良いモデルとなること
- **コミットする**：子どもが良くなっていく努力を応援する
- **助けを求める**：状況が変わらない場合には、専門家の助けを求める

が挙げられています。親が子どものいじめに適切に対応できるための支援も、学校の重い課題なのではないでしょうか。担任の先生が1人で抱え込まないよう、祈るばかりです。

この症例では、Aをのけ者にした子どもたちに対しては、いじめも含めた集団の問題という観点からも見立て・対応が必要になります（第3章−3、5参照）し、Aに対しては、なぜこのようにふるまってしまうのかの見立て・対応が必要です（見立てについては第2章−5、「いじめ−いじめられっ子」については第3章−5、攻撃性については第4章−3、発達障害に関しては第5章−3、6を参考にしてください）。

5 定義にあてはまるが、指導は必要か？

法の定義と社会通念上のいじめとのズレ

●質問●

　私が担任をする6年生の女子Rの保護者から、Rが日ごろ仲良くしているTから仲間外れにされていて、もう学校には行きたくないと言っているという連絡がありました。Tに話を聞いてみると、Rと地元の夏祭りに行く約束をしていたのをすっかり忘れて、別な女子児童らと出かけたところ、Rから「なぜ自分だけのけ者にしたのか」と責められて気まずくなり、ほかの子と遊ぶ機会が増えるようになったとのことでした。

　このようなケースでもいじめとして対応する必要があるでしょうか。

弁護士による解説

1　いじめの実態に応じた指導を工夫する

（1）「いじめ」定義に当てはまる場合でも、一律の指導ではなく重大性の程度等ケースに応じた指導を

　いじめ防止対策推進法が定める「いじめ」は、いわゆる社会通念上の「いじめ」の範囲より極めて広く、行為を受けている児童等が心身の苦痛を感じている場合は、「いじめ」に該当すると理解することが求められています。

　学校が初期段階でいじめを認知し対応につなげるためには、この**広範な「いじめ」の定義について学校全体で共通理解を図ること**が必要です。

　一方で、この定義に当てはめた場合には、子どもが好意で行ったけれど、結果的に相手を傷つけた場合や、悪気なく衝動的に行った行為で相手が傷ついてしまった場合など、加害者とされた子どもの側には、いじめるつもりがまったくなかったような行為も「いじめ」にあたることになります。

　私たちは、日常的には「いじめ」と言われると、相手を傷つけたいという動機をもって、意図的に嫌がらせをするような場合をイメージしますが、こ

うした社会通念上の「いじめ」と、いじめ防止対策推進法に定められた「いじめ」が大きく異なることに注意が必要です。

　子どもたちが、まったく相手を傷つけるつもりもなく行った行為の場合でも、単に「それは、いじめに当たる」と教師から指摘されれば、通常、子どもや保護者は社会通念上のいじめを「イメージ」しますから、実際にやったことに見合わない過剰な指導を受けていると感じてしまいます。そのような指導に対しては、子どもや保護者から、「そんなつもりはなかった」「これくらいでいじめとさわぐ方がおかしい」という反発を招くことも十分考えられることです。

　このような行き違いによるトラブルを防ぐためには、認知されたいじめの解決にあたっては、まず、そのケースの実情・重大性等を確認することが大切です（「見立て」）。そして、「いじめ」定義にあたるからといって画一的な指導をするのではなく、ケースの実情・重大性等に応じた指導を工夫する必要があります。

（2）当該いじめケースの特性を検討する際の視点（「見立て」）

　当該いじめケースの重大性等の特性を見極める際のポイントとしては、被害側・加害側双方について、以下のような事情を考慮するとよいでしょう。

①被害を受けた子どもについて、心身の苦痛の程度

　一時的か継続的か、ケガの有無、登校や教室への入室しぶりの有無等

②加害をした子どもについて、行為の重大性

　意図せず行った言動か、衝動的に行った言動か、あるいは故意で行った言動か、暴力を伴うか否か、一人で行ったか集団で行ったか、単発の行為か継続的か、故意であった場合にその行為の動機・背景、「加害」の子どもの抱える問題は何か等

（3）重大性に応じた指導

　これらの事情を総合的に考慮して、ケースの重大性等の特徴を見極めて、ケースごとに適切な対応をとることが求められています。

東京都教育委員会いじめ問題対策委員会が2016（平成28）年7月28日に発表した『「いじめ総合対策」に示された取り組みの進捗状況の検証、評価及びいじめ防止等の対策を一層推進するための方策について（最終答申）』には、加害者の行った言動について、いじめの重大性を以下の4段階に分けたうえで、加害行為の継続性や加害側の集団性を加味して、それぞれの指導例を紹介しています。ぜひ、参考にしてみてください。

　ア　好意で行った言動

　イ　意図せずに行った言動

　ウ　衝動的に行った言動（暴力を伴う場合、伴わない場合）

　エ　故意で行った言動（暴力を伴う場合、伴わない場合）

重大性の段階に応じた指導の例

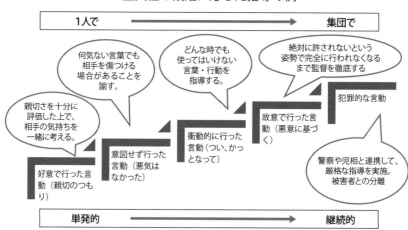

2　対応策（手立て）

（1）「加害」児童への対応

　本件Rは、TがRといっしょにいる機会を減らしたという「心理的・物理的影響を与える行為」により、「心理的苦痛」を感じて登校を拒否しているため、法が定義するいじめには該当することになります。

　しかし、Tには、Rをいじめてやろうという思いはなく、夏祭りの件でR

から責められ、なんとなく気まずくなって距離を置いてしまっている状況です。このような場合に、一方的にTを「いじめ」加害者として厳しく指導すると、かえってRとの間に距離をつくって関係修復が遠のいてしまいます。場合によっては、指導に納得のいかないTがRに対し反感を抱き、いわゆる社会通念上のいじめに発展する危険さえあります。

　Tに対しては、Rがいっしょに夏祭りに行けず、1人だけ取り残されて悲しい思いをしたことについて、その心情を理解するよう促すことが大切です。また、Tに悪意がなかったことに理解を示しつつも、「うっかり忘れた」ことについては謝罪する必要があること、共同生活をする人との間で関係がこじれた時に、距離をおいて関わらないようにする以前に、互いの思いや考えを理解するために話をするなど、関係修復のために努力してみることが大切であると指導することも重要です。

　場合によっては、担任が間に入って、TとRが話をする機会を設けても良いかもしれません。ただし、それは加害者が被害者に対し謝罪をする場という趣旨ではなく、ちょっとしたきっかけで関係性がこじれた子ども同士が、互いに思いを伝えあい、誤解を解いて関係を修復する場であることを忘れないでいただきたいと思います（山下英三郎著『いじめ・損なわれた関係を築きなおす——修復的対話というアプローチ』学苑社、150頁参照）。

　なお、質問からは必ずしも明らかではありませんが、このようなケースにおいてTがクラスの中心的な人物だと、Tの態度に同調して他の児童らが意図的にRと距離を置く場合があります。そうすると、T自身は気まずくて距離を置いただけでも、結果的に大勢でR1人を仲間外れにしている状況に至っている可能性もありますから、慎重に状況を見極めて、適切に対応することが求められます。また、Rを傷つける意図をもって大勢でRを無視したり、仲間外れにしている典型的な「いじめ」の状態に至っている場合の対応については、第3章-4をご参照ください。

（2）「被害」児童への対応

　Rが申告する「仲間外れ」の実態（関与児童の数やその意図等）や、Rの

傷つきの程度にもよりますが、基本的には、子どもたちが成長過程において集団生活の中で経験する人間関係のトラブルとして、RがTやその周辺の児童らと関係修復できるよう支援をすることが重要でしょう。

　Rの心情に理解を示して寄り添いつつ、人は誰も完璧ではないからうっかり人を傷つけてしまうことがあることや、そのような場合に、どのような形で相手と向き合い関係を修復するかといった視点で助言等ができると良いでしょう。

　前述のとおり、担任が間に入って話し合いの場を設定する方法も選択肢の１つですが、子ども同士であっても一度こじれた関係を修復するには時間を要するため、継続的な見守りと助言・支援が求められます。

（3）まとめ

　質問のようなケースにおいては、Rが「仲間外れ」と感じている状況の実態を見極めることが重要ですが、担任１人で判断するのではなく、校内のいじめ対策組織において情報を共有し判断することが大切です。

　単にTとRが「うっかり」や「誤解」を機に疎遠になっているにすぎない場合は、子どもたちが学校生活の中で通常経験する他者との衝突として、子どもたち自身が解決できるよう助言・指導・支援を行うことが望ましいでしょう。

　一方で、Rを傷つける意図をもって大勢で無視や仲間はずれを行っているような典型的ないじめケースであることが判明した場合は、関わった児童等それぞれの関与の程度その他事情を考慮しつつも、そうした行為が他者の人格を傷つけるものであり許されないことを行為が止むまで丁寧に指導することが求められます。

子どもの精神科医による解説

1　いじめの構造

　いじめの社会的構造を議論する前に、いじめに関する世間の認識と科学的

知見のズレについて取り上げます。このズレを知っておくことが、保護者との認識のギャップを埋めたり、適切な対応を考える際に有用だと思われるからです。

いじめに関する、世間の認識と科学的知見のずれ

	世の中の認識とメディアの注目	科学的手法や発達の研究による知見
何が課題か？	学校での暴力	全ての様式（特に社会的構造）のいじめ
いじめを裏付ける事象	学校での発砲、自殺	拒否、孤立、学業達成度の低さ
加害者はだれか	少数の卑劣で悪い生徒	全ての仲間関係や学校スタッフ
どれくらい一般的か？	稀で、身近には起きていない	全ての学校に存在、他の人が考えるよりもう少しある
問題の発端は？	恐らく両親	複数の要因（例えば、遺伝子、両親、仲間、政治）
どう解決するのか？	校則遵守の徹底、ゼロトレランス	学校全体の努力、各教室での教師の取り組み
変化の生じ方	取り組みの量に比例して改善（直線的）	時にはジグザグ、閾値がある
解決までの期間	数週間	調査、介入、評価に数年
成功の指標	いじめの撲滅	被害者を減らし、理解を高める

From Stassen Berger （2007）[17]

　いじめは非常に動的で、移ろいやすく、高度に文脈的なものです。子どもは、それぞれの友だちグループの"規範"に忠実であれというプレッシャーに直面していて、それがいじめへの関与であることもあります。いじめがグループのメンバーを定めるための社会的交流の1つと見なされていることもあり、いったんその構造ができあがると、他の子どもをいじめることがグループの団結を強めることになり、それによってグループ内のいじめっ子の地位が上がっていくのです。

　そもそもいじめは社会的関係性や仲間関係の中で生じているので、状況次第で1人の生徒が異なる役割——いじめられる側になったり、傍観者になったり——を取ることもあります。いじめる子、いじめられる子、傍観者の

他に、"bully-victim"（いじめ－いじめられっ子、直訳するといじめっ子の被害者。攻撃的被害者 agressive victims もしくは挑発的被害者 provocative victims とも言う）という言葉があります。持続的に人をいじめつついじめられるという第4のポジションを指していますが、これは同時に、多くの生徒が1つ以上の立場を取るということをも表しています[16]。

　学校でのいじめや被害の原因となる4つの要因として、a）個人的要因：人種的背景や宗教、ジェンダー（LGBT など）、b）社会経済的問題：居住地域、裕福もしくは貧困と思われること、装い、c）生徒の学校での態度：学業の成績、スポーツの能力など、d）どこか変だと思われること（一般的に、思春期、特に中学校世代では同調圧力が強まり、均質性から逸脱しているとみなしたものを排除しようとする傾向が見られるものですが、そのやり方が行き過ぎる場合）が挙げられています。

　いじめの被害者は、風変わり、変人、異常、不気味、もしくは知能が遅れていると描写されることがとても多く、いじめのターゲットになる子は、太っていたり、清潔ではなかったりすることもあります。こうしていじめる側は、被害者にレッテルを貼ることでいじめを正当化するのです。特に、自閉症スペクトラム障害を含めた発達障害のある子どもの場合には、社会的なサインを読み取ることができないため、上述の理由でいじめられたり、時にいじめに加担する可能性が高まるのです[24]。

2　いじめの被害者には2通りある

　いじめの被害者には大きく分けて2通りあると言われます[17]。まずは、文化差を超えて、自分自身がもしくは同級生によって、従順、引っ込み思案、随分と内向的、あまり主張しなかったり攻撃的ではない、社会的スキルが乏しいなどと見られる子どもが、仲間から不適切に扱われて被害者になりやすい——受動的被害者[17]——です。彼らは、親や先生を身近に感じていたとして、誰かが助けてくれるとは思えずにいます[25]。

　もう一方の被害者は、上述の「いじめ－いじめられっ子（いじめっ子の被害者）」です。こういう子どもには友だちが少なく、破壊的かつ衝動的で、

社会的スキルや問題解決スキルに乏しく、親にはこらしめられ、先生には嫌われて、同級生もいっしょに遊ぼうとは思ってくれていません。受動的被害者の子どもが、怒りを自分の内側に向けて内在化の問題（抑うつ、不安、身体化など）を表す傾向を示す一方、「いじめ－いじめられっ子」は、攻撃性を自分の外へ、積極的かつ反応性に出しがちで、（成功する見込みのない）仕返しをしようとしたり、攻撃者を煽ったり、他の子を遠ざけたりします。

　通常、いじめは社会的で、年齢とともに直接的な攻撃や身体的な暴力はなくなっていきますが、「いじめ－いじめられっ子」の攻撃性は反応性であり、無邪気で思いがけない、あいまいな侮辱にも反応し、いつまでも身体への攻撃の水準に留まります[17]。

3　集団の問題としてのいじめ

　多くの子どもがいじめに反対の立場を表明しつつも、いじめられている子を助けることを躊躇します。傍観者は、単なる中立的な立場では決してありません。傍観者の言動が、いじめを強化することもあります。傍観者の子どもは、次の被害者になる恐怖や、社会的地位を失う恐れ、状況に上手く対処する能力がないのではないか、事態がもっと悪化するのではないかという懸念を持っていたりします[22]。

　これらのことから、いじめる側といじめの被害者の個々の特徴からだけでいじめを検討するのでは、いじめの全貌を理解できないという指摘があります。社会的な観点からは、1人の生徒の"偏った性格"にだけいじめの原因を見つけ出そうとすることは逆効果になることがあり、いじめに対して効果的な介入をするには、社会的なネットワークの中でいじめを促し、維持してきた複雑な力を、個人または"生態学"の両面から同定する必要があるのです。このスタンスを踏襲するヨーロッパでのいじめへの介入の方が、いじめを個別の問題と考えるアメリカに比して成功していると主張する研究者もいます[26]。これには、傍観者を擁護者に変えていくための介入も含まれています[17]。

　一方で、13歳から16歳までの繰り返しいじめを受けていた約200人を追

跡したある調査研究では、そのうちの約6－7割が2年後にはいじめを受けていませんでした。この子どもたちによると、この大きな変化をもたらした主たるきっかけは、親友を見つけたことだそうです。友だちが被害から守ってくれるだけでなく、彼らがいじめ加害者の支配や権力、反抗を頼りにするやり方を変える手助けにもなっていたというのです[27]。

　これまで集団の功罪の「罪」ばかりを論じてきましたが、集団にこのような「功」があること、その功を取り戻すことが、いじめへの介入の1つのゴールなのかもしれません。

【もう一歩深めたい方への参考書籍】
山下英三郎著『いじめ・損なわれた関係を築きなおす──修復的対話というアプローチ』
　学苑社、2010

6 犯罪的ないじめと警察との連携は？

刑法等に触れるいじめへの対応

●質問●

　私は公立中学校の校長です。1年の男子生徒が、同じクラスの女子生徒が体育の授業のために教室で着替えをしていたのを盗撮して、その動画をクラスの男子10名にラインで送りました。すでに男子生徒らの端末から動画は削除させましたが、女子生徒の保護者から、学校から警察に通報するべきと言われています。警察に通報しなければいけないでしょうか。

弁護士による解説

1　「いじめ防止対策推進法」の規定

　「いじめ防止対策推進法」は、いじめが犯罪行為として取り扱われるべきものであると認めるときは、所轄警察署と連携してこれに対処するものとし、当該学校に在籍する児童等の生命、身体又は財産に重大な被害が生じるおそれがあるときは直ちに所轄警察署に通報し、適切に援助を求めなければならないと定めています（法23条6項）。

　またこの条項に関しては、文部科学省の「いじめ防止基本方針」の中で、

・学校や学校の設置者が、いじめる児童生徒に対して必要な教育上の指導を行っているにもかかわらず、その指導により十分な効果を上げることが困難な場合において、いじめが犯罪行為として取り扱われるべきものと認めるときは、いじめられている児童生徒を徹底して守り通すという観点から、学校はためらうことなく所轄警察署と相談して対処する。

・なお、児童生徒の生命、身体又は財産に重大な被害が生じるおそれがあるときは、直ちに所轄警察署に通報し、適切に援助を求める。

と定めています。[1]

　これを踏まえると、「犯罪行為として取り扱われるべきものと認めると

き」、まずは、行為を行った児童等に対し必要な教育的指導を行い、指導にもかかわらず事態の改善等がみられない場合に、警察に相談し連携した対応をとることが求められているものと解され、ただし、「児童等の生命，身体又は財産に重大な被害が生じるおそれがある」と認められる場合、すなわち、今後に向けた重大な被害の生じるおそれが現にあるという場合には、警察に「直ちに」「通報」することが求められていると言えます。

　このように、法は、犯罪行為にあたるいじめでの警察との連携・警察への通報について定めていますが、警察連携や通報は、それによりいじめが解決する可能性は確実なものといえない一方、通報や連携により学校と子ども・保護者との信頼関係を損なうリスクを伴うことも意識すべきでしょう。

　前記の文科省のいじめ防止基本方針も合わせて読むと、犯罪行為に当たるいじめであっても、あくまで学校での教育的指導が先行すべきであり、警察連携は学校での指導をしたがそれでも事態の改善等が見られない場合に補充的に・慎重に検討されるべきことになります（ただし「（犯罪にあたるいじめがあった場合で、かつ）今後に向けた重大ないじめ被害が生じるおそれが現にある」という場合に関しては警察「通報」が求められています）。

【補注】
＊1　文部科学大臣「いじめの防止等のための基本的な方針」決定。最終改定平成29年3月14日
　　　別添2「学校における『いじめの防止』『早期発見』『いじめに対する措置』のポイント」

2　本件への対応について

　本件の男子生徒が行った行為は、東京都の「公衆に著しく迷惑をかける暴力的不良行為等の防止に関する条例」5条1項2号が禁じる、学校等公共の場において、通常衣服で隠されている下着又は身体を撮影する行為に該当し、1年以下の懲役又は100万円以下の罰金に処せられる可能性があります。＊2　なお、東京都以外の道府県においても同様の条例が定められています。また、撮影した動画が「児童ポルノ」に該当する場合は、＊3 製造・提供した者のみならず、提供された動画を自己の性的好奇心を満たす目的で所持した者も処罰の対象となります。

　従って、本件男子生徒の行為が、「犯罪行為として取り扱われるべき行為」に該当することは明らかであり、本件動画が児童ポルノに該当する場合は、動画を撮影した生徒のみならず、送信を受けてこれを自己の携帯に保存して所持した者も処罰の対象になる可能性があります。

　このように本件男子生徒が行った行為は、非常に重大です。しかし、学校としては、まずは被害が拡大しないよう、また、同様の行為が繰り返されないよう、当該男子生徒及び動画の送信を受けた生徒らに対し指導を行い、対策を講じるべきでしょう。そして、それでもなお、行為者が反省もせず同種の行為が繰り返されるおそれがあるという場合には、直ちに警察に通報する等の対応が求められるでしょう。

　盗撮をされた女子生徒及びその保護者に対しては、その憤りや不安に配慮しつつ、心理的なケアを含めできる限りの支援を行うとともに、男子生徒らに対する指導の内容や再発防止策等について丁寧な説明を行うことが求められるでしょう。

【補注】
＊2　東京都の「公衆に著しく迷惑をかける暴力的不良行為等の防止に関する条例」8条2項（1）
＊3　「児童ポルノ」の定義につき、「児童買春、児童ポルノに係る行為等の規制及び処罰並びに児童の保護等に関する法律」2条3項

3　被害者の側が警察に被害届を出すなどした場合

　場合によっては、学校が警察に通報しなくても、被害を受けた生徒やその保護者自ら警察に通報し、犯罪として取り扱うよう求めることがあります。学校としては、行為を行った生徒に対する教育的配慮をしながら、警察との間で必要な情報を共有して適切な対応をとることが求められます。

　なお、警察の対応については、警察庁生活安全局から各都道府県警察に対して通達が出されています。その中で、被害児童等及びその保護者から警察に対して当該いじめを犯罪として取り扱うべき要請があった場合は、警察は、被害児童等のプライバシーに配慮し、また学校との綿密な連携に留意しつつ、事案の内容や重大性等に鑑みて捜査を含め適切な対応をすべき旨通知

がなされています（平成31年3月8日警察庁丙少発第13号）。

　また、捜査を担当する警察が学校に対して、事実関係の確認を求める場合があります。その方法としては、事実上、電話や面談等で話を聴かれる場合もありますが、捜査機関から、「捜査関係事項照会書」という文書を渡されることが一般的です。学校現場としては、こうした捜査機関からの照会に対して、事実を伝えてしまって、個人情報保護の観点から、後々問題にならないだろうかと迷いが生じるかもしれません。

　この点、個人情報保護法（条例）では、利用目的の範囲を超えて、個人情報を取り扱ってはならず、個人データを第三者に提供する場合にも、原則として本人の同意を求めていますが、例外的に、こうしたルールが解除される場合についても定められています。そうした例外的場面の代表例が「法令に基づく場合」です（個人情報の保護に関する法律23条1項1号等）。

　警察が特定の事項について報告を求める際、その根拠となる法律は、刑事訴訟法197条2項の「捜査については、公務所又は公私の団体に照会して必要な事項の報告を求めることができる」という条文です。このように、警察からの問い合わせは、法令に基づく場合に当たりますので、この問い合わせに応じて個人情報を本人の同意なく提供しても、個人情報保護法（条例）違反にはなりません。

　ただし、個人情報保護法（条例）の例外に当たるケースだったことについて、後々問題にならないように記録に残しておく方がよいでしょう。

　また、そもそも、本人の同意なく情報を提供することは、例外的な取り扱いなのですから、捜査機関からの照会があったからといえど、無制限に個人情報を提供してよいわけではありません。捜査目的との関係で、必要かつ相当な範囲を超えるような情報を提供した場合には、後々、個人情報保護法に違反したと批判される恐れがあります。

　これらを踏まえると、まずは、捜査機関には正式な文書を発行してもらい、照会手続が法律に基づくものであることを明示してもらうこと、その上で、提供する情報についても、捜査との関連性があるか、必要かつ相当な範囲であるかを検討した上で、提供するとよいでしょう。

7 いじめ「重大事態」にあたるケースとは？

「重大事態」としての対応

●質問●

　私は公立小学校の校長です。5年に在籍するAが、ゴールデンウィーク明けから3週間登校していません。保護者からは、「学校でいじめを受けて登校できなくなっている、いじめ防止対策推進法が定める重大事態に該当するから、速やかに第三者委員会を設置して調査をしてもらいたい」と要望されています。なお、担任は何度か家庭訪問をしていますが、Aには会えていません。担任はこれまでAからいじめの相談を受けたことはなく、そのような事実も把握していません。

　このようなケースでも重大事態として対応すべきでしょうか。

弁護士による解説

1　法が定める重大事態への対応

（1）いじめ「重大事態」とは

　いじめ防止対策推進法は、いじめにより特に深刻な被害が生じている「疑い」のある場合を「重大事態」と定めて、学校がとるべき措置等について、平時の対応とは異なる別途の規定を設けています。

　法にいう、いじめ重大事態とは、①「いじめにより当該学校に在籍する児童等の生命、心身又は財産に重大な被害が生じた疑いがあると認めるとき」（「**生命心身財産重大事態**」という）、もしくは、②「いじめにより当該学校に在籍する児童等が相当の期間学校を欠席することを余儀なくされている疑いがあると認めるとき」（「**不登校重大事態**」という）をいいます（法28条1項1号、2号）。

　なお、文部科学省の「いじめ防止基本方針」によれば、①「生命、心身または財産に重大な被害」とは、a）児童生徒が自殺を企図した場合、b）身体

に重大な傷害を負った場合、c）金員等に重大な被害を被った場合、d）精神性の疾患を発症した場合がこれにあたるとしています。

　また、②「相当の期間の欠席」とは、文部科学省が毎年実施している「児童生徒の問題行動等生徒指導上の諸問題に関する調査」における不登校の定義を踏まえ、年間30日程度を目安とするとしつつ、児童生徒が一定期間連続して欠席しているような場合には、上記目安にかかわらず学校の設置者又は学校の判断により迅速に調査に着手することが必要とされています。

　さらに言えば、「いじめにより」とは、①②の状態に至った要因が当該児童等に対する「いじめ」にあることを指し、基本的には、いじめと児童等の心身被害等の状態とが「あれなくばこれなし」の関係にあるか否かで判断します。もっとも、いじめと重大な被害との因果関係は明白である必要はなく、「疑いがある」ことで足ります。また、「認める」ときとは、「考える」ときないし「判断する」ときを指し、「確認する」、「肯認する」という意味ではありません。

　従って学校又は学校設置者は、いじめがあったと確認できていなくても、あるいは、いじめと重大被害の間の因果関係が肯認できなくともそれらの「疑い」の段階で、重大事態として捉えて対応することが求められます。

（2）いじめ「重大事態」が生じた場合の学校の対応
ア　調査組織の設置と調査の実施

　児童等や保護者から、いじめにより重大な被害が生じたという申告があったときは、いじめにより特に深刻な被害が生じている「疑い」のある場合であることから、仮にその時点で学校が「重大事態ではない」「いじめの結果ではない」と考えたとしても、すみやかに報告をなし、学校設置者又は学校のもとに調査のための組織を設置して、事実関係を明らかにするための調査を行わなければなりません（法28条1項）。

　重大事態発生の報告は、国立学校であれば国立大学法人の学長を通じて文部科学大臣に対し（法29条1項）、公立学校であれば当該学校を設置する地方公共団体の教育委員会を通じて同地方公共団体の長に対し（法30条1項）、

私立学校の場合は当該学校を所轄する都道府県知事に対して行う必要があります（法31条1項）。

　重大事態の調査は、いじめの事実の全容解明、当該いじめ事案への対処及び同種事案の再発防止を目的として行われます。従って、いつ、誰から、どのような態様の行為があったのか、背景事情としてどのような問題があったか、児童等の人間関係はどうであったか、学校や教職員がどのような対応をしたか等の事実関係を網羅的に明確にすることが求められます。拙速に因果関係の有無を判断することのないよう注意が必要です。

　重大事態の調査の主体は、いじめの状況等を踏まえて、学校が主体となるか、学校設置者が主体となるかの判断を学校設置者において行いますが、不登校重大事態の場合は、調査の主な目的が、いじめの解消と当該いじめにより不登校となっている児童等の学校復帰の支援につなげることにあることから、学校が調査にあたることが原則とされています。

　ただし、学校と保護者の間のトラブルが深刻化しており修復が難しい場合や、報道をされている等の理由で学校が対応することにより学校の教育活動に支障が生じるおそれがある場合等は、設置者において調査を実施するとされています。なお、学校が調査主体となる場合に関しては、第三者調査委員会を校内に立ち上げる場合、法に基づき校内に常設されるいじめ対策組織（法22条）に専門家らを加えて調査を実施する場合、いずれもあり得ます。

イ　調査結果の提供及び報告

　調査を行った学校又は学校設置者は、調査により明らかになった事実関係その他必要な情報について、いじめを受けた児童等やその保護者に対し情報を提供し、説明を行うことが求められています（法28条2項）。

　また、調査結果については、国立学校の場合は文部科学大臣に、公立学校の場合は地方公共団体の長に、そして私立学校の場合は所管する都道府県知事にも報告をしなければならず、これを受けた文部科学大臣、地方公共団体の長、都道府県知事は、報告にかかる重大事態への対処又は同種事態の発生防止に必要があると認めるときは、学校又は学校設置者が行った重大事態調査について再調査を行うことができます（法29条2項、30条2項、31条2項）。

2　質問のケースへの対応

　本件において、Aは3週間にわたり登校ができていない状態です。不登校重大事態の判断の目安は年間30日ですが、この日数に達していないからといって軽々に重大事態には当たらないと判断するのは好ましくありません。一定期間連続して欠席している状況のもとでは、速やかに調査組織を立ち上げて調査を行うべきでしょう。また、本件の担任はこれまでにAからいじめの相談を受けたことがなく、これに該当する事実も把握していません。しかし、児童等及びその保護者からいじめにより重大な結果が生じたという申し立てがあったときは、その時点で学校が「いじめの結果ではない」と考えたとしても、重大事態が発生したものとして対応することが求められますから、学校設置者と情報を共有した上で、調査組織による調査を行う必要があります。

　なお、調査には相応の時間を要する場合もあり、児童等の欠席が続くような場合は、心理・福祉の専門家と連携して、当該児童等の学習面や健康面の支援方策を検討することが求められるでしょう。

　調査の結果、いじめがあったとの事実が確定した場合は、事実関係のみならず、事態の解消のために学校がとる対応・措置、いじめを行った児童等への指導及び不登校となっている児童等に対する具体的支援策についても報告することが求められます。なお、情報提供にあたっては、関係児童等のプライバシーへの配慮が求められることは言うまでもありません。

　他方で、調査の結果、いじめの事実が確認できなかった、あるいは、いじめは確認できたものの、その程度から不登校との因果関係が疑わしい場合も生じ得るものと思われます。その場合であっても、学校には、不登校の要因が多様かつ複雑であることを踏まえて、対象児童等への教育機会確保に向けた支援を継続することが求められます。

　なお、いじめ等の原因もなく一定期間欠席が続く場合は、背景に家庭内の不適切養育や虐待が潜む場合もあります（「見立て」の問題）。そうしたケースにおいては、子ども家庭支援センターや児童相談所と連携して児童等の安全確認を行うことが求められる場合もありますので、調査結果を踏まえた慎重な評価と対応策の検討が求められます。

第4章

教師や学校の責任が
問われやすいトラブル

1 学校の負う「安全配慮義務」とは？

事故防止のために学校がすべきこと

●質問●

公立中学校の校長です。学校での体育や部活動中に、毎年のように生徒の熱中症と思われる事故が発生しています。こうした事故を防止するうえで、学校としては法的にどのような配慮が求められているのでしょうか。

弁護士による解説

1　学校事故を起こさないために学校に求められる対応「安全配慮義務」

学校は、公立私立を問わず、入学してくる児童・生徒（以下、「児童等」）との間での法的な在学関係に立ちますが、それによって、学校設置者は、児童等と保護者に対して、児童等の生命・身体・精神等の安全に配慮する義務を負うことになります。そして、この**安全配慮義務**に基づいて、学校は、児童等の生命・身体等の安全に関わる事故の危険を具体的に予見し、その予見に基づいて事故の発生を未然に回避する措置を取るべき義務を負うことになるとされています。

すなわち、学校が、事故の発生について予見することが可能で（予見可能性）、かつ、この予見に基づいて事故の発生を未然に回避するための措置を取ることができた（結果回避可能性）にもかかわらず、事故が実際に起きてしまった場合、学校は、安全配慮義務違反として、当該児童等に生じた損害を賠償すべき責任を負うことになります。

2　事故の種類・態様に応じた学校の安全配慮義務の具体的内容

事故防止のために学校に求められる安全配慮義務の具体的な内容は、学校で起きる可能性のある様々な事故の種類によって異なっています。

生徒の転倒などの偶発性の高い事故については、当該学校でそれまでに同

種の事故が起きたことがあるかどうかが重要な意味を持ち、過去に事故が起きていた場合、その後も同種の事故が起きることは予見可能であったと判断される可能性がある（予見可能性）ことから、同種の事故を回避するための可能な措置を学校として取ること（結果回避措置）が学校に求められることになります。

　こうした回避措置が可能であった（結果回避可能性）のにそれをせず、同種の事故が起きた場合には、学校に①予見可能性と②結果回避可能性があったとして、安全配慮義務への違反が認められることになります。

3　類型的に起きている事故の場合

　一方、例えば、質問の熱中症などの、類型的に発生している事故の場合には、こうした事故を防止するための科学的知見が指針などの形で公表されていることが多く、このような場合で学校が、科学的知見を踏まえた対応を取っていない場合、結果回避措置を取っていなかったとして、安全配慮義務への違反が認められる場合が多いと言えます。

　熱中症については、財団法人日本体育協会が、熱中症による死亡事故の多発を踏まえ、その防止を目的として1994（平成6）年に**熱中症予防運動指針**（以下、「本件指針」）を作成・発表しています。

　この指針では、熱中症が体内の熱量に比して水分が不足することによって生じる疾患であることに鑑み、運動等を行う温度及び湿度、行う運動の内容や種類、補給する水分量などを踏まえ、スポーツ活動に携わる者がとるべき行動指針を示し、**WBGT 温度**（湿球黒球温度。暑さに関する環境因子のうち気温、湿度、輻射熱の3因子を取り込んだ数値指標）に応じてとるべき行動指針を定めています。また、学校現場でWBGTを測定できない場合があることにも備えて、WBGT 温度におおよそ相当する湿球温度及び乾球温度も併記されています。

　こうした指針が出された後に、学校の部活動中に発生した熱中症事故について裁判所は、部活動に関わる指導教諭とこれを指導すべき立場の校長は、安全配慮義務の一環として熱中症を予防すべく、本件指針を踏まえて熱中症

予防策をとるべき法的義務を負っていたとしました。その上で、本件指針が、WBGT 数値を主たる基準として対応の指針を示し、熱中症予防の措置をとるには、前提となる WBGT の値を把握できる温度計設置が必要であることから、学校には WBGT 温度計の設置義務があったが、当該学校は事故当時その設置を怠っていたとして、学校の安全配慮義務の違反を認める判断をしました（大阪地裁平成 28 年 5 月 24 日判決）。

　なお、こうした熱中症を予防する観点から、独立行政法人日本スポーツ振興センターがパンフレット（「熱中症を予防しよう」）を出しており（平成 31 年 3 月）、そこで指摘されている留意事項は、同時に、学校事故防止のために学校が当然に踏まえるべき科学的知見という意味を持っています。

4　事故防止のため科学的知見の理解が必要とされるその他の類型的事故

　質問の熱中症の場合以外にも、学校で事故が頻繁に発生してきたことから、事故防止のための科学的知見が整理されてきている事故類型として以下のようなものがあります。

（1）いわゆるコンタクト・スポーツにおける急性硬膜下血腫等の事故

　柔道・ラグビーなどのコンタクト・スポーツにおいては、技をかけられた際の転倒や、子ども同士の衝突・転倒などを原因とする急性硬膜下血腫等の脳損傷によって命に関わる重大な事故が発生しやすいことが指摘されています（なお、頭部の打撲がなくとも頭部の予期せぬ回転による衝撃も急性硬膜下血腫等の原因となることが指摘されています）。

　このため、中学で必修とされた柔道では「柔道の授業の安全な実施に向けて」との文書を文部科学省・スポーツ庁が作成（平成 24 年 3 月）しており、起きやすい事故や防止のための留意点等が解説されています。

（2）給食における食物アレルギー事故

　給食において提供された食材による食物アレルギー事故の発生も少なからず指摘されてきており、そばやピーナッツなどでは特に重篤な事故が起きやすいことがわかっています。

　こうしたことから、食物アレルギー事故防止の観点から、「学校給食における食物アレルギー対応指針」（文部科学省・平成27年3月作成）において食物アレルギー対応委員会の設置から献立作成、給食実施等の各段階での留意点などについてまとめられています。

2 子ども同士の事故、学校に求められる対応は？

事故の見立てと整理のポイント

●質問●

F市立第3中学校の1年2組の社会の授業時間中に、担当教師Nが出題した課題に各班毎で取り組んでいる際、男子生徒Aが班の他の生徒Bと言い合いになってBの肩を押したところ、Bは転倒し、かけていたメガネがこわれ、眼をケガしました（本件事故）。教師Nは事故が起こった時、他の班の作業に手を貸していたため、AとBの動向に気づいておらず、Bが転倒してから事故の発生に気づきました。

その後、被害生徒Bの保護者が、メガネ購入費や治療費を、加害者側か学校で負担してもらいたいと申し入れてきました。どのように考えて、どう対応したらよいでしょうか。

弁護士による解説

学校での児童・生徒の間で起きた事故について問題となる点

1　学校内における児童・生徒間での事故と見立て・整理のポイント

（1）学校内において（また学校外でも遠足などの校外学校行事において）、児童・生徒（以下、「生徒」）間での不注意や意図的な行為で事故が起きることは少なくなく、こうした事故で生徒が負傷などの被害を被った場合、保護者から費用負担などの対応を学校が求められる場合もみられます。

（2）学校事故ケースでの見立てと整理のポイント

こうした場合の対応を検討するにあたって、まず、損害の種類として、①人身被害のうち治療関連損害、②人身被害のうち慰謝料その他の損害、③物的損害とに分けて検討する必要があります。また、④加害生徒（保護者）側の責任、⑤学校（設置者）の責任、も分けて考える必要があります。

　さらに、⑥被害生徒（保護者）側と加害生徒（保護者）側との間のトラブルに学校としてどう関わるか、⑦事故を踏まえ学校として今後に向けた対応をどうするか、なども問題になります。

2　①学校事故での人身被害のうち治療関連費

　人身被害によって生じた受診費用・診断書費用・治療・手術・入院費用などの治療関連費用については、事故が学校「管理下」で起きたと評価される限り、日本スポーツ振興センター法に基づく共済保険である「災害共済給付」としての支払対象となります。学校の敷地内や通常の通学経路上での事故であれば、学校「管理下」と判断され、学校側の過失の有無を問わず、また、質問のような、生徒による故意の加害による事故であっても、支払対象となります。

3　②人身被害のうち慰謝料その他の損害

　人身被害のうち上記の治療費以外については、災害共済給付の対象にはなりません（例外は、後遺症が認定された場合の「後遺症見舞金」）。
　そこで、人身被害のうち入通院慰謝料、後遺症についての慰謝料や逸失利益などの損害について、被害生徒側から、加害生徒（保護者）側や場合によっては学校（設置者）に対して賠償請求がなされる場合があります（この点、後述）。

4　③物的被害

　質問ケースのメガネなどいわゆる物損についても、災害共済給付の対象外であり、このため3と同様に、被害生徒側から、加害生徒（保護者）側や学校（設置者）に対して賠償請求がなされる場合があります。

5　④加害生徒（保護者）側の責任と⑤学校（設置者）側の責任

　以上のように、学校において生徒相互の間で起きた事故については、その損害の種類によって、被害生徒側から、加害生徒（保護者）側と、学校（設置者）に賠償を求めてくる場合があることになります。

（1）加害生徒（保護者）側の責任

　加害生徒（保護者）側の責任としては、加害生徒に責任能力がない場合（概ね12歳未満とされます）には、その親権者が監督義務者として賠償責任を負う場合が多い（民法714条）と言えます。[*1]

　他方、加害生徒に責任能力がある場合（概ね12歳以上）には、加害生徒に事故発生についての注意義務違反があれば、加害生徒本人が損害賠償責任を負い（民法709条）、さらに、親権者も、子への監督義務の違反がありそれによって生徒本人が事故を引き起こしたと認められる場合（相当因果関係がある場合）には、子と合わせて親権者も損害賠償責任を負う（民法709条）場合があります。

【補注】
＊1　加害生徒に責任能力がない場合の監督義務者の責任
　この点について、加害生徒の行為が通常であれば事故を発生させる可能性の低い態様のものであり、監督義務者が生徒の監督義務を尽くしていたといえる場合には、監督義務者の責任を負わない場合があるとの判断が最高裁で示されています（最高裁平成27年4月9日判決・いわゆるサッカーボール事故訴訟）。

（2）学校（設置者）側の責任

　生徒間の事故であって、直接には加害生徒が事故を起こした場合だからといって、学校（設置者）には責任がないとは限りません。

　学校には、在籍する子どもの生命・身体・精神の安全に配慮すべき義務（安全配慮義務）があるとされており（第4章－1参照）、具体的には、学校（その組織の一員としての教諭・校長等）が、当該事故の発生を予見することが可能であり（予見可能性）、かつ、当該事故の発生を回避できた（結果回避可能性）にもかかわらず、当該事故が発生してしまったという場合には、学校（設置者）に安全配慮義務違反が認められ、損害賠償責任を負うとされています（公立の場合国家賠償法1条等、私立の場合民法714条等）。

（3）加害生徒（保護者）側の責任と学校（設置者）側の責任の関係

　上記の加害生徒側と学校側それぞれの責任がどちらも認められる場合、被

害側は、どちらに対しても賠償請求をすることができるとされており、この
ため、学校（設置者）としては、学校に安全配慮義務違反が認められるケー
スでは、被害側から請求された以上これを拒否することはできないことにな
ります（被害生徒側が、加害生徒側か学校側のいずれか一方から賠償を得て
しまった場合は、他方への賠償請求はできなくなります）。

6　⑥被害生徒（保護者）側と加害生徒（保護者）側との間のトラブルとなった場合に、学校としてどう関わるか

（1）学校での生徒間事故のケースにおいてよくあるのは、被害生徒（保護者）
側と加害生徒（保護者）側とが、責任や賠償をめぐってトラブルとなり、そ
の解決を学校に求めてくるという事態です。

（2）被害生徒保護者と加害生徒保護者との話し合いの仲立ちの要請

　例えば、被害生徒の保護者から、学校に対して、加害生徒との責任・賠償
の話し合いがうまくいかないので学校に仲立ちをしてほしいと求められる場
合があります。

　こうした場合、学校が双方の話し合いの間に立っても妥当な解決に至るこ
とは多いとは言えません。かえって、当事者のいずれか又は双方が学校への
不信・不満をもつ結果で終わる場合が多いと言われています。

　そもそも、学校の役割は、生徒に対する安全配慮義務を果たすことであり、
また、トラブルが起きた生徒同士の関係についての指導による関係修復で
す。ですから、学校としては、生徒の保護者相互の法的な責任・賠償をめぐ
る話し合いの仲立ちの役割については学校の任務を超えるとして、お引き受
けできないとの対応をするとともに、対案として、学校は、生徒相互の間で
の関係修復や今後の同種事故の防止のための具体的対応をすることを提案し
ていくことが適切であろうと思われます。

（3）被害生徒保護者から、加害生徒保護者の連絡先開示の要請

　また、被害者側の保護者から、学校に、加害生徒保護者との交渉のために、

加害生徒側の連絡先を教えてもらいたいと要請されるケースもあります。

　この場合、加害生徒保護者の連絡先は、学校として保有する個人情報であり、これを被害生徒保護者側に開示することは、個人情報の第三者提供に該当することになり、法的に許されていません（個人情報保護条例ないし個人情報保護法）（第7章－1参照）。

　従って、法的にこうした請求には応じられないわけですが、被害者側からの開示請求を単純に拒否することは、被害者側との信頼関係を損なうという点でも、また、被害者側が別の手段で加害者側の連絡先を調査して明らかにする可能性がある点からも、望ましいとは言えません。こうした場合、学校としては、被害者には、個人情報を本人の承諾なしに開示することは許されていないことを説明しつつ、加害生徒保護者側と連絡をとって、被害生徒保護者側から話し合いを求められており、無視しているとより強い手段での要求となる可能性もあるので、被害生徒保護者側と直接連絡をとって話し合われた方がよいのではないかと勧めるというのが、望ましい対応（対案）ではないかと思われます。

7　⑦事故を踏まえて学校として今後に向けて取るべき対応

　すでに述べたとおり、学校の本来の任務として、今後に向けて、在籍する生徒に対する安全配慮義務を果たすことが求められており、すでに起きた事故の原因を明らかにし、今後同種の事故が起きないようにするための具体的な手立てを検討し・実施する必要があります。

　また、質問のような生徒同士のトラブルに起因した事故の場合、当事者である生徒同士を指導することによる関係修復や、トラブルを起こしやすい生徒が関わっている場合にはその生徒について、同種のトラブルが起きないようにするためのケアを伴った指導が求められることになります。

教職員の精神科医による解説

　法律の門外漢からすると、考えなくてはいけないポイントの数だけでも目

が回ってしまいそうですが、大人の精神科医としては「保護者の方のご希望には添えるところと添えないところがあり、その境目に法的な壁や制度的な壁がある」というところに注目したいと思います。たとえばこのケースでは、治療費は保障されるけれどもメガネの購入費は保障されないようです。

　これ。みなさん。率直に言ってどう思いますか？　生徒Bがみなさんのお子さんだとしたらどうですか。お子さんがいない方でしたら、親友や親戚（←ただし仲がよい方に限る！）のお子さんが生徒Bだと考えてみてください。そして学校から「治療費は出るけど、メガネは自腹で買ってください」と言われたらどんなふうに思うでしょうか。いやいや、こっちは被害者なんだからメガネ代も含めて費用は全額だすのが当然なんじゃないか？　って思いませんか。それどころか、ウチの息子の受けた心の傷や、通院などで損なわれた時間もどうにかしてくれと思うのではないでしょうか。少なくとも私ならば思います。

　さらに学校の態度がもしも、「何を非常識なことを言ってるの？　それは法律的にも制度的にも無理なのも知らないの？」というものだったらどうでしょう？　意固地になりませんか？　私だったらカチンときて徹底的に意固地になりますね。きっと私以外にも、意固地になる方は大勢いらっしゃるのではないかと思います。

　一方で、同じことを言うのでも「できることならばメガネ代も払いたいのだけれども」という態度ならばどうでしょう？　あるいは「メガネ代も払えないかと検討したのですが」という態度ならば？　さらに「今まで前例がなかったのですが、どうにかならないかと思って自分なりに担当部署にかけあってみたのですが[2]」という態度ならば？

　この2つの態度の違いは第1に心情を受け入れるかどうかの違いです。

　前者は保護者の心情を考慮していない、あるいは無視しているのに対して、後者は保護者の心情を受け入れています。第2に、自分自身が壁になっているかいないかも違います。前者では自分自身が壁となって保護者の希望をはねのけています。後者では自分とは別のところに法的な壁や制度的な壁があって、保護者と自分が同じ側に立って、この壁がなければいいのになあ

169

…と残念に思いながら、壁があることを伝えています。ほんのちょっとの微妙な違いなのですが、相手に与える印象はまるで違ったものになります。法的な壁や制度的な壁を保護者の方に伝えるときには、以上の2点について、注意していただければと思います。

　ちなみに、保護者同士のトラブルの仲介役になってほしいという希望についても同じことが言えますよね。相手の保護者が日頃から威嚇的だったり、あるいは暴力的な態度が目立つ保護者だったらどうでしょう。たとえ紳士的であったとしても、たとえば職業が弁護士さん（おっと失礼！）だったらどうでしょう。やっぱり私ならば、とてもじゃないですけど怖くて怖くて、どんな話し合いだとしても、ぜひとも学校に「中立的で客観的で現場もわかっている第三者」として司会進行役を任せたい、せめて立ち合いだけでもしていただきたいと思いますね。でもこれも、弁護士さんの解説にあった通り、かえってトラブルがエスカレートしてしまうリスクがあるので、避けた方がよいワケですが、学校側はそれを断る前に、保護者が学校に間に入ってほしいと思うのは無理もないという心情を納得することが大切でしょう。

　この書籍は教師の読者を想定されて書かれたものなのですが、だからといって教師の立場にばかり立って考えていると、ここで説明した発想ができなくなってしまいます。そしてこういった発想ができていないと、保護者からすれば、学校は我が子のことを全然考えてくれないとか、自分の保身しか考えていないと思われてしまいやすくなります。つまり、学校の立場に立つことによって、かえって効果的な対応から遠ざかってしまうわけです。

　もちろん難しい問題になればなるほど、追いつめられれば追いつめられるほど、自分の立場を守ることで手一杯になって、自分の立場から抜け出せなくなるものですが、そこをあえて一歩、自分から距離を置いて、自分が相手だったらどのように思うのかに、思いを馳せていくことが大切になります。

【補注】
＊2　この発言をするならば、実際に担当部署に交渉したうえで発言しなければなりません。当たり前のことですが、嘘や欺瞞は一時しのぎになることはあっても、最終的には逆効果になるばかりか、倫理的にもやってはならないことですから。

3 教師が子どもにケガをさせた！
体罰の訴えがあった時の対応

●質問●

　小学校３年生の男子児童Ａが、休み時間中、校庭の飼育檻の前で、飼育中の動物にいたずらをしていたところを担任教師が見かけて注意しました。

　しかし、Ａがやめようとしなかったため、担任は「やめなさい」と言いながら、両腕でＡの両肩をつかんで檻の金網に押しつけるようにし、「わかったか」と言い、つかんでいた肩を離したところ、Ａが地面に肘をついてかすり傷を負いました。このため担任は、保健室にＡを連れて行き、養護教諭に処置してもらい、Ａはその後の授業を受け下校しました。

　翌日、Ａの保護者が学校に、子どもが体罰を受けてケガをさせられたとして謝罪と担任の処分を求めてきました。

　学校として、どのように捉え、どう対応したらよいでしょうか。

弁護士による解説

1　見立てのポイント

　事案の見立てをするためには、どのような事実関係であったのかを、トラブルの関係者（この場合、担任、児童Ａ、養護教諭、飼育檻での出来事を目撃していた教職員・児童など）から聴き取りをし、事実をできるだけはっきりさせる必要があります（これは事故報告書に記載する事故の事実関係の記載にもつながります）。

　事例の場合には、Ａの保護者からの要請もありますので、明らかになった事実関係をもとに、それが体罰に当たるかどうかを評価することも必要となります。

2　体罰に当たるかどうかの基準

（1）体罰の定義

　体罰について、学校教育法は、校長及び教員に懲戒権を認めつつ、体罰を禁止しています（同11条）が、そこではどのような行為が体罰に当たるかの定義はありません。

　体罰の定義について、行政解釈では、児童生徒の問題行動への懲戒（戒め）であって、①身体への侵害にあたるもの（例えば殴る・蹴るなど）、または②肉体的苦痛を与えるもの（例えば、命じて一定時間を超える正座をさせるなど）、とされてきました（昭和23年法務庁法務調査意見）。

（2）事例の場合の判断

　事例のように、教師が生徒に直接に有形力（物理的な力）を行使したという場合には、上の①の身体への侵害に当たるかどうか、が問題となります。

　これに関して、従来の裁判例は、体罰禁止規定の制度の趣旨などから、体罰該当性を広く認める、つまり広く体罰に当たるとする方向での判断が多く出されてきましたが、2009（平成21）年に最高裁判所は、有形力の行使であっても、行為の目的は指導の目的によるものであること、行為の態様は殴る蹴るなどでなく胸元をつかむ程度のものであること、継続時間も短かったことなどの事情から判断して、総合的にみて体罰に当たらないとの判断をし（最高裁平成21年4月28日判決）、裁判所の体罰判断が少し緩和されたのではないかとの指摘もありました。

　しかし、その後2012（平成24）年に、公立高校の部活での有形力を使った体罰に起因する自死事件をきっかけにして、文部科学省が通知を出して、体罰の現状についての再点検を呼びかけました。*1

　そこでは、体罰とは、「その懲戒の内容が身体的性質のもの、すなわち、身体に対する侵害を内容とするもの（殴る、蹴る等）、児童生徒に肉体的苦痛を与えるようなもの（正座・直立等特定の姿勢を長時間にわたって保持させる等）に当たると判断された場合」としています。また、教師による有形力の行使が許容される場合としては、「他の児童生徒に被害を及ぼすような

暴力行為に対して、これを制止したり、目前の危険を回避するためにやむを得ずした有形力の行使は、正当行為として許容されうる」とし、その例として、「休み時間に廊下で、他の児童を押さえつけて殴るという行為に及んだ児童がいたため、この児童の両肩をつかんで引き離すなど」については体罰に当たらないとの例を挙げています。

　このような通知からは、有形力の行使でも体罰に当たらないとされるのは、他の児童の生命・身体の権利や学習権を守るためにやむを得ないような場合で、且つ、必要最小限の有形力の行使に限っていると理解すべきで、事例のような、飼育檻で飼っている動物へのいたずらといったケースでの、子どもへの両肩をつかんで檻の金網に押しつけるといった有形力の行使は、体罰に当たると判断される可能性が高いと思われます。

【補注】
＊１　文部科学省の体罰に関する通知
「体罰の禁止及び児童生徒理解に基づく指導の徹底について（通知）24 文科初第 1269 号（平成 25 年 3 月 13 日）」

（3）体罰についての考え方
　従来から、裁判所も、体罰が違法となるのはどのような場合かの検討において、体罰禁止の趣旨を指摘し、「体罰の教育的効果の不測性（予測できない影響があること：筆者註）は高く、仮に被懲戒者の行動が一時的に改善されたように見えても、それは表面的であることが多く、かえって内心の反発などを生じさせ、人格形成に悪影響を与えるおそれが高いことや、体罰は現場興奮的になされがちでありその制御が困難であることを考慮して、体罰を絶対的に禁止した」ものである（福岡地裁平成 8 年 3 月 19 日判決）といった指摘をする裁判例がむしろ多数であり、こうした考え方からしても、有形力の行使でも「体罰」に当たらないと判断することには相当慎重であることが求められていると思われます。

3　事案についての見立てをした上での手立て（対処）

　1 で述べたように、学校としては、関係者からできるだけ予断を入れない

で聴き取りをして、事案の事実関係を認定し、事例で指摘された範囲の事実であることが確認できた場合には、児童Aの動物への問題行動はあったものの、これに対して、担任教師が児童の両肩をつかんで飼育檻におしつけるようにしたという有形力を用いた指導のあり方は、「体罰」に当たるものであったとして、児童Aの保護者に報告し、担任及び学校として謝罪をする（手立て）との対応が適当である可能性が高いと言えます（もちろん、聴き取りにおいてこうした判断と異なる事実認定をすべき場合もあり──別の「見立て」──その場合には、その見立てに対応した別の手立て・対応が検討されることになります）。

　ケースごとに適切な対応をとることが求められています。

子どもの精神科医による解説

　先生の「体罰」もですが、子どもの「小動物いじめ」も、児童精神科医として見過ごすわけにはいきません。体罰の具体的な対応は弁護士におまかせし、ここでは、より大きな文脈──「攻撃性」と「感情のコントロール」──という観点で論じます。

○攻撃性

　心理学的に、衝動（もしくは攻撃性）とは、全ての人に生まれながら備わっている心身機能の１つとして考えられます。人はある種の力、エネルギーを内在して生まれてくるというモデルを前提にしており、この生得的に備わった衝動や攻撃性というエネルギーがあればこそ、生きるための要求が可能になり、怒ったり泣いたりして、必要な時は自分の身を守ることができるのです。

　人生の初期の頃は、吸う、嚙む、掴む、叩く、怒る、泣くなどとその攻撃性の表れ方は原始的ですが、その後は、親やその代わりの人の助けを借りながら、自分で攻撃性をコントロールすることを覚えていきます。

　衝動・攻撃性を文化的に表出したり（心理学の用語では「昇華」と言います）、無理なく健康的にコントロールすることのできる心の働き・力を育て

るには、大脳皮質の発達によるコントロール機能、環境・社会からの刺激とコントロール、親に基本的に愛され、支持され、理解されるという経験を通して育った自分を保つ心理的力（健康な自我、円満な自己イメージ）という、どの要素も欠くことができません[28]。

　中沢はその著書で、知的障害や自閉傾向を有する子どもの示す衝動的・攻撃的なある行動を1つの因子のみに罪を被せるのではなく、**多角的にその背景を探る**ことの重要さを指摘しています。これは発達障害ではない子どもの場合にも当てはまります[29]。

○感情のコントロール

　ここでは Sabatier ら（2017）の論文[30]から、感情を制御するプロセスがどう育つのかを概観してみたいと思います。多くの子どもがたどる発達の道筋——これも時代や社会と共に変遷していくのでしょうが——を知っておくことで、気になる子どもがどこでどう違っているのかが見えてきます。

1-3歳

　生まれて最初の1年間、子どもの感情制御の大半を担うのは主に両親や養育者で、赤ちゃんの心理的欲求を絶えず観察・同定し、ストレスを和らげ、日課のサイクルを整えます。赤ちゃんが、両親や養育者とのかかわりの中で物理的・心理的安心感を経験することで、自分や世の中に対する信頼感の土台が作られていきます。2歳までの言葉の発達で、子どもは自分の内側の状態を表す言葉を手に入れたり、周りに助けを求めたりすることができるようになってきます。恥やプライドといった新たな感情を知ることで、自分の言動が社会的に受け入れられるように調整することを学び始めます。3歳になる頃には、他者の感情——幸せ、悲しみ、恐怖、不安など——を認識するようになり、それによって自分の行動を自分で制御することを学んでいくのです。

4-6歳

　この年代の子どもでは、記憶などの現実の情緒的体験と、願望や期待など

の仮想的な体験を区別し始めます。6歳くらいになると、悲しみや恐怖などの否定的な感情を、遊ぶこと、歌うこと、絵を描くなどの方法で気を紛らわせることで、折り合いをつけることができると学んでいきます。涙を流す、泣き叫ぶ、大声を出すなどしたところで、気分が良くなるわけではないことに気づき始め、その類の行動を取らなくなっていくのです。

7-8歳

　認知レベルでの発達が著しく、自己中心的に考えがちだった子どもが、「それぞれの出来事が、それぞれの人々に、それぞれの情緒的反応を引き起こす」と理解できるようになります。自分の感情を隠したり、本当に感じたこととは別のことを表現した方が好都合な時にはそうするようになります。神経質になったり心配になった時には、両親や先生や友人を頼り、同級生から攻撃されたと感じた時には、身体で直接的に攻撃するのではなく、言葉で怒りを表明したり、和解の方法を言葉で模索したりするでしょう。

9-10歳

　「子ども」時代の終焉を迎える中、それぞれの文化が有する期待に影響されながら、社会的に適切な方法で、感情をコントロールした反応や行動を取れるかどうかが試されます。10歳になれば、ネガティブな出来事を経験した時に、大人の介入なしに自分の感情に対処し、その状況で必要とされることを見積もり、文化的に適切な形で対処方法を取ることができます。プレティーン（9-12歳頃）の情緒的な反応には、他者を責める、自分自身を責める、熟考する、破滅的な思考などが含まれます。対処方法には、再評価、状況を受け入れる、計画を立てる、気をそらすなどがあります。

11-13歳

　この期間は、感情制御の発達に決定的に重要な意味を持つと言われています。思春期前半の子どもでは、他者が自分をどう見ているか、自分の社会的地位について考える時間が増えてきます。社会的環境、特に同級生の存在の

影響が大きく、同級生によってマイナスに評価されるかもしれない状況では、自己調整の能力が減じたり、自己主張や自己決定が抑えられたりすることもあります。これを支持する思春期(11-19歳)を対象とした脳研究もあり、仲間に見られている状況下では、認知を制御する脳領域の活動が低くなり、報酬に関連した領域の神経活動が活性化されるそうです。いずれにせよ、この年代の子どもが、自分たちの社会的グループで受け入れられることを積極的に求める必要があるということはまちがいなさそうです。これは、この年代のいじめの構造にも無関係ではないでしょう（第3章－5参照）。いじめを脳のせいにするのは言語道断ですけどね。

14-16歳

　仮説や抽象思考に基づいた論理的な思考が可能になってきます。仮説的な思考によって、他者の視点や立場を考慮し、自分の決定がもたらす結果を検討するようになります。感情を制御する能力に性差が目立つ時期でもあります。思春期の女の子が共感を示したり、他者の視点に立ったり、他者に思いやりを示すのに対し、思春期の男の子では、自分が恐怖や悲しみに影響されていないかのように周りに見せるような方向で、自分をコントロールしようとします。

17-19歳

　19歳頃には、神経生理学的・生物学的なシステムは成熟してきており、他者の視点に立つ、共感的関心、状況を再評価するなどを通じて感情をコントロールしようとするやり方は、もう大人と同等と言われています。

○なぜ暴力は繰り返されるのか

　中年を過ぎれば、人は自身の加害性に気づくものであると書かれた精神科医の先生がおられました[31]。それを振り返るのは時に余りに苦しいので、スケールを広げて人類の歴史を振り返ってみることにしたとしても、そこには人がいかに人を傷つけてきたかの実例に溢れています。怒りの連鎖が、国家間の悲惨な戦争を直接・間接的に引き起こすことを、私たちは21世紀の今

でも目の当たりにしています。

　不安や怒りは伝染します——眼の前にいる相手に、家庭内に、社会に、そして世代を超えて、です。

　子どもに感情のコントロールを伝えていくには、まずは大人がこの問題に取り組まなければなりません。言うまでもなく、大切なことは、他者と関わることで自分の内側に生じている情緒反応に自分が気づき、もしくは周囲に指摘してもらうことで、相手から投げ込まれた感情や気分に駆られた**衝動的行動をしないこと**です。

　赤ちゃんは、空腹や不安や恐怖など、赤ちゃん本人には正体がわからない不快や苦痛に圧倒され、必死で泣き叫びます。赤ちゃんの泣き声が苦痛なのは、聞いた人に赤ちゃんの苦痛が「伝染」したり、赤ちゃんの苦痛をきっかけに自分自身の子どもの頃の苦痛が思い出されるからでしょう。しかし、お母さんや身近な大人がその苦痛を一時的に引き受け——母親側の感情制御が試されます——、赤ちゃんに適切に関わることで、赤ちゃんは身近な大人の感情制御のやり方を取り入れていくことになるのです。

　そもそもAはなぜ動物をいじめたのでしょうか。なぜAは先生の言葉ですぐにやめなかった——場合によっては先生を挑発しているようにも見えます——のでしょうか。Aは何に不満や怒りがあったのでしょうか。それを考え、保護者と共有し、対処していくことが、この問題を本当に解決することになるのでしょう。

　虐待や家庭内暴力の目撃、適切に感情表現することが許されてこなかった子どもや大人の場合に、感情のコントロールが難しくなることは、もう容易に想像できるでしょう。第5章-3を参照ください。関わる側の問題として、この現象はこれまで、感情汚染、逆転移、二次性ストレスなどの言葉でも論じられてきました。第5章-4をご覧ください。なお、本人の気質や育ちによる体罰については第5章-5を参考にしてください。

【もう一歩深めたい方への参考書籍】
中沢たえ子著『障害児の心の臨床——知的・情緒的障害児とその親の心』岩崎学術出版社、2001
中沢たえ子著『子どもの心の臨床——心の問題の発生予防のために』岩崎学術出版社、1992

4 教師の言動で子どもが傷ついた場合は？

不適切言動の法的問題と対処法を考える

●質問●

　公立中学校で2年生の学年主任をしています。2年生の1クラスを担任している教師が、クラスのルールを守らなかった生徒に対して、「おまえはクラスのお荷物だ。もう来なくていい」などと発言し、そのために生徒が傷ついて不登校になったとして、保護者から苦情がきています。

　こうした担任の発言は、法的にどのように評価されるのでしょうか。

弁護士による解説

1　教師の児童・生徒への言動についての法的要請

（1）教師が、児童・生徒への対応について負っている義務

　質問のような、教師の児童・生徒（以下「児童等」）への言動について直接に定めたものではありませんが、関連する条文として、学校教育法は児童等への懲戒に関する規定の中で「校長及び教員は、教育上必要があると認められるときは、……懲戒を加えることができる」（同法11条）と定めた規定があります。

　これは、教師が、問題行動のあった児童等に対して、叱責・訓戒などの懲戒を加える権限があることを定めたものですが、そこで「教育上必要があると認められるとき」とされている通り、懲戒を加えるための条件として「**教育上の必要性**」がなければなりません。つまり、懲戒の手段をとるのは教育的にその必要がある場合にかぎるということです。

　さらに、学校教育法施行規則は「校長及び教員が児童等に懲戒を加えるに当っては、児童等の心身の発達に応ずる等教育上必要な配慮をしなければならない」としており（同規則26条1項）、懲戒に際して「**児童等の心身の発達に応ずる等教育上必要な配慮**」をすることも求められています。

　このように、教師が児童等に懲戒をするにあたっては、「教育上必要があると認められる」場合であって、かつ、「児童等の心身の発達に応ずる等教育上必要な配慮」をしつつ懲戒を行うことが求められていることになります。

　すなわち、そもそも教師の懲戒権限は、教育のため、つまり児童等の学習権を保障するために認められているものですから、権限行使にあたっては、児童等の学習権その他の人権を侵害することのないよう、①教育上の必要性の存在と、②教育上必要な配慮をすることが必要とされており、こうした条件を満たしていない懲戒行為は、権限の逸脱として違法と判断される余地があることになります。

（2）児童等に対する安全配慮義務

　さらに、学校、及び、学校の構成員である教師は、学校に在籍する児童等の**生命・身体・精神等の安全を配慮すべき義務を負う**ものと解されています（学校保健安全法参照）。従って、教師が、在籍する児童等の安全への配慮を欠いた言動によって児童等の生命・身体・精神等に被害を生じさせたと評価される場合には、安全配慮義務違反として生じた損害を賠償する義務が生じることになります（第4章－1など参照）。

2　質問の担任教師による言動の法的評価

　以上のような法の要請から読み取ることのできる基準を踏まえて、質問の教師の行為をみてみます。

　質問の場合の教師の生徒への発言は、当該生徒がクラスのルールを守らなかったことを理由としているとされていますが、そもそもこの「クラスのルール」が内容・程度において合理的なものであるかどうかが問題です。もし、このルールに合理性が認められないという場合、そうしたルールを守らなかったからといって、そもそもその生徒を懲戒すべき「教育上の必要性」があるとは言えないということになります。

　また、ルールの合理性が認められるという場合には、違反する生徒への懲戒的な発言も①「教育上の必要性」は認められ得ることになりますが、そう

だとしても質問の場合のような「おまえはクラスのお荷物だ。もう来なくていい」といった生徒の人格自体を否定するような内容の発言は、②「教育上必要な配慮」をした懲戒と言いがたいことは明らかです。そのため、ルールに合理性がある場合であっても質問のような教師の言動は、学校教育法施行規則 26 条 1 項に違反し、<u>教師としての懲戒の権限を逸脱したものとして違法と評価されるべきもの</u>と言えます。

　さらに、上記の教師の言動は、同時に、当該生徒の精神等の安全への配慮を欠いた言動と言わざるをえず、この結果、生徒が精神的に打撃を受けたと評価されるような場合には、安全配慮義務違反として、これによって生徒が被った精神的苦痛についての損害賠償が認められる可能性もあることになります。

3　教師の言動を理由とする損害賠償請求

（1）損害賠償請求

　以上のように、教師の言動が懲戒権限の逸脱であり、また、安全配慮義務違反である場合に、こうした言動によって生徒の不登校という事態が生じたと評価されるとき、学校は、生徒に生じた損害を賠償すべき責任が生じることになります。

（2）損害賠償責任の負担者

　この場合の、賠償責任の負担者ですが、公立学校の場合、教師は公務員であることから、原則として責任を負担することはなく（国家賠償法 1 条）、法的責任を負担するのは、学校設置者（公立の場合は教育委員会、私立の場合は学校法人）になります。他方、私立学校の場合には、学校法人とともに教師も個人として損害賠償責任を負うこととなります。

子どもの精神科医による解説

〇大人が自身の攻撃性とどう付き合うか

　自分が子どもを虐待しているのではないかと悩む母親・父親にお会いすることは多くても、そういった観点で子どもとの関わりに悩む、先生・教師に診察室でお会いする機会はほぼありません。よって、コメントせずにスルーしてもよかったのですが、いじめの論文を探していて、たまたまこのテーマを扱った研究を見つけたので、ここでご紹介することにします。

　カリフォルニア州の K-12（5 〜 18 歳までの義務教育）を担う公立・私立の学校の校長 515 人にアンケート、21 人にインタビューを行った研究です[33]。その研究に参加した約 5 分の 4 の学校で、調査時点もしくはそれ以前の 3 年間に、子どもへの言動に問題のある先生が平均 2.9 人いたそうです。

　先生の不適切な言動に対する生徒側の反応としては、1）情緒的問題（イライラ、不安、神経質、怒り、不満）、2）心因性の身体症状（頭痛、不眠や悪夢、腹部症状、爪噛み、遺尿など）、3）闘争・逃避反応（行動化、挑発、破壊行為、他児への攻撃、学校や先生を避ける、成績低下、心理的な引きこもり）、4）不満や恐怖を表明して助けを求める、などが挙げられています。

　なぜ先生がそのようにふるまうのか、校長が見立てた先生側の要因としては、1）先生のコントロール欲求が高い（23.4%）、2）先生の側の意識やスキルの不足（20.4%）、3）先生が感情的に反応している（18.6%）、4）先生の側に根本的な欠陥がある（13.8%）、5）教師に向いていない（12.5%）、6）先生が外的なストレスを経験している（7.5%）、7）誤った信念を抱いている（3.8%）が挙げられています。

　1）のコントロール欲求とは、教師がどのように自分の力を使うかということで、①先生自身が満足したい、②子どもを変えたい、の 2 つの要素が含まれます。

○管理者の攻撃性への対処

　この研究に参加した約半数の校長が、自身の介入によって、先生の仕事ぶりが改善した経験があると答えています。教師の不適切言動の要因として、先生の側の能力や適性など個人の努力では解決しがたい要素も一定数で指摘されている一方、スキルや信念、子どもや自分自身への期待やストレスなど、

支援や研修・訓練体制の充実や、校長を筆頭に組織集団の知恵を結集することで、修正や調整が可能な要素も多分に含まれているようです。より正確さを期すには、今後の研究や知見の積み重ねが必要でしょう。

　一方、明確なプロトコールやサポートのない中で、校長自身が、自分の介入に対する先生からの反撃を恐れていたり、組合との関係性に懸念を持ったり、自身が新任であったり不安が強い時に、介入に踏み切る難しさを強く感じることも赤裸々に綴られています。

　この研究ではいくつかの提言がなされていますが、その1番目が、校長や監督者、人事担当は、そのシステムにおけるあらゆるレベルの攻撃性に目を光らせ、対処する必要があるということです。攻撃性を、普遍的に存在するものという前提で取り組んでいく、ということになるでしょうか。この件に関しては、いじめの章や攻撃性の章（第4章-3）を参考にしてください。感情に対して感情的に反応しないために、第4章-3や第5章-5をご覧いただければと思います。

　無論、異国のこの研究結果1つを取り上げて、現在の日本の教育現場を批判することはまちがっています。日々、子どもと向き合う隣接領域の同志として、学校現場の先生方の労働環境や抱えるストレスには、目に余るものがあります。2018（平成30）年度に精神的不調を理由に休職をされている先生は、5,000人を超えるとか。加えて、この原稿を書いているのは、"コロナの第三波"（？）の真っ只中で、学校の先生方の負担がまたいっそう増すのではないかと懸念しています。

　先生自身が疲労困憊して、希望や心の余裕を持てなくなっていたり、熱意のある若者が教師を目指すことを敬遠するような、そんな社会は困ります。これまた、社会的関心を高めて政治と行政にがんばってもらうしかないのですが、精神科領域で言えば、佐藤先生の専門領域ですね。第1章-3や第6章-1がお役に立つのではないでしょうか。

5 自主退学を促す根拠と限界は？
進路変更（自主退学）の勧告の法的位置づけと留意点

●質問●

　公立高校の学年主任をしています。2年男子生徒Pが授業中に騒いだ件で、学年の教師数名が指導室で特別指導をしました。

　その指導中、担任が1人でPに対応していた際に、Pがポケットに所持していたバタフライナイフをちらつかせたとの報告があったため、生徒指導部での対応を検討し、最終的に校長の判断で、進路変更（自主退学）を勧告する方針となりました。

　翌日、自宅待機させていたPと保護者を学校に呼んで、校長が進路変更を勧告し、3日以内に退学届が提出されない場合は退学処分となると告げましたが、その後、Pの保護者から、納得がいかず進路変更に応じないと回答がありました。

　学校としては、これにどう対応したらよいでしょうか。

弁護士による解説

1　見立てのポイント

　事案の見立てをするためには、どのような経過であったのかを、関係者から聴き取るなどして、事実の確認をすることが重要です。

　事例の場合、①授業でPが「騒いだ」経緯、②その後のPへの特別指導の経過、③Pが特別指導中に「ナイフをちらつかせた」経過、④その後のPへの教師たちの対応とPの様子などについて、当初の授業を担当していた教師、担任、特別指導に当たった教師、P、経過について何らかの事情を知っている他の生徒などから聴き取りをして、事実経過をできるだけはっきりさせる必要があります。それとともに、⑤そもそもこの件以前のPの学校生活の様子や指導・処分歴なども明らかにする必要があります。

2　学校として進路変更（自主退学）の勧告の判断をする場合

　設問のように、生徒に問題行動があって学校内での指導が困難と判断した場合に、学校の選択肢として、懲戒処分としての退学処分をする場合もあり、また退学処分まではしないが、進路変更勧告（転校勧告）等といった形で自主退学を勧める場合があります。

　ただ、退学処分はもとより、進路変更勧告であっても、子ども本人にとっては、自ら選んできた学習の場を失う事態である（学習権侵害の恐れ）ほか、処分や勧告により精神的に深く傷ついて、その後の人生が左右されることにもなりかねない極めて重大な影響を及ぼす出来事です。こうしたことから、退学処分や進路変更勧告については、法的に争われる場合も少なくないため、いずれの対応についても、学校として慎重な判断が求められます。

3　退学処分や進路変更（自主退学）勧告についての法的な問題

（1）懲戒としての退学処分

　退学処分については、裁判所は「退学処分は、生徒の身分を剥奪する重大な措置であるから、当該生徒に改善の見込みがなく、これを学外に排除することが教育上やむを得ないと認められる場合に限って選択すべきものである」「とくに被処分者が年齢的に心身の発育のバランスを欠きがちで人格形成の途上にある高校生である場合には、退学処分の選択は十分な教育的配慮の下に慎重になされること」が必要とされています（東京高裁平成4年3月19日判決等）。

　具体的には、その生徒のそれまでの学校生活での処分歴や生活状況、問題となっている生徒の行為については、その重大性、これに対する学校としての指導の有無・内容、指導に対する生徒の反省状況などを考慮して、「当該生徒に改善の見込みがなく、これを学外に排除することが教育上やむを得ない」と言えるかどうかが問題となります。

（2）進路変更勧告（自主退学勧告）

　これに対し、自主退学の勧告の場合には、これに応じて生徒及び保護者が

退学届を出すことで退学となるもので、何ら違法の問題は生じないようにも思われます。

　しかし、実際には、学校からの自主退学の勧告は、生徒及び保護者の側にとっては事実上の退学処分として受けとめられる可能性が高く、また、実際的にも勧告に基づく退学届により生徒の在学関係は終了するため、生徒への影響は重大です。こうしたことから、これまでに、学校側からの自主退学勧告と、これに応じた退学届の効力が訴訟で争われてきました。

　この点、私立高校でバイクに関するいわゆる3ない原則（免許を取らない、乗らない、買わない）を定め、またパーマをかけることを禁止した校則に違反したとして自主退学勧告を受け、いったんこれに応じて退学届を出した後に、学校の自主退学勧告が違法であるとして争われた事案で、最高裁は、「自主退学勧告は退学処分と同様の懲戒処分とはいえないものの、退学処分に準じて司法審査の対象となるとしつつ、<u>当該自主退学勧告は社会通念上著しく不合理とはいえない</u>」として、違法ではないとした高裁判決を是認する判決が出されています（最高裁平成3年9月3日判決）。

　このように、自主退学が勧告され、それに従って生徒側から退学届が出された場合でも、その後に自主退学勧告の違法性が争われた場合には、自主退学勧告が「社会通念上著しく不合理」なものでなかったか否かが問われ、その判断にあたっては、退学処分の違法性判断の基準となっている「当該生徒に改善の見込みがなく、これを学外に排除することが教育上やむを得ないと認められる」か否かということが問題とされることになります（前出・東京高裁平成4年3月19日判決参照）。

　この意味で、自主退学勧告をするについても、まずは生徒の反省を促す教育的措置をとる等の退学とする以外の適切な教育的配慮を尽くすことが求められています。

4　事例についての見立てと手立て（対応）

　質問の事例については、①授業でPが「騒いだ」経緯について、教師の側の指導や対応に問題がなかったのかという点や、Pが「騒いだ」という場合

のそのＰの言動の内容・態様がどのようなものであったのか、②③の、その後のＰへの特別指導の経過や、Ｐが「ナイフをちらつかせた」経過について、特別指導のやり方や指導側の発言内容に問題がなかったのか、Ｐの「ナイフをちらつかせた」という行為が具体的にどのようなもので、これについてのＰの側の言い分はどういうものか、④その後のＰへの教師たちの対応とＰの様子として、Ｐに教室で「騒いだ」件やその後の指導で「ナイフをちらつかせた」件について、教師側でどのようにＰの言い分を聞き、指導をしたのか、それに対するＰの反省の様子はどうだったのか、などを多角的に検討する必要があります。

　その上で、進路変更勧告に応じないＰを退学処分にするか否かの判断をするに当たっては、「当該生徒に改善の見込みがなく、これを学外に排除することが教育上やむを得ない」と言えるかを、学校として慎重に検討する必要があることになります。

6 校則に基づく生徒指導の限界は？

生徒指導の思わぬ法的な落とし穴

●質問●

　公立高校の教師で生徒指導を担当しています。当校では、生徒心得で染髪を禁止しており、頭髪検査の際に、1年女子生徒Tの髪色が黒でなく茶色がかった色だったことから、担任が違反との指摘をしたところ、Tの保護者から「地毛が茶色で染めていないので指導は不適切だ」との抗議を受けました。

　学校としては、どう対応したらよいでしょうか。

弁護士による解説

1　見立てのポイント

　近年、生徒の頭髪規制に関するトラブルが特に増え、規制のあり方についての見直しの必要も指摘されてきています。こうしたトラブルに含まれる本事例の見立てをするためには、そもそもの生徒心得の定めが適切といえるかの検討、また、Tの髪色とその検査のあり方がどうだったか、これについての保護者からの抗議の内容などの確認が必要となります。

2　学校における生徒心得などの校則による生徒の頭髪・服装等の規制

　生徒心得や校則で事例の染髪禁止のように頭髪の色に関する定めを設けている高等学校は少なくありません。

　しかし、そもそも、髪の色や長さ等をどうするかは個人の容貌そのものに関わることがらで、憲法13条の幸福追求権の内容とされる人格権・自己決定権の問題であり、その規制には慎重な配慮が必要とされています。

　もっとも、学校が定める生徒心得や校則は「生徒が健全な学校生活を営み成長していくための行動の指針」とされ（文部科学省・生徒指導提要）、裁判所の判断でも、（校則は）「個々の生徒に対する具体的な権利義務を形成す

るなどの法的効果を生ずるものではない」とされています（大阪高裁平成6年11月29日判決など）。こうした性格のものである（生徒の権利制限の法的効果がない）範囲で、校則も違法とは言えないとされています。

3　頭髪規制に基づく指導の問題

　一般的にはそうだとしても、この間、事例のような頭髪を規制する校則に基づき、学校が、髪色が黒でない生徒に、一律にその是正を求める指導をし、この結果、もともとの地毛の色が黒でない生徒も含めて指導を受け、短く切るか黒く染めるかの選択をせざるを得なくなるケースが問題とされてきています。

　頭髪の色がどのようなものであるかは、人の遺伝的特質に基づく、基本的に生来的なものであり、もともとの髪色（地毛）が黒でない生徒に髪色を黒くするように等の是正を指導することは、個人の生来の容貌・外観を否定することとなり、これは生徒の幸福追求権・人格権（憲法13条）を侵害するとともに、外観を理由とした不合理な差別として平等権（憲法14条）を侵害することにもなります。

　従って、染髪などを禁止する校則自体は直ちに違法とまで言えないとしても、地毛が黒でない生徒にまで髪色の是正を求める指導が違法（違憲）であることは明らかであり、こうした指導は、本来、生徒の人権の尊重を基本として行われるべき生活指導の理念に反するものと言わざるを得ません。

4　指導の前提としての本来の髪色の確認

　なお、こうした髪色の是正指導を地毛が黒でない生徒にまで及ぼさないために、生徒の地毛の色が黒でないことを保護者から書面で届出させるという運用を行っている学校もあります。しかし、このような確認も生徒のプライバシー権を損なう恐れがあり、学校として、こうした届出を求めるとしても、届出は任意であることが明示される必要があり、提出がないからといって地毛が黒と決めつけた指導をしてはならないことも徹底されるべきでしょう（2019（令和元）年9月には東京都教育委員会も同旨の通知を発出している）。

5　事例についての見立てと手立て（対応）

　質問の事例の場合、そもそも学校の生徒心得の定めが、染髪を（極端な色の染髪だけでなく）一般的に禁止する内容の場合、裁判で直ちに違法との判断はされなくとも、今の時代状況では、生徒のみならず保護者からの理解も得られにくい状況にあると言えます。

　また、Ｔの髪色とその検査のあり方については、Ｔの髪が保護者の指摘する通り、「地毛が茶色で染めていない」という点が事実であった場合、そもそも「染髪」とすら言えないことになる上、地毛の色を黒くするような指導は、生まれつきの容貌の一部である髪色の変更を求めるものとして人格権を侵害する指導ということになります。指導についての見直しが必要というべきでしょう。

第5章

特別な配慮を要する
子どもたちの問題

1 配慮が足りないとの訴えがあったら？

合理的配慮をどう考えるか

●質問●

　公立小学校の校長です。「ADHD 疑い」との診断書が提出されている４年
男子児童Ａが急に登校できなくなりました。学校としても、様々な方法で登
校を促していたところ、先日保護者が来校して、担任Ｂの、Ａに対する配慮
に欠けた言動が不登校の原因だと訴えてきました。

　Ａの保護者への対応について気をつけるべき点はあるでしょうか。

弁護士による解説

1　事実確認のポイント

（1）本人の特性について

　発達障害が疑われる児童については、診断がなされている場合とそうでな
い場合がありますが、いずれにしても、児童本人にどのような特徴があるの
か、診断名に頼らず、具体的に把握していくことが大切です。

　保護者は、子ども本人を理解するために有益な情報を提供してくれます。
その点でも、学校として発達障害のある子どもへの対応を検討する上では、
とりわけ、保護者との緊密な連携が大切です。ただし、保護者についても、
児童の障害をどの程度受容し、理解しているかは、一様ではありません。

（2）これまでの学校生活及び担任教諭との関係について

　また、このケースでは、児童Ａは、「急に登校できなくなった」というこ
とですから、入学以来、４年の途中までは普通に登校できていたようです。
そのため、まずは、３年までの登校状況を始めとする事実確認をする必要が
あるでしょう。その上で、４年の途中で不登校となった際の登校状況や指導
状況を学級担任などの関係者から確認する必要があります。

　可能であれば、児童Ａ本人から、担任との間で起きた出来事についてどのように感じているのか、聴き取りができるとよいでしょう。同時に、連絡帳や指導要録などの客観的な資料についても確保するようにします。

　また、担任教諭から事情を確認する際には、たとえ指導経験の豊富なベテラン教諭であったとしても、発達障害に対する理解に優れているとは限らないのですから、先入観を排した調査を行う必要があるでしょう。

2　法的に求められる発達障害のある児童への支援

（1）発達障害とは

　発達障害とは、「自閉症、アスペルガー症候群その他の広汎性発達障害、学習障害、注意欠陥多動性障害その他これに類する脳機能の障害であってその症状が通常低年齢において発現するものとして政令で定めるもの」と定義されています（発達障害者支援法2条1項）。

　文部科学省が2012（平成24）年に公立小中学校の通常学級在籍児童生徒を対象に実施した調査において、担任教員が回答した内容から、知的発達に遅れはないものの、学習面又は行動面で著しい困難を示すとされた児童生徒の割合は6.5％とされています（平成24年12月5日、文部科学省初等中等教育局特別支援教育課、「通常の学級に在籍する発達障害の可能性のある特別な教育的支援を必要とする児童生徒に関する調査結果について」）。

（2）発達障害のある児童への教育現場における支援

　発達障害のある児童の支援については、国及び地方公共団体によって、「**発達障害の症状の発現後できるだけ早期に、その者の状況に応じて適切に、就学前の発達支援、学校における発達支援その他の発達支援が行われる**」ものとされており（発達障害者支援法3条2項）、支援に当たっては、発達障害者及び発達障害児の保護者の意思ができる限り尊重されなければならないとされています（同法3条4項）。

　そして、教育の場面では、次のような措置を講じることが求められています（同法8条1項）。

①その年齢及び能力に応じ、かつ、その特性を踏まえた十分な教育を受けられるようにするため、可能な限り発達障害児が発達障害児でない児童と共に教育を受けられるよう配慮しつつ、適切な教育的支援を行うこと

②個別の教育支援計画の作成（教育に関する業務を行う関係機関と医療、保健、福祉、労働等に関する業務を行う関係機関及び民間団体との連携の下に行う個別の長期的な支援に関する計画の作成をいう）及び個別の指導に関する計画の作成の推進、いじめの防止等のための対策の推進、その他の支援体制の整備を行うこと

③その他必要な措置

また、これを受けて、文部科学省は、「**発達障害を含む障害のある幼児児童生徒に対する教育支援体制整備ガイドライン～発達障害等の可能性の段階から，教育的ニーズに気付き，支え，つなぐために～**」（平成29年3月）を策定していますので参考にしてください。

3　障害者差別の禁止

国及び地方公共団体等の行政機関と事業者は、障害を理由として障害者でない者と不当な差別的取扱いをすることにより、障害者の権利利益を侵害してはならないとされています（**障害者差別解消法7条1項、8条1項**）。

実務上の取扱いを検討するためには、文部科学省の「**文部科学省所管事業分野における障害を理由とする差別の解消の推進に関する対応指針**」（平成27年文部科学省告示第180号。以下、「対応指針」）が参考になります。この中で、法が禁止する障害者の権利利益の侵害に当たる場合として、障害者に対して、正当な理由なく、障害を理由として財・サービスや各種機会の提供を拒否する又は提供に当たって場所・時間帯などを制限する、障害者でない者に対しては付さない条件を付すことなどが紹介されています。

そして、どのような場合であれば、「正当な理由」があると言えるのかは、個別の事案ごとに、障害者、関係事業者、第三者の権利利益の観点から、具体的場面や状況に応じて総合的・客観的に判断することが必要とされており、一般的・抽象的な理由に基づいて障害者を不利に扱わないように注意す

る必要があります。

4　合理的配慮の実施

（1）公立校では法的義務

　障害者から現に社会的障壁の除去を必要としている旨の意思の表明があった場合において、その実施に伴う負担が過重でないときは、障害者の権利利益を侵害することとならないよう、当該障害者の性別、年齢及び障害の状態に応じて、社会的障壁の除去の実施について必要かつ合理的な配慮をしなければならないとされています（障害者差別解消法7条2項）。

　ここでいう、「社会的障壁」とは、障害のある方が日常生活又は社会生活を営む上で障壁となるような社会における事物、制度、慣行、観念その他いっさいのものを言います。

　この合理的配慮義務は、民間事業者については、努力義務とされていますので、私学においては合理的配慮に努めることが求められます（同法8条2項）。

（2）合理的配慮をどのように実施するのか

　具体的に、どのように合理的配慮を実施していけばよいのでしょうか。いくつかの段階に分けて整理してみましょう。

①合理的配慮の実施に向けた合意形成

　合理的配慮の実施にあたっては、まず、障害のある当事者からの社会的障壁の除去を求める意思の表明を出発点として、どのような配慮を実施するべきかを当事者間で協議して、合意形成をすることになります。

　なお、障害者差別解消法において障害のある人からの意思表明を原則的に求めているのは、その障害がある人にとって何が具体的な障壁となるのか、相手方となる行政機関や事業者からはわからない場合があるからであり、児童本人や保護者から特に訴えがなかったとしても、学校側が先に気づいて本人・保護者に対し、合理的配慮の提案をすることが望ましいと言えます。ただし、本人の意向を無視したお仕着せの合理的配慮を提供するようなことに

ならないよう、十分に本人の意向を取り入れる必要があります。

　そして、具体的な合理的配慮の内容について協議をする際には、障害者の権利に関する条約 24 条（教育）の 1 項に定められた、人間の多様性の尊重等の強化、障害者が精神的及び身体的な能力等を可能な最大限度まで発達させ、自由な社会に効果的に参加することを可能とするといった目的に合致するかどうかの観点から検討が行われることが重要です。

　さらに教育の現場では、障害当事者は子どもですので、子どもの権利条約の観点から、子どもの最善の利益に合致するかどうか、また、そのための前提として、子どもの意見表明権が保障されているかといった視点も忘れずに検討していきたいところです。

② 「過重な負担」の考え方

　次に、法律では、「実施に伴う負担が過重でないとき」には、合理的配慮を実施するようにと規定していますので、どのような場合には「過重な負担」に当たるのかについての判断基準が重要となります。

　この点については、文部科学省は、先ほど紹介した対応指針の中で、以下の要素等を考慮し、具体的場面や状況に応じて総合的・客観的に判断することが必要であるとしています。

　　ⅰ　事務・事業への影響の程度（事務・事業の目的・内容・機能を損なうか否か）
　　ⅱ　実現可能性の程度（物理的・技術的制約、人的・体制上の制約）
　　ⅲ　費用・負担の程度
　　ⅳ　事務・事業の規模
　　ⅴ　財政・財務状況

　この「過重な負担」の判断に当たって、上記の対応指針では、一般的・抽象的な理由に基づいて過重な負担と判断することは、法の趣旨を損なうため適当でないと警鐘を鳴らしていますので、十分に注意してください。

　また、検討の結果、過重な負担にあたると判断した場合は、申し入れをした障害者に対して、判断理由を説明した上で理解を求めると共に、代替案の検討も含めて合意形成を図ることが求められると言えます。

③個別の教育支援計画への明記と柔軟な見直し

　合意形成された合理的配慮は、その内容を個別の教育支援計画に明記することで、関係者の共通理解を図ることが重要です。

　ただし、合理的配慮の合意形成後も、発達の程度、適応の状況等を勘案しながら柔軟に見直しができることも、共通理解としておくべきでしょう。

④進学等の移行期における引き継ぎ

　進学等の移行時においても、途切れることのない一貫した支援を提供するため、個別の教育支援計画の引き継ぎ、学校間や関係機関も含めた情報交換等により、合理的配慮の引き継ぎを行うことが必要となります。

5　本ケースへの対応

（1）担任教諭に対して

　ADHD傾向のある子どもについては、いつも落ち着きがなくゴソゴソしているとか、集団行動ができないとか、ボーッとしていて話を聞けないといったところがあるとされています。

　本ケースの場合、児童Aの具体的な特徴がどのようなものであったのか、どのような合理的配慮が必要だったのかを確認し、その結果、担任教諭の配慮を欠いた言動が明らかとなった場合には、これに対する指導を行うことになるでしょう。

　なお、ADHDの傾向のある子どもたちとの関係では、教師側が注意をしても言うことを聞かないという体験を繰り返すうちに、教師と児童との関係が次第に「あたたかみのある関係を失」っていくということがあります。そうした中で、行き過ぎた指導に発展してしまう例もあります。このような悪循環を断ち切る方法として、「ティーチャーズ・トレーニング」が提唱されています[1]。ADHD傾向の児童と教師との間で起こりがちな問題に十分配慮した対策や指導を講じるべきでしょう。

　また、当該教諭自身が子どもに対する行き過ぎた指導を否認している場合、管理職から不当な指導を受けたなどとしてパワーハラスメントの訴えがなされる可能性もありますから、どのような調査の結果、配慮に欠けた指導

の存在を確認したのかという点の記録を明確にしておく必要があります。

　さらに、指導の対象となるような事実までは確認できなかった場合であっても、前述したような児童に対する配慮のあり方について、個別に、あるいは、全体を対象として研修を実施するなどして、いっそうの理解を深める努力はいつでも試みるべきといえますので、そのような検討もあってよいでしょう。

（2）児童・保護者に対して

　児童にとっては、担任教諭との日常的なかかわりの在り様は、学校生活の中でも極めて重要な問題です。

　担任教諭との間で実際に起きたことの事実確認に加えて、児童A本人から、今後、担任教諭にどのように接してほしいか、担任教諭と児童Aの関わり方について、配慮を求めたいことの意向聴取をしておくとよいでしょう。

　なお、子どもの権利条約の観点からは、単に聴取するだけに終わらせず、最終的な検討結果に至る過程で児童から聴取した内容がどのように検討されたのかを児童に報告することが望ましいと言えます。

　保護者に対しても、学校側が確認した事実や今後の対応について学校の見解を報告するとともに、個別の指導計画等の訂正の要否も含め、今後の関わり方について、児童Aの権利を中心としながら具体的に協議を進める必要があるでしょう。

（3）関係機関について

　療育に関する関係機関や、児童が現に通所等している施設等との間でも、今後の連携について意見交換をしておき、個別の教育支援計画に反映させるべきことがあれば、反映させることが必要でしょう。

【補注】
＊1　『保育士・教師のためのティーチャーズ・トレーニング　発達障害のある子への効果的な対応を学ぶ』（河内美恵・楠田絵美・福田英子著、上林靖子監修、中央法規出版、4頁など）

子どもの精神科医による解説

〇合理的配慮の理念と実際

　診察室に訪れる子どもと保護者との限定的な体験からの印象ですが、配慮を要する子どもへの個別支援に関しては、学校や先生によって熱量や支援の量と質の違いを感じることがあります。私自身、診察室やカンファレンスなどでお会いした先生方から学んだことはたくさんありますし、「この先生との出会いで子どもの人生の潮目が変わった／救われた」という場面にはもう何度も遭遇しています（第5章-3参照）。

　「本当はこんなことがしたい」と様々なアイデアを次々に提案され、私はそれをとても興味深く伺わせていただくのですが、と同時に「しかし今の学校の状況ではそれが不可能なのだ」と、本当に悔しそうに吐露された先生もおられました。

　一方、例えば「漢字がマス目からはみ出ている」との指導がきっかけで、保護者と担任の先生との不和の仲裁役をしなければいけない時など、少々残念な気持ちになります。技量の個人差に関しては、医師も他人事ではありません。これも自戒です。

　滝川（2017）は、不登校の増加を論じる際に、「学校の聖性の消失」を1つの要因として指摘しています[15]。時代の推移と共に、子どもたちに国民国家の一員として同じ知識・技能・体験を共有させる役割を担う公教育と、個々の親が子育ての個人化・私化の進行に伴って、わが子のために要求する教育サービスとの間のギャップが大きくなりました。それぞれの親が求めるものに応じて全ての親を満足させることは物理的に不可能で、1980-90年代に高まった学校への不満や批判により、学校が「権威ある場所」「たいせつなところ」という意識（学校の聖性）が子どもからも社会からも失われた、という指摘です。

　公教育の下での個別ニーズへの対応という緊張関係は、不登校に限らず、発達障害の問題でも顕著です。この問題は本来、個別ケースというミクロな視点だけでなく、家庭機能や社会構造、教育システムの変遷といったマクロの視点からも論じる必要があるように思いますが、紙面上も立場上も手に余

る故、成書をご参考ください。

○このケースについて

　まずは自戒から始めますが、こんな診断書では、学校の先生も困られただ
ろうと思います。ADHD というカテゴリーに当てはめても（「疑い」なので、
当てはめきれてもいませんが…）、具体的に「児童 A の ADHD とは如何な
るものか」がわからなければ、具体的な対策の立てようがありません。申し
訳なく思います。

　合理的配慮をより的確に行っていくには、A の特性、保護者のニーズ、学
校のこれまでの対応、その間のずれを見つけ出し、埋めていく必要があるで
しょう。不登校に関しては、保護者は担任 B の対応を原因としていますが、
子ども、保護者、担任 B の外的現実と内的現実（第2章-4参照）を聞き分
けながら、見立てていく必要があります（第2章-5、第2章-6参照）。
担任と保護者との関係回復がすぐに難しいのであれば、A が不登校の回復の
プロセスを歩みだす（第5章-2参照）ために、保健室の先生や学年主任、
教頭や校長、スクールカウンセラーなど、校内の様々な先生との協働が必要
になるでしょう（第2章-3参照）。

○発達障害の子どもが世界をどう体験しているのか

　発達障害には成書が多く、ここではその特徴と対応を挙げることは省きま
す。簡単な参考文献は第4章-3で挙げました。発達障害の子どもに世界が
どう見えているのかを理解することが、彼らを理解し、適切に支援すること
につながっていきますが、それは容易なことではないかもしれません。1つ
の提案は、子どもの頃の生きづらさや発達障害を有する方が書かれた自伝
や、関連した小説や映画などを手に取ってみられるとよいかもしれません。
『窓際のトットちゃん』（黒柳徹子、講談社）や『自閉症だったわたしへ』（ド
ナ・ウィリアムズ、新潮社）などは古典的に有名ですが、その著作数は確実
に増加しています。自閉症スペクトラム障害のいくつかの症状について、い
くつかの自伝より著者の体験を挙げてみます。

〔社会性の障害〕

「母は私に何か求めているらしい——でも母が求めているものが私の愛情だということまでは分からなかった。母は私から何か大切なものを取りたがっている。私がしっかり抱えていなければならない大切なものを取りたがっている——そんな感じに見えた」

「どうせ分かりっこないと思えば、完全に無視することもあった。自分の世界からすっかりしめ出してしまうのだ。私には理解できない。ということは、私には関係があるはずがない」（テンプル・グランディン他著『我、自閉症に生まれて』学研プラス）

〔こだわり（同一性の保持）〕

「自閉症者にとって『現実』とは、たくさんの出来事・人・場所・音・視野に、混乱しながらかかわらなければならないものと言えます。どんなものにも明確な境界があるわけではなく、順序や意味も確かではないように見えます。私の生活の大部分は、すべてのものの背後にあるパターンを抽出することに費やされます。ですから、習慣・時間・順序・道順・儀式を設定することは、耐えがたい混沌とした『現実』に秩序をもたらすのに役立つのです。すべてのことと同じように保とうとすることによって、恐ろしい不安が軽減するのです」（パトリシア・ハウリン（第5章－3参照）が、その著書の中で、テレーズ・ジョセフという自閉症の女子大生の言葉を引用）

〔コミュニケーションの障害〕

「周りの人たちが話をしている時には、私は聞くことを求められているのだと分かるのに何年もかかりました。しかし、話をきかなければならないのだとわかると、時にイライラすることもありました…自分の静けさが乱れるからです」「人の名前を覚えるのは難しいです。ものの名前もそうです。同じようなものなのに、それぞれ違う名前がついているのも混乱します（例えば、フォークとナイフ、ドレスとスカート）…同じように聞こえることばを区別するのも大変です…皆さんなら、いろいろな人の声でもそのことばを理解できるでしょう。何かを表現するときに別の言い方があることを意識することもないでしょう。しかし私には、何かを表現する方法が1つ以上あることを学習によっては

じめて知ったのです。…時には、何度も同じことばを繰り返し使っていました。それが安全だったからです。…それが人の話したフレーズをそのままくり返すことを覚えました。その中で自分が分かることばは 1 つか 2 つだっただけなので、聞こえた通りにくり返していたのです」（同じくテレーズ・ジョセフ）

　このように、彼ら自身が語る彼らの体験に触れることで、彼らの体験や生きづらさ、その行動の意味をより体感的に理解していくことを手助けしてくれるでしょう。最近では YouTube などの動画サイトでも、自閉症スペクトラム障害や感覚過敏を有する子どもや大人の視点で作られた、シミュレーション動画を見ることができます。いくつか挙げておきます。

- ・川崎フロンターレ提供、【公式】「感覚過敏の疑似体験」VR 映像
  https://www.youtube.com/watch?v=6MW04Kfi9oQ
- ・National autistic society（英国自閉症協会）提供、
  Can you make it to the end?
  https://www.youtube.com/watch?v=aPknwW8mPAM
  Autism TMI Virtual Reality Experience.
  https://www.youtube.com/watch?v=DgDR_gYk_a8&t=9s
  →それぞれ 1 分半から 2 分程度の動画。自閉症の子どもが如何に情報過多に晒されているかを再現。
- ・The New York Times 提供、
  How Autism Feels, From the Inside | Op-Docs
  https://www.youtube.com/watch?v=qDXo83OtzgE
  → 12 分程度。中年の自閉症スペクトラム症の男性が主人公。英語だが、自動翻訳で日本語字幕でも見られる（やや難あり）。
- ・Silverprince Pictures 提供、マイカル（ディスレクシア啓蒙映画）
  → 7 歳の息子が本当の実力を発揮できるよう粘り強く戦う母親の物語。
  https://www.youtube.com/watch?v=1LJkJrCxgLE&t=5s

○「合理的配慮」の言葉の陰で

　大学生を支援する目的で書かれた「合理的配慮ハンドブック」（2018）によれば、「紛争」とは、大学等と学生の双方の欲求が同時に充足されていな

い状況（対立した状況）で、自己の欲求の実現に向け、相互に要求と拒絶を行っているプロセスであり、「建設的対話」とは、学生の抱える困難を解決するため、大学等と学生が互いに協調しているプロセスとしています。重要な指摘はここからです。合理的配慮の有無と内容について話し合いをするプロセスでは、「紛争」の側面と、「建設的な対話」の側面が混在することがあり、一時的・局所的な「紛争」が発生するのは、ある意味では仕方がないこととしていることです。この詳細は、弁護士の先生が専門ですね。

　ここで取り上げたいもう1つの重要な指摘は、「合理的配慮は障害学生支援における重要な要素の1つですが、それが全てではない」ということです。自己理解を深め、自己決定ができるようになり、社会で生きていくのに必要な力を身に付けること等は、社会的障壁の除去だけで実現できるものではありません。その子の「成長に資する環境（白波瀬、2020）」とは如何なるものかを考えることが本来は先にあって、合理的配慮はその一手段に過ぎないということです。

　学校には卒業があるということが問題をやっかいにします。学校側は卒業すればひとまず終了ですが、子どもはその学校で学んだことも積み残したことも全てを背負い次のステージへと向かいます。しかし大学生にもなれば、学生本人の意思決定が尊重されるため、原則として大学に合理的配慮を申し出るのは学生本人です。つまり大学生までには、本人自身が自分の発達特性を知り、どういう種類の支援が自分に必要・有用かをある程度わかっているということが、年齢に相応の達成課題として求められているとも言えます（学生本人が意思を明確にできない場合のサポートについての条項もありますが）。このように合理的配慮には、より長期的視点も必要となってくるのです。

【もう一歩深めたい方への参考書籍】
アンドリュー・ソロモン著『「ちがい」がある子とその親の物語I　ろう、低身長症、ダウン症の場合』海と月社、2020　（Andrew Solomon, "FAR FROM THE TREE : Parents, Children and the Search for Identity" の訳）
（続刊）『「ちがい」がある子とその親の物語II　自閉症、統合失調症、重度障がい、神童の場合』
『「ちがい」がある子とその親の物語III　レイプで生まれた子、犯罪者になった子、トランスジェンダーの場合』2021

2 長期化する不登校の子どもへの対応

発達障害が背景にある場合の留意点

●質問●

　公立小学校の校長です。第5章－1の件で、保護者と学校との意思疎通がうまく進まない間に、Aは不登校からさらに引きこもり状態となってしまいました。保護者からは、「Aが、家の中で『俺の人生はめちゃくちゃだ、担任を辞めさせろ』と言いながら暴れている、この責任を取ってほしい」と訴えられています。

　しかし、学校としては、子どもの様子を直接確認できず、本当にAがそこまで思いつめているのだろうかと疑問もあります。

　今後、どのように対応したらよいでしょうか。

弁護士による解説

1　発達障害が背景にある子どもが学校でのトラブルに巻き込まれた場合、どのようなことを想定しておく必要があるか

　第5章－1は、ADHD疑いの診断が出されている小4男児Aが急に登校できなくなり、保護者から「その原因は担任BのAに対する配慮に欠けた言動にある」との訴えがあったケースでしたが、さらに、Aの不登校が長期化し、保護者からの学校に対する要求が次第に激しくなっています。

　保護者の訴えによれば、児童Aは、家庭において、「俺の人生はめちゃくちゃだ、担任を辞めさせろ」と言いながら暴れていると言います。もっとも、この母親の訴えに、学校は半信半疑のようです。しかし、学校が半信半疑のままに、表面的な回答をして事態を収拾しようとすると、ますます保護者の学校不信を招き、悪循環に陥りかねません。保護者の要求の背景や、子どもの置かれた状況について、可能な限りの見立てを持って事態に対処しなければ事態は硬直化してしまいます。

　では、このケースでは、どのような可能性を視野に入れておくべきでしょうか。

　発達障害が背景にある子どもが心に傷を負う体験をすると、そうでない子どもと比べて、フラッシュバックが起こりやすく、その際には、傷つけられた時の体験が本人の思いとは無関係に、突然、鮮明に思い出されて、まるで今その経験をしているかのようにストレスを感じることがあるようです。

　児童Aにも、こうしたフラッシュバックが日常的に頻発しているとすれば、日常生活は常に不快で苦しいものになることは容易に想像できますし、意図せず頭の中に侵入し、自分を苦しめ続ける人に対して敵意を強めることもありうるでしょう。そうした特性を踏まえると、児童Aが不登校になる前の学校での様子からは想像できないほどに、家庭内で怒りや苦しみを訴えていたとしても不自然なこととは言えません。そして、仮に児童Aがそのような状況に陥っているとすれば、児童Aが「担任のいる学校には行きたくない」と主張する心情も理解できます。

　ただし、これも1つの仮説です。保護者自身が、子どもの苦しむ姿と学校不信が相まって、過度に防衛的・攻撃的になり、結果的に、子どもの本心以上に、子どもを学校から遠ざけてしまっている可能性も否定はできません。

　少なくとも、子どもの様子を直接確認できないことだけをもって、保護者の訴えは子どもの実態とは異なるものだ、と決めつけて対応することは控えたほうがよいです。

2　保護者の要求に対する対処のあり方

（1）保護者の要求への対応を検討する際の基本的な視点

　では、目の前の保護者の要求に対してどのように対処すべきでしょうか。このケースでは、保護者の口から、「子どもが担任をやめさせろと言っている」などの説明があるものの、要求としては「責任を取ってほしい」としか述べていません。そのため、まずは、保護者の求める対応を丁寧に確認することが必要でしょう。その際には、児童Aが家庭で暴れているという保護者の訴えについて、そのことが本当のことかもしれない、そうであるとすれば、

保護者もまたどれほど辛い思いをしているだろうか、と共感的な視点をもって真摯に耳を傾けることが重要です。

その上で、学校としては、①保護者の要求に対して応じる法的義務があるかどうか、②保護者の要求に応じる法的義務はないとして、応じることは法律的に許されるか、③そのいずれでもない場合、つまり、学校の裁量に委ねられている場合には、学校として応じるかどうか、また、どのような視点から学校の方針を検討するべきかについて、整理していくことになります。

①のそもそも法的義務があるかどうかという点については、各種法令や条例、訴訟となった類似事例に関する判例などを検討することとなりますが、子どもの権利条約の視点も忘れないようにする必要があります。

②については、児童Aの最善の利益と矛盾しないかという観点のみならず、他の子どもの権利や教職員、保護者などの他の関係者の権利との関係からも検討する視点が必要です。

③の学校裁量に委ねられている問題と位置付けた場合、考慮すべき要素や考慮してはならない要素を整理し、裁量の範囲を逸脱しないように検討を進める必要があります。

（2）担任の交替要求等にどのように対応するべきか

仮に、保護者から、現在の担任のままでは、子どもの登校再開が見込めないなどとして、担任の交替などを求められた場合には、どのように検討すればよいのでしょうか。

この場合、児童AがADHD（疑い）であることからすると、障害者差別解消法7条2項に基づく合理的配慮の一環として、担任の変更を求められたとも考えられます。そうすると、学校としては、児童Aが当該担任のクラスに属することが「社会的障壁」と言えるのかどうか、そして、それを除去するために担任を交代させたり、クラスを替えることが学校にとって「過重な負担」と言えるかどうかを判断することになります。この点は、第5章－1を参照してください。

学校としては、実際に、児童Aが困難な状況に置かれていることを理解し、

どのようにすれば困難が緩和されるか具体的に検討する必要があるでしょう。「他の児童について簡単にクラスを替えるわけにはいかないから、Ａも同様だ」といった形式的な検討に陥らないように気をつける必要があります。

　こうした検討の結果、担任交替は過重な負担となると判断した場合にも、児童Ａの登校再開のために学校として何ができるか、代替案を検討し、学校から積極的に提示する姿勢が大切です。

（3）スクールカウンセラーやスクールソーシャルワーカーなどの活用

　このケースのように、子どもや保護者の関心が過去の教職員の言動に対する責任追及に偏ってしまうケースは多くみられます。しかし、こうした過去の出来事の審判に多くの時間が費やされ、その結果、子どもの貴重な成長発達の機会が日々損なわれていくことは見過ごせません。

　学校教職員が、保護者との間で建設的な関係が築けない状況の中でも、保護者や子ども本人と接点を持つことができそうな他の教育機関や専門家などの社会資源の力も借りながら、子どもの成長発達の機会を閉ざさない試みが大切です。

（4）転校の希望があった場合の支援

　最後に、児童や保護者が当該学校での生活に見切りをつけ、転校を希望する場合があります。

　これは、就学校の指定変更（学校教育法施行令8条）の問題ですから、市町村教育委員会が相当と認めるときに行えることとなります。各市町村の教育委員会が一定の基準を設けていることが多いと思われますが、このような教師とのトラブルにより登校が困難となったケースもそうした支援の対象に含まれると考えてよいでしょう。

　また、転校先に個別の教育支援計画などを引き継ぐ際には、改めて子ども・保護者の意向を十分に反映するなどの配慮も検討するとよいでしょう。

子どもの精神科医による解説

　平成30年度の文部科学省の統計によれば、小・中学校における不登校児童・生徒数は約16万人でした。そのうちで、児童精神科医の診察室を訪れる児童・生徒はどれくらいの割合なのでしょうか。不登校で児童精神科を受診する主な理由としては、心身症や身体症状、発達障害があるもしくは疑われる、不安やうつ症状、自傷行為や他害行為、保護者と学校の齟齬が埋まらないなどが挙げられるでしょうか。学校場面で生じる不登校問題のごく一部の領域を診察室から眺めた所感として、不登校を論じていきたいと思います。

○児童精神科医から見た不登校と回復プロセス

　不登校という言葉にも様々な定義がありますが、乱暴に言うと、子どもが「学校に行っていない」状態像を指しているだけで、その状態に至った過程や事情については何ら言及されていません。従って、「不登校の対応」を一律に論じることなど不可能なのであり、それ故に不登校への対応の「ゴール」も、人それぞれということになります。所属していた学校以外の社会的な場への参加を目指していく子も少なくありません。

　山崎[32]は、不登校支援の目標を「不登校という挫折体験をした子どもが、心理的に成長すること」であり、「再び社会的な場で活動し、自立した青年になること」とし、「支援の目標を再登校においてはいけない」と書き著しています。

　その理由の1つとして、「再登校、すなわち『学校に行く・行かない』に目を奪われることで、子どもの内的作業など、優先的に取り組むべき課題が先送りになってしまうリスクがある」ことを指摘しています。子どもには子どもなりの、学校に行かない／行けなくなった事情があります。学校に行く行かない以前に、解決すべき課題（環境や心理的問題）や身に付けるべきスキル——時に子どもが不登校になるまで、誰にもそれが「発見」されなかったということもあります——が手つかずのままでは、大人の勢いに気圧されて一度は再登校したとして、やがてもっとこじれた形で問題が再燃すること

もめずらしくありません。例えば、そもそも人との関わり方がわからないとか、人といても安心できない、失敗を過度に恐れるなどです。

滝川[15]は、その著書の不登校への家族としてのかかわり（p.403）の項目に、不登校からの立ちなおりの「目安」として、以下の11のステップを挙げています。

1．家のなかで子どもの気持ちが安定してきている
2．家族の気持ちも安定してきている
3．学校も子どもに関心を持ちつつ見守ってくれている
4．子どもの生活にリズムが出てくる
5．子どもの生活リズムと家族の生活リズムの波長があってくる
6．子どもが家の中で能動感をもってやれること、楽しめることを見つけている
7．遊びや趣味を楽しむだけでなく、ちょっとした家の用事や手伝いもするようになる
8．子どもの興味や関心が、家の外の世界にも伸び始める
9．これからどうしたいのか、学校をどうするか、将来の方向といったテーマについても、子どもが自分なりに考えてみたり、話し合ったりできるようになってくる
10．子どもや家庭が先の見通しが開けつつある実感を持ち始める
11．先の見通しに向けての具体的な現実模索が始まる

子どもが不登校下でゲームや動画鑑賞に明けくれ、保護者に「ゲーム依存」を心配されることがあります。不登校になっても、ゲームやスマホを導入する際に取り決めた「我が家のルール」を守れる子もいれば、そうでない子もいます。現実から逃避するという側面もあれば、時には、現実世界で上手くいかなかった友人関係をゲームやSNSで練習し直したり、今まで持てなかった親友を見つけ出す子もいます。

不登校になる以前に、親や先生、身近な大人や仲間と肯定的な"生の"人間関係を体験していた子どもや、不登校になってからでも親や先生、支援者

の誰かにありのままを認めてもらえたり、大人を信頼できると体験した子どもでは、ある期間はゲームにはまり込んでいても、そういった大人の味方を頼りにして三次元の社会に戻ってくるような印象を持っています。

　一方で親や先生が学校に行かない子どもへの否定的・批判的な態度を崩せず、子どもと大人との間のずれがいっこうに縮まらなかったり、不登校後にガイドとなる大人に出会えずに、人と関係を持つことをもうすっかり諦めてしまっているような場合、ゲームや動画から抜け出すことが大変難しく、不登校が長期化していくように思われます。

　山崎[32]は、「**退屈**」という子どもの言葉を、「子どもが現状から少し動きたい気持ちが芽生え始めたことを表すキーワード」として大切に扱っています。上述の滝川[15]のステップでは、5-6番目あたりでこの「退屈」が時々聞かれます。この時、保護者や先生がチャンスとばかりに必死になって、子どもの退屈を払拭させようとあちらこちらに連れ回したり、勉強させようとしたりすることがあります。しかしこれでは、子どもが自分の「今」や「これから」について考えることが難しくなります。不登校では、子どもへの関わりと同じかそれ以上に、親への関わりが極めて重要になってくる1つの理由でもあります。

○環境を変えること

　担任の先生と子ども・家族が協働できるのが望ましいですが、必ずしもそれがいつもうまくいくとは限りません。担任の先生の個人的資質（指導方針や態度など）による場合——これは弁護士の先生方の範疇ですね——もありますが、様々な理由で——例えば、子どもが親や仲間に向けられない怒りを担任にぶつけていたり、子どももしくは親が「○○はいいけど担任はいや」などと周りを敵と味方に仕立てあげてしまう場合（第6章－1参照）など——担任の先生が「嫌われ役」になることが避けられない場合もあります。

　担任の先生と保護者との関係がうまくいかないことで、学校が対応をあきらめることはないでしょう。診察室内での見聞に限っても、校長・副校長・学年主任・顧問・保健室の先生・図書室の先生・スクールカウンセラー・用

務員・給食の調理担当の人など、**担任以外の先生との絆**をきっかけに不登校を脱した子どもがたくさんいます。担任と衝突しては日々問題を起こしていたのに、「何かあったら校長室に言いにこい」と校長に言われ、校長を信頼し、落ち着いて登校できるようになった子どもがいます。担任には会いたくないけれど副校長に会いたくて、放課後登校を始めた子もいます。

　自分に"本当の"関心を向けてくれ、自分のことを思って自分を何とかしようとしてくれている大人の存在を子どもが感じることができて、子どもと学校との結びつきが強くなり、ポジティブな体験の"上書き保存"が積み重なっていくと、たとえ環境が変わらなくても、子ども自身が「自分は変わった／成長した」と思えるようになってきます。

　転校について、時々子どもや親から相談を持ちかけられます。児童精神科医の仕事は、「子どもが自分で考え、自己決定し、自ら行動していく」(山崎[32])お手伝いであり、彼らの代わりに彼らの人生を決定・肩代わりすることではないのですが、学校の教育方針や校風と子どもの個性との不一致、学校の体制・方針で十分な支援（個別支援）が得られない、欠席日数が多くて単位数が足りない（全日制→単位制や通信制）、重大ないじめによる不登校で被害者と加害者を分離させる方が望ましい場合などの際には、転校が有利に働くことが多いように思います。

　一方、環境よりも子どもや家庭の側の要因が大きい——発達特性、社会的スキル、心理的問題、家庭環境——場合には、同じ性質の問題を同じもしくは違った表現型で繰り返してしまうこともあり、時には何か月もかけて、この問題を子どもや保護者と話し合うこともあります。

○このケースについて

　児童精神医学を勉強し始めた若手の精神科医が、上司や先輩にこんな質問をしたら、きっと大目玉を食らうかもしれません。見立てて対応を考えるのに必要な情報が全然足りていないからです。とりあえず与えられた情報を下に、Ａの状況をあれこれと思い巡らすことにします。

　まずは、不登校になる前の学校場面でのＡがどうであったか、保護者や以

前の担任から情報収集しておく必要があるでしょう。対人関係や成績、生活態度などから、Ａの強みと課題が見つかってきます。Ａが不登校になる前に、学校や家庭で何か大きなストレスや環境要因はあったでしょうか。Ａが「暴れる」とは、具体的にどういう状況なのでしょう。大声で泣きわめいているのか、物や人に当たるのか、誰に対して暴れるのか、何をきっかけに暴れるのか（実は、保護者が登校刺激をした際にということもあり得ます）、これまでＡが誰かの暴力を見て育ってきたかどうか、同じ「暴れる」でも、その背景や深刻度によって対応が大きく変わってきます。

　Ａと保護者との関係は、Ａが不登校になる前後で何か変化があったのでしょうか。もともと密着していた可能性もありますし、不登校をきっかけに疎遠だった関係に何らかの交流が生まれたのかもしれません。また、この場合の「保護者」とは誰なのでしょうか。父なのでしょうか、母なのでしょうか。両親はこの問題にどの程度一丸となって対応しているのでしょうか。ヒートアップする母に対して父は全く無関心ということもあります。祖父母が同居している場合、祖父母が家庭内の実権を握っていて、両親が思うように子育てできなかったり、子どもの問題で両親が祖父母から厳しく責められることもあるでしょう。

　なぜ学校は、子どもの様子を直接観察できていないのでしょうか。子どもが拒否しているでしょうか、親が何らかの事情で子どもを学校に通わせないようにしているのでしょうか。子どもは学校の誰を拒否しているのでしょうか。学校全体を拒否しているのでなければ、担任以外の誰かが関わる余地はあるのでしょうか。なぜ学校は、「本当にＡがそこまで追いつめられているのか疑問」なのでしょうか。普段のＡとの乖離があるのでしょうか。保護者の訴えにもかかわらず、学校がＡの問題を軽視したり、あり得ないことと見なしているのでしょうか。それとも学校が、保護者とＡの訴えに温度差があることを感じているのでしょうか。

　マニュアルを期待されていた先生方には大変申しわけなく思います。子どもの心が引き起こした事象に対し、チャート式のような回答を用意するのは私の能力を超えています。朗報は、不登校に関してはすぐれた著作がたくさ

んあることです。不登校への具体的な関わり方については、下記の「もう一歩深めたい方への参考書籍」をご覧ください。

【もう一歩深めたい方への参考書籍】
山崎透著『不登校支援の手引き──児童精神科の現場から』金剛出版、2019
齊藤万比古著『増補不登校の児童・思春期精神医学』金剛出版、2016
滝川一廣著『家庭のなかの子ども　学校のなかの子ども』岩波書店、1994
滝川一廣著『子どものための精神医学』医学書院、2017

3 加害行為に発展した場合
当事者及び周囲への対応

●質問●

　小学校5年生の学級担任です。低学年の頃から落ち着きのなかった男子児童Aが、休み時間中に廊下を走っていた同じクラスの児童Bを足で引っかけて転倒させるという事件がありました。さいわい、大きなケガをしなかったのですが、このことを機に、複数の保護者から「Aと同じクラスでは、子どもを安心して通わせられない」との訴えがありました。

　いったいどうしたらよいのでしょうか。

弁護士による解説

1　事実確認のポイント

（1）本人の特性について

　このケースでは、小5児童Aの引き起こした事件が問題となっています。

　児童Aは、低学年のころから落ち着きがなかったようです。そして、児童Aの言動に関して、複数の保護者から不安の声が上がるなど、問題が拡大・深刻化しており、児童Aと児童Bとの関係だけでは解決が図れない状況が生まれています。

　ただし、このような場合であっても、児童Aの行動の背景にどのような課題があるのか、児童Aのより詳細な状況を整理し、その見立てをまず検討する必要があります。

　もしかしたら発達障害があるのかもしれませんし、場合によっては、家庭の中で、児童虐待やそれに類する権利侵害を受けているのかもしれません。

　いずれにしても、背景の見立ては、適切な支援体制をどのように構築するのかを検討する出発点となります。

（2）事故状況の確認

　また、学校内で休み時間中に児童Ｂが転倒しており、ケガの程度は軽いようですが、これは学校事故、さらにそのうちの児童間事故が起きたといえますので、事故状況についての調査が求められます。その後の対応の留意点については、第4章－2を参照してください。

（3）いじめ該当性の確認

　さらに、児童Ａの行為により、児童Ｂが心身の苦痛を感じている場合には、いじめ防止対策推進法にいう「いじめ」の定義に該当しますので、学校としては、いじめとしての対応が必要かどうか、主として児童Ｂからの事情聴取などの方法により、確認を進める必要があります。なお、いじめの定義や学校に求められる対応については、第3章を参照してください。

2　クラスの他の児童が安心して教育を受けられるようにするために必要な措置

（1）いじめ防止対策推進法に基づいて、学校に求められる措置

　本ケースでは、児童Ｂの保護者から、学校事故としての位置づけを超えて、児童Ａの行為がいじめであるとして、いじめ防止対策推進法に則った対応を求められることがあり得ます。その場合、学校には、第3章で説明したように、同法23条2項が規定する「いじめの事実の有無の確認を行うための措置」を講じると共に、その結果を学校設置者に報告する必要があります。その上で、学校は、児童Ｂ又はその保護者に対する支援と、児童Ａに対する指導又はその保護者に対する助言を継続的に行うこととなります（同条3項）。

　このケースでも、この法律に基づいて学校としての取るべき措置を検討することとなりますが、いじめ防止対策推進法は、どのような場合にどのような措置を講じるかについての具体的な基準を示していません。

　そこで、学校現場では、児童Ａの人権にも配慮しながら、個別具体的に学校としての措置を検討する必要に迫られることになります。

（2）学校の取るべき対応について

①児童Aへの指導

　学校事故の観点からも、いじめ防止対策の観点からも、児童Aに対して再発防止に向けた必要な指導を行う必要があることはまちがいないでしょう。文部科学省の「いじめの防止等のための基本的な方針」別添2「学校における『いじめの防止』『早期発見』『いじめに対する措置』のポイント」に即して言えば、「いじめは人格を傷つけ，生命，身体又は財産を脅かす行為であることを理解させ，自らの行為の責任を自覚させる」ことになります。

　他方で、「いじめた児童生徒が抱える問題など，いじめの背景にも目を向け」る、「いじめには様々な要因があることに鑑み，懲戒を加える際には，主観的な感情に任せて一方的に行うのではなく，教育的配慮に十分に留意し，いじめた児童生徒が自ら行為の悪質性を理解し，健全な人間関係を育むことができるよう成長を促す目的で行う」との記載もあります。このケースについても、児童Aが、なぜ問題行動を繰り返してしまうのか、その背景事情への配慮を欠くことはできないと言えます。そして、仮に児童Aの行動の背景として、発達障害などの課題が明らかとなった場合には、学校としては、発達障害児への支援や差別解消のための合理的配慮の視点を持ちながら、調整を図ることが求められることになります（なお、この点については第3章－4の第2項（2）参照）。

②児童Bやその他の児童、及び、その保護者への対応

　児童Bやその他の児童及びその保護者に対しては、まず、児童Aに対する指導の経過を説明するなど事実関係を伝えた上で、学校として児童Bやその他の児童を守るという姿勢を明確に示すことが必要でしょう。

　それでもなお、児童Bやその他の児童の不安が解消されないときには、学校としては、いじめ防止対策推進法23条4項で例示されている、「いじめを行った児童等についていじめを受けた児童等が使用する教室以外の場所において学習を行わせる」措置や（いわゆる別室指導）、教育委員会と出席停止制度についての協議をするなど、一定期間、児童Aを教室から分離することを前提とした措置について、検討することになるものと思われます。

（3）別室指導などの分離を前提とした措置を取る際の留意点

①支援員の活用など、より制限的でない手段をまず検討すること

　では、どのような場合に別室指導の方法を取ることができるでしょうか。

　別室指導は、一般的には、通常の教室とは違う別室に児童を終日待機させるものであり、分離される児童に孤立感や疎外感を与え、懲罰的な要素が強い方法であると言えます。そして、そこで提供される教育内容についても、適宜プリント学習を行わせるなどし、時折教員が見回りに来るような例が多いのではないかと思われます。こうした教育は、教室で教師から直接的に授業を受ける場合とは質がまったく異なります。こうした点で、別室指導は、分離される児童の学習権に対する制約が強い方法であると言えます。

　学習権のようにいわゆる精神的自由に属する人権に対する制約については、「より制限的でない他の選びうる手段」（Less Restrictive Alternative, LRA）がない場合にのみ許される、という考え方があり、別室指導などの学習権の制約を前提とした措置を取るべきかを判断する際の基準として参考となります。そこで、児童Aへの対処のあり方として、別室指導に比べて、より制限的でない手段を取れないかを考えることとなります。

　この点、まずは、特別支援教育支援員の活用などが考えられます。

　文部科学省の平成19年『「特別支援教育支援員」を活用するために』では、支援員の役割の1つとして、「④児童生徒の健康・安全確保関係」「他者への攻撃や自傷などの危険な行動の防止等の安全に配慮する。」を挙げています（3頁）。

　もっとも、単に支援員を置けば解決するという単純な問題とも思えません。弁護士の下に相談にくるケースの中には、支援員の不適切な関わりによって、事態が悪化したというケースもあります。支援員の側も、「担任や教科担当教師との連携、対象となる子どもへの対応の仕方がわからない、周囲の児童生徒への対応の困難さ、支援員の立場が不明確であること、サポート体制の不備など」を支援上の困難として挙げているといいます[1]。すべての支援員が発達障害などの専門的知識を得ているとは限らないことから、学校として支援員をサポートする体制を作ることも重要と思われます。

②別室指導などの分離を前提とした措置を取る際に検討しておくこと

　以上のような、より制限的でない手段を講じてもなお問題が短期的に解決する見込みがない場合や、あるいは、支援員の配置などの他のより制限的でない方法をとるために必要な準備期間中における、再発防止に向けた次善の策として、別室指導などの分離を前提とした方法について検討することになります。

　ただし、分離に移行する際には、あらかじめ、分離を解除する時期や条件について検討し、関係者にもその旨を伝えた上で分離に移行することが、終了時期をめぐるトラブルを事前に防止するためにはとても重要です。

　この点、一見すると参考になりそうなものとして、高等学校におけるいわゆる「特別指導」に関しては、文部科学省の「**高等学校における生徒への懲戒の適切な運用の徹底について（通知）**」（平成22年2月1日）が発出されており、その中では、生徒への懲戒の内容及び運用について「社会通念上の妥当性の確保」を図ることが求められているとして、基準をあらかじめ明確化することや、実施の前提として十分な事実関係の調査、保護者を含めた必要な連絡や指導など、適正な手続きを経るよう努めることなど、懲戒を受ける子どもの権利とのバランスを意識した運用が求められています。

　これに対し、いじめ防止対策推進法における「**いじめを受けた児童等その他の児童等が安心して教育を受けられるようにするために必要な措置**」（同法23条4項）は、加害者となった子どもへの懲戒のようにとられがちですが、その本来の目的は被害者側の学習環境を整備するためのものです。そのため、終了時期を巡って、前述の懲戒の場合のように、懲戒を受ける子どもの権利の立場から基準を明確化するだけでは足りず、関係者間で意見がかみ合わなくなってしまうことが想定されるのです。

③別室指導の終了時期をめぐる対応の留意点

　別室指導について、児童Aやその保護者が終了を求め、学校としても終了させてもよいと考えているにもかかわらず、児童Bの保護者や他の保護者から、児童Aを通常教室に戻すことについての不安感の訴えが続き、学校が対応に苦慮する例があります。

　このような場合、別室指導を延長する根拠として、文部科学省のいじめの防止等のための基本的な方針において、いじめの「解消」に至るまでの状況の継続的な注視が求められており、その目安として3か月という期間が挙げられていることを根拠に、別室指導についても3か月を目安とすべきとの主張がされることもありえます。しかしながら、上記の3か月とは、状況注視の期間をいうものと考えるべきであり、別室指導を3か月もの間継続することを正当化するものと見るべきではないでしょう。

　学校が、不安を訴える他の保護者を説得できず、スムーズに別室指導を終了させられない場合、そうした混乱を引き起こした背景を振り返る必要があります。別室指導に移行する前後で、その終了の時期や解除の条件（判断基準）について、関係者に十分に説明がなされていなかった、あるいは、再発防止に向けた別室指導以外の措置について、学校の取り組みがいまだ不十分である、などの事情はないでしょうか。

　これらの場合には、学校としては、改めて、他の児童の保護者に対し、別室指導は、人権の制約を伴うもので一時的にしか行えない措置であることを説明し、終了の時期に関する学校の判断に理解を求める必要があります。また、他の保護者から、学校に対し、別室指導を終了させるにあたって、再発防止に向けた具体的な提案や要請が出された場合には、積極的に検討して不安感を解消し、話し合いを前に進める努力も必要でしょう。

　ただし、いつ、別室指導を終了させるのかという問題は、最終的には学校の裁量事項です。まずは、試験的にＡを教室に戻すなど、硬直状態をほぐすための主体的な方針決定と、保護者に説明した再発防止策の確実な実行を目指していただきたいところです。

　逆に、学校として児童Ａの別室指導を継続するという判断をした場合には、児童Ａに対する学習権の侵害の度合いが増すことになります。学校としては、そのような判断に至った理由とともに、児童Ａの学習権に対する配慮をどのように行っていくのかについて、懇切丁寧な説明が必要でしょう。また、問題行動の背景の内容や深刻度によっては、普通級ではない特別支援学級等への移籍も含め、抜本的な解決策を検討する必要もあるでしょう。

【補注】
＊ 1 「支援員は通常学級でどのような体験をしているか―困難と対処を中心に―」（「東京成徳大学臨床心理学研究」16 号，2016，pp.54-61 浅岡有紀・中村真理）

子どもの精神科医による解説

〇「落ち着きがない」＝発達障害か？

　「落ち着きがない」という現象 1 つに対しても、その背景によって対応は全く異なります。例えば、「落ち着きがない」という状態像を引き起こす原因について、「ADHD、LD、HFPDD、軽度 MR 児保健指導マニュアル」（2002）では、①**気質**：多動であるが異常ではない、②**発達障害**：ADHD、自閉症スペクトラム障害、知的障害、発達性強調運動障害、チック障害、③**身体疾患**：アトピー性皮膚炎、聴覚障害、甲状腺機能亢進症、④**薬物**：フェノバルビタール、喘息薬の服用、⑤**神経疾患**：てんかん、脳炎・脳症、脳変性疾患、脳腫瘍、⑥**精神疾患**：不安障害、気分障害、強迫性障害、⑦**その他**：反抗挑戦性障害、行為障害、児童虐待、愛情剥奪の約 20 の疾患や状態を挙げています。

〇「氏か育ちか」から「氏も育ちも」へ――“発達障害探し”が目的化しないために

　発達障害に関する著作は膨大にあります。従って本書では発達障害のそれぞれの疾患の概要や対応については省いています。最後に、わたくしの個人的好みで何冊かの書物を紹介しています。そちらをご覧ください。ここでは、「発達障害」という言葉の多義性について考えてみます。

　忘れられない少年との出会いがあります（プライバシーを守るため個人情報は改変しています）。担任の先生が、集団でのやり取りができないことを心配して両親に熱心に受診を勧めたようですが、両親の方は、「担任の先生が言うから来院した」と、担任の懸念を少々つかみかねている様子でした。彼は両親を待合に待たせ、1 人で診察室に入ってきました。座っても足がまだ床に届かず、足をブラブラさせながら、彼は話し始めました。私の問いかけに一生懸命答えてくれるのですが、一向にかみ合いません。主語と述語が

つながらないので誰の話か全くわからず、過去、今、未来のいつの話かもわかりません。やがて私はメモを取るのもあきらめました。担任の心配も無理ありません。彼の話だけを聞くと、当時の診断基準上では発達障害（広汎性障害やアスペルガー障害）に該当しますが、一方で、彼が私に何かを一生懸命伝えようとしている、その圧や切実さに少々圧倒されてもいて、何か釈然としませんでした。診断は保留にし、その後実施した心理検査の結果から彼の現状や対応（感情のラベリングなど）を両親に話しました。

　その1か月後です。彼はまた1人で診察室に入ってきました。何だか前よりさっそうとしています。また彼が話し始めます。私は驚きました。時に私の頭の中でその像が浮かぶほど、彼の話がわかるのです。「お話がうまくなったね」と声をかけると、これまでは友だちの話がわからなかったこと、自分の話も通じなかったこと、今は通じるようになってうれしい、と語りました。まだ言葉の表現に時折不器用さは残るものの、充分理解可能です。

　ご両親にも診察室に入ってもらいます。何があったのか、私はたまらず尋ねます。診察の後に両親で話し合い、2人そろって毎晩彼の話に耳を傾け、家族で語り合うようにしたそうです。その初日、両親も彼の話が理解できず、これはまずいと思ったそうです。これまで両親は、彼のために朝から晩まで一生懸命働いてきたのですが、夜もゲームに興じる彼にあまり関われなかったとのことでした。

　彼はこの話を隣で聞いていて、「お父さんとお母さんに感謝している」と言いました。その言葉に、母は静かに涙を流しました。その複雑な涙の意味を、私はすぐに言葉にできませんでした。両親の奮闘はまちがいなく彼を大きく成長させましたが、そのきっかけは担任の先生の危機感でした。

　言うまでもなく、「発達障害」と診断される全てのケースを彼と同じに考えることは、大変危険です。診断基準上の「発達障害」とは、器質的な脆弱性を基盤とした疾患と規定されます。これまで自閉症を含めた発達障害の原因が母親の愛情不足やしつけ不足と批判され、多くの母親が傷ついてきたという歴史的な事実もあります。

　しかし同時に、子どもは1人で勝手に成長するのではありません。全ての

子どもは、保護者や学校などの環境との複雑な関係性や相互作用の中で学び、生きるのに必要な能力を身につけていきます。生得的な発達障害と「発達上の問題（経験不足や練習不足による発達の停滞やアンバランスさ、逸脱など）」の違いに目を凝らそうとすれば——厳密に区別できるのかという議論もあるのでしょうが——、子どもが問題を呈するに至った"プロセス"を詳細に検討する必要があります。そうすることで、関わりの方向性——何が変わる可能性があって、何が変わらないのか——が見えてきます。

　「学校での様子を知ってもらいたい」と学校から病院に資料が届くことが時々ありますが、まるで閻魔大王の台帳のように、子どもの"悪事"の数々が丁寧に時系列でエクセルファイルになっていたりします。しかしそれをいくら眺めても、その子どもの心は浮かんできません。ある時には診断基準上のフレーズがちりばめられていたりして、まるで「この子は発達障害」という結論がもう決まっていて、水戸黄門が"紋所"——この場合は「診断」——を懐から出すまでの道筋が用意されている気分になったこともあります。

　問題行動の描写の精緻さに引き換え、親の仕事や、子どもの家庭生活（どんな家に誰と住んでいて、何時に起きて、誰とどんな御飯を食べ、放課後は誰とどう過ごし、誰とお風呂に入って、何時頃に誰と寝るのか、兄弟関係、親子関係、家でも学校と同じような行動があるのかどうか）など、関わる上で本当に必要な情報を学校から得られることがだんだん減ってきているようにも感じています。

〇この事例に関して——特に攻撃性に注目して

　低学年より落ち着きがなかったとのこと。これまでどう見立て、どう対応されてきたのでしょうか。海外では学校場面での子どもの発砲事件などが相次ぎ、なぜ子どもが同級生を犠牲にするのかが研究されてきました。それによると、同級生を殺害した子どもは、慢性的にいじめられていたそうです[33]。いじめの被害者であり、かついじめの加害者でもある子どもの攻撃性は、「純粋な」被害者とも「純粋な」加害者とも違うと言われるようになってきました[32]。

　Aはどうだったのでしょうか。この被害者でもあり加害者でもある「いじめ－いじめられっ子」については、第3章－4、第3章－5をご参照ください。子どもの攻撃性については、第4章－3をご覧ください。

【もう一歩深めたい方への参考書籍】
パトリシア・ハウリン著『自閉症　成人期にむけての準備──能力の高い自閉症の人を中心に』ぶどう社、2000
　→自閉症スペクトラム障害の子どもを育て上げた精神科医による著作。成人の問題を成人になってから考えるのではなく、成人期を見据えて早い時期から準備をしておく必要があるという立場で書かれている。
竹田契一監修、太田信子他著『LD児サポートプログラム──　LD児はどこでつまずくのか、どう教えるのか』日本文化科学社、2000
　→作文が苦手、助詞が使えない、楽器演奏が苦手、忘れ物が多いなど、学校場面で生じ得る様々な困難の理由を認知や知覚の観点から整理し、対応についての提案もある。項目別になっていて使いやすい。
滝川一廣著『子どものための精神医学』医学書院、2017
　→著者独自の視点で、子どもの発達というベクトルを、認識と関係の2軸の発達水準で考える。

4 虐待から子どもたちを守るための学校の役割は？

児童虐待の早期発見と通告

●質問●

　公立小学校の校長です。4学年1学期に転校してきた男子児童Kは、実母と養父、その間に生まれた弟との4人暮らしです。転校後、運動会に養父が来ていたので担任が声をかけたところ、「Kには強くなってほしいので、自分も心を鬼にして厳しくしつけている」などと話していたそうです。その後、1学期に1度くらいの頻度で、Kが目の付近にアザを作っていることがありましたが、教員がKに確認すると「転んだ」との説明でした。

　5年生に進級した後の6月、母親から欠席の連絡が入り、翌日には「今週いっぱい休ませる」との連絡が入りました。さらに翌週には、「気分転換のために、母方の実家に行かせたので、しばらく休む」との連絡がありました。

　いやな予感がするのですが、学校として何をするべきでしょうか。

弁護士による解説

1　児童虐待防止法に基づく、学校教職員の早期発見義務と通告義務

　（1）学校は、子どもたちの日中の居場所であり、子どもの状況の変化を把握しやすい場所です。そこで、児童虐待から子どもを守るためには、教職員が児童虐待にアンテナを張り、適切に対応をすることがとても大切です。

　そのため、児童虐待防止法は、教育委員会、学校及びその教職員などの児童虐待を発見しやすい立場にある人に対して、児童虐待の早期発見に努めることを求めています（児童虐待防止法5条1項）。

　そして、児童虐待防止法は、「児童虐待を受けたと思われる児童を発見した者は、速やかに、これを市町村、都道府県の設置する福祉事務所若しくは児童相談所（中略）に通告しなければならない」（法6条1項）として、児童虐待の通報義務を課しています。

　この条文のポイントは、「虐待を受けたと思われる児童」という点です。

　以前の法律では、「虐待を受けた児童」とされていたため、今回の事例のように、子ども自身が虐待を否定するなどして、虐待の確証が得られないケースでは通告を躊躇することが起きていました。そのため、虐待の確証がなくても、「虐待を受けているのではないか」という疑いを抱いた場合には、通告をするように求めることにしたのです。

　特に、学校や教育委員会には、児童相談所や警察と異なり、そもそもの情報収集能力に限界があります。確証を求めて会議や見守りを重ねるよりも、気になったら、まずは市区町村の虐待対応担当課に通告・相談するなど、早期対応を心がける必要があります。

　文部科学省の作成した「学校・教育委員会等向け虐待対応の手引き」（令和2年6月改訂版）では、学校が通告を判断するにあたってのポイントとして、以下の4点が強調されています。

①確証がなくても通告すること（誤りであったとしても責任は問われない）
②虐待の有無を判断するのは児童相談所等の専門機関であること
③保護者との関係よりも子どもの安全を優先すること
④通告は守秘義務違反に当たらないこと

（2）通告先として、法律では児童相談所と市区町村（虐待対応担当課）を挙げています。このうち、児童相談所には緊急性が高い事案、重大な事案を通告することが推奨されています。具体的には、以下のような場合です。

①**明らかな外傷**（打撲傷、内出血、骨折、刺傷、やけど等）があり、身体的虐待が疑われる場合
②**生命、身体の安全にかかわるネグレクト**（栄養失調、医療放棄）があると疑われる場合
③**性的虐待**が疑われる場合
④**本人が帰りたくないといった場合**（子ども自身が保護・救済を求めてい

る場合）

　上記の①〜④以外の場合や判断に迷う場合には、市区町村（虐待対応担当課）に相談しましょう。また、夜間休日の相談・通告は、児童相談所が窓口になります。

（3）質問のケースへの対応

　今回の事例では、複雑な家庭背景や、養父のしつけに関する言動、複数回の顔のアザの確認、不自然な欠席など、虐待の確証とまでは言えないものの、不安を抱く事情が複数存在します。通告に迷う場合には、まずは市区町村（虐待対応担当課）に相談をすることから始めましょう。

　なお、法律上、通告を受けた市区町村（虐待対応担当課）や児童相談所は、通告者に関する情報について保護者を含めて対外的に漏らしてはならないとされています（児童虐待防止法7条）。

　しかし、保護者が、通告したのは学校だろうとあたりをつけて様々な苦情や要求をしてきたり、教育委員会などにも連絡する場合があります。通告時には、保護者対応に関して通告先と相談しておくとともに、その後の連携を図るために、速やかに教育委員会にも報告をしておきましょう。

　また、学校関係者が、通告した事実を保護者に知られることを過度に恐れると、児童相談所などが保護者に対し、必要な調査や指導をしようとする際にありのままを語ることができなくなって効果的な取り組みが阻害されたり、家庭への支援に向けた関係機関相互の連携が十分に取れなくなることも危惧されます。虐待通告は、学校関係者に課せられた法的義務であり、本来、そのことで非難されるいわれはありません。毅然とした姿勢とチーム対応を心がけ、渦中にある子どもの権利擁護を最優先とした取り組みをしていただきたいと思います。

2　児童虐待を見分けるために——子どもの立場から想像する

（1）児童虐待の定義（児童虐待防止法2条）

　では、通告の対象となる児童虐待とは、どのようなことを言うのでしょう

か。児童虐待防止法2条には、児童虐待として、以下の4つの分類と定義が定められています。

①身体的虐待

児童の身体に外傷が生じ、又は生じるおそれのある暴行を加えること。

②性的虐待

性的な満足を得るために、児童にわいせつな行為をしたり、させたりすること。直接的な行為だけでなく、子どもをポルノグラフィーの被写体にすることなども含まれます。

③育児放棄（ネグレクト）

児童の心身の正常な発達を妨げるような著しい減食又は長時間の放置、保護者以外の同居人による児童虐待の放置、その他保護者としての監護を著しく怠ること。特に、子どもを学校に通学させない、「教育ネグレクト」という形態もあります。

④心理的虐待

子どもの存在を否定するような言動、きょうだいとの間に不当なまでの差別的な待遇をする場合など、子どもの心に長く傷として残るような経験や傷を負わせる言動を行うこと。また、配偶者に対する暴力や暴言、その他の家族に対する暴力や暴言を子どもが目撃することも、心理的虐待に当たります。

（2）大人の言い分にとらわれず、子どもの立場から虐待を見分ける

児童虐待をしていると疑われた保護者の中には、「子どもをしつけるためだった」などと言い訳をする人がいます。

しかし、2019（令和元）年6月に児童虐待防止法等の改正が行われ、親権者等による体罰禁止が法定化されました。そのため、いかなる理由であっても、身体に何らかの苦痛を引き起こし、または不快感を意図的にもたらすような行為（体罰）は法律で禁止されています（児童虐待防止法14条1項）。また、昨今、問題となっている、過剰に勉強することや良い成績を我が子に強いる「教育虐待」は、一見すると子どものために熱心に関わる行為であっ

ても虐待にあたる場合があるという警鐘を鳴らしています。

　いじめやセクシャルハラスメントでは、加害者側の動機や言い分にとらわれず、被害者側の受け止めを重視して判断していく姿勢が確立しています。児童虐待も同様に、子どもがどのように受け止め、苦しんでいるのかを注意深く見ていく必要があります。

（3）児童虐待の人権侵害の側面と成長発達への影響の側面

　では、どのような点から、虐待を発見していくべきでしょうか。

　児童虐待防止法の1条では、児童虐待が児童の人権を著しく侵害し、その心身の成長及び人格の形成に重大な影響を与えることが指摘されています。

　そこで、児童虐待かどうかを見分けるための最初の視点は、子どもたちの「基本的人権」が侵害されていないかという視点です。やや抽象的に感じられるかもしれませんが、具体的には、①安心の権利、②自信の権利、③自由の権利に分けるとわかりやすいと思います。

　親との関係において、子どもが不安を抱えていたり、また、自分には価値がないと感じたり、無力感にさいなまれているような場合、そして、自分のしたいことや意思を過剰に制約されているような場合には、基本的人権が侵害されている疑いがあります。

　次に、虐待を受けている子どもたちに特徴的な心身への影響がないか観察することも大切です。具体的には、児童虐待によって、身体的影響、知的影響、心理的影響が生じるといわれています。

　このうち、身体的影響の代表例は、今回の事例のような傷痕などの外傷ですが、「転んだ」などの説明を受けてうやむやになってしまうこともあります。しかし、脇の下や背中、太ももの内側など、およそ転倒によってはケガをしにくい箇所に傷やアザがあるような場合もあります。安易に当事者の話をうのみにせず、受傷経緯に関する説明とケガの状態に矛盾がないか、慎重に検討する必要があります。

　知的発達面への影響としては、長く不安な中での生活を強いられたり、学校への登校もままならない場合があり、もともとの能力に比しても、知的な

発達が阻害されることが指摘されています。

　また、心理的影響として、愛着形成不全、攻撃性、衝動性、多動、うつなどの症状が現れることも指摘されています。

　こうした心理的影響は不登校や非行、いじめ、自傷行為などの現象として問題が顕在化します。表面的には「問題行動」となる場合でも、そこに至る背景に虐待が潜んでいる場合もあり、こうした背景を見立てることが大切です。

（4）抱え込まずに各種の相談窓口も活用しましょう

　児童虐待では、今回の事例のように子ども自身も真実を周囲に告げることができなかったり、あるいは、長年にわたる不適切な養育環境のために、大人に対する不信感や非行などの問題を抱え込んでいる場合もあり、関わりが難しいと思われるかもしれません。しかし、それは、長期的に不適切な養育環境に置かれていたために、いつも不安におびえ、自己肯定感が乏しくなり、「誰も助けてくれない。何をしても無駄だ」という思いを抱いているからなのです。

　文部科学省は、教育委員会等設置者に対して、現場での法的な判断に迷う場合に備えて弁護士（スクールロイヤー）等の専門家に相談できる体制の整備を求めています。また、各地の弁護士会も、子どもの問題についての電話相談を行っていますので、ぜひお気軽にご利用ください。

> ○東京弁護士会　子どもの人権 110 番
>
> 　TEL　03-3513-0110【相談料無料】
>
> 　平日　13:30 ～ 16:30、17:00 ～ 20:00　土曜日　13:00 ～ 16:00

3　日常的に、子どもが児童虐待を相談しやすい環境作りを

　文部科学省の作成した「学校・教育委員会等向け虐待対応の手引き」（令和2年6月改訂版）では、子どもたちに向けて、日ごろから虐待やいじめなどのあらゆる子どもの悩みや不安を受け止める窓口があることを伝えておくことが大事、とされています。

　そうした取り組みの具体例として、養護教諭やスクールカウンセラー、スクールソーシャルワーカーの役割を伝えておいたり、以下のような外部の相談窓口や連絡先を見やすい場所に掲示して置くことなどが挙げられています。

　○ 24 時間子供 SOS ダイヤル （0120-0-78310）
　○児童相談所虐待対応ダイヤル「189」（いちはやく）

　また、教職員の間で具体的な事例を想定した実践的な研修を重ねるなどにより、対応力を磨くことも大切です。

【参考資料】
「学校・教育委員会等向け虐待対応の手引き」（文科省、令和 2 年 6 月改訂版）
「養護教諭のための児童虐待対応の手引」（文科省、平成 19 年 10 月）
「児童虐待防止対策に係る学校等及びその設置者と市町村・児童相談所との連携の強化について」（平成 31 年 2 月 28 日初等中等教育局長等通知）

子どもの精神科医による解説

○虐待が子どもに与える影響について──なぜ早期の対応が必要か

　経験や出来事といった環境が、遺伝によって決定づけられた脳の構造や脳機能にどのような変化をもたらし得るかを論じる際に、その究極の例がトラウマ（心的外傷）だと言えます。人生早期の過度のストレスやトラウマ（心的外傷）、繰り返される虐待などは、子どもの神経・精神発達過程に悪影響を与え、半世紀経て成人期の健康にも根強く影響します。ACE（adverse child effect, 逆境的小児期体験）研究というアメリカでの有名な疫学調査によれば、子どもの頃の逆境的体験を多く報告する人ほど、成人期に心臓疾患、がん、脳卒中、糖尿病、骨折、肝障害になりやすかったのです[34]。

　最近になり、**発達性トラウマ障害**（developmental trauma disorder）という概念が提唱されるようになってきています[34]。幼少期や思春期早期に複合的、慢性的、長期に発達に不利な外傷的出来事に曝されると、脳や心の発達が影響され、認知、心理、対人、社会面など様々な領域に広範な問題が現れ

ます。

　出来事としては、①対人間の暴力の直接の被害や目撃（身体的・性的虐待、支配、暴力や死の目撃など）や、②保護的な養育環境の著しい混乱（養育者が転々とする、養育者からの繰り返される分離、重篤で継続する）が挙げられます。子どもの主観的体験としては、激しい怒り、裏切り、恐怖、服従、敗北、無力感、恥の感覚に陥ります。

　子どもの頃の逆境的な体験は、情緒的もしくは生理的な制御機能を損なわせます。こういう子どもは、睡眠、食欲、排泄が乱れ、音や触れられることへの反応が過剰もしくは鈍かったりします。過度の感情（恐れや怒り、恥）をコントロールできず、すぐに激しい癇癪を起こしたり、マヒしたようにフリーズしてしまいます。

　子どもが自分の感覚や気持ち、身体のコンディションを言葉にできないのは、そもそも自分の心身の状態に気づいていないからです。さらに、注意機能や行動を制御することも難しくなり、注意力散漫になったり、見通しを持って計画を立てて実行することが難しく、目標に向かった行動を始めたり、持続させることが困難です。なぜなら彼らは、過酷な環境を生き延びるために"その瞬間"に専念することを身につけなければならず、その結果として、より長期的な時間の枠組みで物事を見通すことは経験できずにきたからです。

　恐怖に囚われているため、恐怖を"適切に"知覚することができず、日々の生活や対人場面で何が安全で何が危険かを読みまちがえ、同級生の友好的な行動すら、自分への批判や攻撃と捉えたりしてしまいます。自分を守る能力も損なわれており、危険や刺激を追い求めるような行動をしたりして、それには自傷行為も含まれます。自己嫌悪や無力感、無価値、無能、自分は欠陥品であるなどといったマイナスの自己イメージしか持てず、他者との関係がとても難しくなります。不信感が強くて反抗したり、言葉や暴力で応じたり、一方で不適切なまでにしがみついたりします（以上[33]）。親や先生が「相手の気持ちを考えて」などと「指導」をし、「何度言っても同じことを繰り返す」と嘆く場面に幾度となく遭遇します。しかし上述のように、自分の状態や気持ちを自覚することすら難しいレベルの人に、他者への思いやりや共

感を求めるのはあまりに時期尚早ということでしょう。

　学校での学業や友人関係、家庭生活で、様々な問題が目に見える形で生じてきます。学業不振、出席率の低下、学習の困難（生得的な要因ではなく、例えば、見通しを持って目標に向かって行動できない、注意散漫、投げやりもしくは無気力による学習意欲の低下、ストレス耐性が低くて失敗しそうな課題に取り組まない、など）が見られます。友人関係では、孤立したり、過度にべたべたしたり、常に身体的暴力もしくは感情的な衝突を繰り返したりします。家族内でも、衝突や回避、受身的態度を取るようになったり、身体的もしくは心理的に家族を傷つけたりします。

　本質的な欠損（感情制御の困難、自己肯定感の低さなど）は同じであっても、子どもの発達段階によって症状や問題の出方も変わります。子どもたちが反抗的だったり、自己防衛が過剰だったり、放埒状態だったり、激怒したりするときには、そのような「悪い行い」は、深刻な脅威を生き延びるために確立された行動パターン（たとえそのようなパターンが著しく気を動転させたり、不快感を感じさせたりするものだとしても）の再現かもしれないと気づくことが重要なのです[35]。

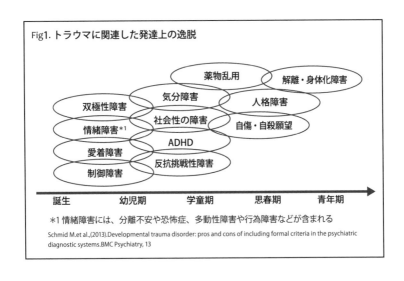

Fig1. トラウマに関連した発達上の逸脱

薬物乱用　解離・身体化障害
双極性障害　気分障害　人格障害
情緒障害*1　社会性の障害　自傷・自殺願望
愛着障害　ADHD
制御障害　反抗挑戦性障害

誕生　幼児期　学童期　思春期　青年期

*1 情緒障害には、分離不安や恐怖症、多動性障害や行為障害などが含まれる

Schmid M.et al.,(2013).Developmental trauma disorder: pros and cons of including formal criteria in the psychiatric diagnostic systems.BMC Psychiatry, 13

○なぜ虐待は繰り返されるのか──虐待の世代間伝達について

　虐待の世代間伝達──親自身の養育環境が、児童虐待のリスクファクターになるか──に関しては、すでに莫大な数の研究が存在しますが、ある報告によると、子どもの頃に虐待された人のうち、大人になって自分の子どもを虐待するのは全部の4分の1程度ではないかと見積もられています。

　一方で、虐待する親のほとんどが、子ども時代に明らかな虐待を受けていたと言います。これは何を意味するのでしょうか。それは、たとえ子ども時代に親からの虐待があったとしても、その後に積み重ねられた人生体験によって、虐待体験による認知・心理・社会的な不利を修正し、自己効力感や自己肯定感を取り戻し、個として夫・妻・親として社会や家庭で適切に機能することが可能になる人たちが多数いる──その人々がいかなる苦痛や困難をどう乗り越えてきたのかまでは、ここでは語り尽くせませんが──ということです。

　子どもを虐待する人の特徴を以下にまとめます。

1．表面的な対人関係は取れるが、人との深い情緒的な関わりが苦手である。

2．現実認識が一部ゆがんでいて、現実適応能力に障害（仕事や人間関係が続かない、係や役割を果たすことが難しい、等）が認められる。

3．自分の心的世界を子どもに投影している（親自身の物事の見方やイメージを子どもに押しつける、例えば、「世の中は敵だらけで母親や家庭内だけが唯一の味方」、「何をしてもうまくいくはずない」など）

4．自己イメージが悪く、被害者意識が強い

5．子どもとの立場の逆転が見られる（「役割逆転」とも言われる。子どもが親の心身のケアをする）

6．悲しみや哀しみの気持ちを受け入れられない

　親から子どもへの過度の期待や要求があったり、親が子どもに自分を無条件で受け入れることを求め、子どもの年齢相応の健全な自己主張を子どもからの拒否や非難と受け取ってしまうこともあります。

　親からの虐待に際し、子どもは「自分が悪いから親が自分に罰を与える」

と考えることで不条理な状況を潜り抜けようとし、今度は「悪い子を懲らしめる親」に自分がなりきることで、悪くて弱い自分を克服しようとするのが、虐待が連鎖する1つのパターンです。例えば、子どもの頃に親に甘えることをあきらめ、何事においても厳しく自分を律してきた人にとって、子どもの甘えは受け入れがたく体験されるかもしれません。

　自分が子どもの頃につらかった親との関係性を繰り返すまいとして、結果として繰り返してしまわざるを得なくなるのが、虐待の世代間伝達です。こんな虐待みたいなことはしたくないと、泣きながら子どもを叩いてしまうと打ち明けてくれたお母さんに出会いました。彼女も虐待を受けて育ちました。虐待される痛みをいちばん知りながら、そのループから抜け出す方法を1人で見いだせずにいるのです。

　子どもを守るための介入には、子どもと親、家族のそれぞれに関する精緻で包括的な見立てが必要であり、その第1歩が、学校の先生からの1本の電話ということがあるのです。

【もう一歩深めたい方への参考書籍】
ドナ・ジャクソン・ナカザワ著『小児期トラウマがもたらす病──ACE の実態と対策』パンローリング社、2018
ベッセル・ヴァン・デア・コーク著　柴田裕之訳『身体はトラウマを記録する──脳・心・体のつながりと回復のための手法』紀伊國屋書店、2016
宮口幸治著『ケーキの切れない非行少年たち』新潮新書、2019

5　虐待通告後の学校の役割は？

虐待が明らかになった後の対応の留意点

●質問●

　公立小学校の校長です。ある日、小学6年生の子どもが、顔にアザを作って登校したので、担任が事情を聴いたところ、義父が投げた物が当たってしまったことや、ご飯を作ってもらえない日があることなどがわかり、学校から児童相談所に通告したところ、その子どもは、一時保護されることになりました。

　今後、学校としては、児童相談所などの関係機関や、子ども本人・両親とどのように関わっていくことになるのでしょうか。

弁護士による解説

1　児童虐待から子どもを守るために学校・教職員に求められる責務

（1）児童虐待防止法の改正で、ますます学校の役割が増した

　2019（令和元）年に児童虐待防止法の改正が行われ、学校関係者の役割についても、いくつか重要な改正が行われました。そのポイントは、次の通りです。

①児童保護に関係する機関は、相互の連携強化のための体制を整備するための**努力義務**が課され（児童虐待防止法4条1項）、この関係機関の1つとして「学校」が具体的に明記されました。

②学校などの児童の福祉に関連する機関の職員に対し、正当な理由なく、その職務上知り得た児童に関する秘密を漏らしてはならない、という**守秘義務**が定められました（同法5条3項）。

③要保護児童対策地域協議会（要対協）から**情報提供**等の求めを受けた関係機関等は、これに応ずるよう努めなければならないものとされました（児童福祉法25条の3、2項）。

（2）児童虐待の防止のために学校・教職員に求められる役割

　より具体的に、児童虐待防止法において、学校・教職員に求められる役割は、以下のように整理できます。

①虐待の早期発見に努めること（法5条1項）
②虐待を受けたと思われる子どもについて、市町村や児童相談所等へ通告すること（法6条）
③虐待の予防・防止や虐待を受けた子どもの保護・自立支援に関し、関係機関への協力を行うこと（法5条2項）
④虐待防止のための子ども等への教育に努めること（法5条5項）
⑤児童相談所や市町村から虐待に係る子どもまたは保護者その他の関係者に関する資料または情報の提供を求められた場合、必要な範囲で提供すること（法13条の4）

　このうち、①、②、④については、第5章−4を参照してください。

　ここでは、主に通告をした後の取り組みである③、⑤をめぐって、学校現場において気をつけておきたいことを整理してみましょう。

2　通告をした後の流れと学校の役割

（1）児童相談所や市区町村（虐待対応担当課）は、学校などから通告を受けると、子どもの安全確認や調査を行い、引き続き経過を見ていく必要があると判断した場合、保護者等への援助方針を立てて、電話や面接、訪問等を通じて保護者に指導助言、カウンセリング等のソーシャルワークを行います。

　こうした一連のプロセスを、子どもと保護者がいっしょに暮らしている状態で行う場合もありますが、子どもと保護者をいっしょに住まわせていたのでは、子どもの安全を守れないと判断した場合には、児童相談所の権限で、子どもを「一時保護」したり、さらに、児童養護施設や里親の下で子どもを生活させたりします。

　そして、通告後に、児童相談所等が主導する虐待防止に向けたソーシャルワークの中で、学校に対し、個別に協力要請が来る場合があります。

（2）通告直後の 48 時間以内の安全確認への協力

　児童相談所等は、通告を受けた後、48 時間以内に子どもの安全確認をしなければなりませんが、学校ならば、保護者の干渉なく子どもの様子を確認できます。

　学校としても、この安全確認の手続きに協力して、事情を把握している教員が立ち会って、児童相談所等から状況に関する質問を受けた場合にも、なるべく詳しく状況説明をするなどの協力が求められます。

（3）子どもが一時保護された場合の対応

　子どもが一時保護されると、子どもの安全を確保するため、その期間中は、多くの場合、学校に通うことができなくなります。一時保護の期間は原則として 2 か月以内ですが、延長されることもあります。

　一定の要件を満たす場合には、一時保護所等の施設の中で子どもが学習指導を受けた日数を指導要録上出席扱いとすることができます[1]。

　一時保護を受けていることに伴う子どもの不利益を、可能な限り緩和する配慮が求められます。

【補注】
[1] 「一時保護等が行われている児童生徒の指導要録に係る適切な対応及び児童虐待防止対策に係る対応について」（平成 27 年 7 月 31 日初等中等教育局長通知）

（4）子どもが在宅で児童相談所等の支援を受けている期間の対応

　児童相談所等の援助方針の協議の結果、虐待の程度が比較的軽微な場合には、一時保護がなされないこともあります。また、一時保護が解除されて子どもが家に戻ってきた後は、「在宅での支援」の状態となります。

　在宅での支援の期間中は、子どもが日中を過ごす学校での見守りがとても重要です。普段と変わったことがないか、注意深く見守っていくとともに、もし子どもに不自然な様子があれば、児童相談所等に相談するようにしてください。

　特に、長期にわたる欠席は見過ごしてはいけない兆候です。後で述べる「要

保護児童対策地域協議会」（通称「要対協」）で進行管理されている子どもについては、理由の如何を問わず、休業日を除き引き続き7日以上欠席した場合には、速やかに市区町村（虐待対応担当課）や児童相談所に情報提供することが求められています。

　また、過去の虐待重大事件から、家庭環境の変化は周囲が思っているよりも早く進行し、いつのまにか虐待が深刻化してしまう場合があることがわかってきました。学校側が異変を感じ取っていない場合でも、児童相談所等から、家庭訪問の拒否や家族構成の変化など虐待リスクが高まったことをうかがわせる情報が提供されたときには、よりいっそう注意して見守りをするようにしてください。

（5）要保護児童対策地域協議会と情報・資料の提供の「努力義務」

　要保護児童対策地域協議会（以下、「**要対協**」）は、2004（平成16）年の児童福祉法改正で導入された制度です。

　要保護児童等の早期発見や適切な保護を図るため、関係機関がその子ども等に関する情報や考え方（見立て）を共有し、適切な連携・協力を確保するために、市区町村に設置されています。

　要対協の対象となる「**要保護児童等**」とは、以下のような状況にある人たちです。

要保護児童	保護者のない児童 保護者に監護させることが不適当であると認められる児童 ＊虐待を受けた子どもだけでなく非行児童なども含まれる
要支援児童	保護者の養育を支援することが特に必要と認められる児童
特定妊婦	出産後の養育について出産前において特に支援が必要と認められる妊婦

　また、要対協は、①代表者会議、②実務者会議、③個別ケース会議の3層構造になっていて、学校関係者の参加が求められるのは、具体的な子どもの支援について検討する個別ケース会議です。個別ケース会議も、市区町村（虐

待対応担当課）が主催し、開催の日時場所は様々です。学校で開催されることもあります。1つのケースについて、1〜3か月に1度くらいの頻度で行われます。

　学校関係者には、個別ケース会議に参加して、子どもや保護者・家庭の状況について説明したり、会議の中で確認された課題や役割分担を自覚して、今後の子どもとの関わりに活かしていくことが求められます。

　なお、児童福祉法では、要対協は、関係機関に対して、子どもや保護者に関する情報・資料を求めることができると定めていますし、児童虐待防止法13条の4にも、児童相談所等は学校を含む関係機関に資料や情報の提供を求めることができるとされていますので、学校が当事者の同意なくこれらの情報を提供しても、個人情報保護条例等の違反にはなりません。また、要対協メンバーには、相互に守秘義務が課されているので、要対協の中で学校が提供した情報が当事者に伝わる心配もありません。

　さらに、2019（令和元）年の児童虐待防止法の改正に伴い、学校には要対協の情報・資料の提供の求めに応じることが努力義務化されました。これにより、学校に対してより積極的な情報・資料の提供が求められることになりました。

（6）転校・進学時の学校間の情報の引き継ぎ

　虐待の恐れのある家庭の特徴として、転居を繰り返すケースがあります。また、転居まで行かずとも、学校の対応に不満を募らせた保護者が子どもを転校させてしまう場合もあります。

　転居や転校によって、児童相談所等の担当者を含め支援者の体制が大きく入れ替わり、引き継ぎが不十分であった場合には、見守り体制に隙間ができてしまうリスクがあります。そこで、転出元・進学元の学校は、指導要録や健康診断表、虐待にかかる記録の写しなどを確実に引き継ぐとともに、必要に応じて、転校先・進学先の担当教員に対して、対面や電話連絡などにより、適切に情報を伝えることが大切です。

　なお、この場合の情報の引き継ぎについても、法律上、虐待に関する個人

情報は、虐待を防止し子どもの生命、身体等を守るために必要な、子どもの利益になるものですから、子ども本人や保護者の同意がなくても、転校先・進学先に提供できると考えられています。

3　虐待通告に反発する保護者への対応

　子どもを一時保護すると、児童相談所から保護者に対して連絡を入れることになっています。その後、事態を把握した保護者が学校に押しかけてくることも考えられます。法律上、通告を受けた児童相談所等は、通告をした人について明かしてはいけないことになっていますが、通常、おおよその見当はつくもので、学校に対して強い反発が来ることは十分にありうることです。しかし、こうした反発を恐れて通告をためらうことがあってはいけません。

　では、こうした事態に対応する際のポイントを見てみましょう。

---

①虐待の疑いを認知するに至った経緯や情報源、児童相談所等との連絡内容を伝えないこと
②「一時保護は児童相談所の判断であり、学校が決定したものではない」と明確に伝えること
③結果的に、通告が誤りであったとしても、基本的に、刑事上、民事上の責任を問われることはないこと
④保護者から威圧的な要求や暴力的な対応が予想される場合には、必ず複数の職員で対応するとともに、教育委員会や児童相談所等、警察、弁護士などの専門家と情報共有を図り、連携すること

　また、保護者が、子どもの法定代理人として、子ども本人の情報について、個人情報保護条例等に基づく開示請求をしてくる場合もあります。この点については、第7章－6で詳しく解説していますので参照してください。状況に応じて、弁護士に相談することも検討してください。

子どもの精神科医からの解説

〇対応についての概略—世代間伝達を断ち切るチャンスの場としての学校

　具体的な対応については、弁護士の先生による解説で網羅されているでしょう。児童虐待や、虐待とは言えないまでも不適切な養育環境への介入は、当然ながら、子どもと親の両方へのアプローチが必要です。しかし児童虐待への対応に際し、どうしても「子ども＝被害者、親＝加害者」の構図にはまり込んでしまうことがあります。

　第5章−4で述べた通り、親もかつては被害者であったかもしれず、適切な母親・父親モデルに出会わないまま、子どもへの関わり方がわからずにいる人なのかもしれません。親と援助者が対立して事態が膠着し、最も被害を蒙るのは子どもです。極めて乱暴にまとめてしまえば、**子どもに対しては、安全を保障し、虐待が子どものせいではないことを伝え、子どもが自分の体験や気持ちを整理し、自分や誰かを信じて自分の能力を発揮できるようになっていくお手伝いが必要です。また親に対しては、親の困り感やニーズに寄り添いつつ、親の負担を減らすために可能な限りの社会資源を投入し、子どもへの不適切な行動を修正し、時には毅然とした態度で子どもの福祉を優先（子どもを家庭から分離することを含めて）させなければなりません。**

　その都度リスクを見極めながら、同一人物・方向性の異なる2つの介入を同一機関が行っていくことは、極めて困難です。これが、児童虐待の対応において関係各機関との連携が重要な理由の1つにもなります。多機関で子・親の見立てを共有し、支援の方向性を決め、役割を明確にし、分担することができれば、それぞれの現実的・心的負担を減らすことができますし、そもそも子どもを守るセーフティーネットが広がります。

　虐待の負の連鎖を断ち切る上で、学校の貢献は大変重要に思われます。まずは、子どもの苦境を「見つけること」です。先の ACE 研究（第5章−4）では、**児童期のトラウマの影響は、学校で次第に明らかになることが多い**と報告されています。例えば、児童期の逆境体験がなかった人で学習面や行動面での問題を抱えていた人は3％だったのに対して、逆境体験が4つある人

の半数以上が学習や行動上の問題を示しました。虐待通報を迷う場合、虐待か否かという二項対立に陥る（関係機関からの回答が「まだ虐待には当たらないから、今はウチでは対応しません」という時などには特にそうなるという自戒です）ことが稀にありますが、虐待通報が頭に浮かんでいる時点で、この子どもと家庭に抜本的な支援・対策が必要で、かつ単一機関（この場合は学校）では対応が困難な事態が生じているということを学校が読み取っているということです。

　児童虐待は、上述の通り、広範かつ何世代にもわたる甚大な災いをもたらすのですから、「疑い」段階での通報や関係各機関（地区担当保健師や役所、教育相談所など）との連携は、子どもが苦境から抜け出す第一歩です。全国各地の児童相談所がパンク気味でスタッフが疲弊しているのも重々承知していますが、それは政治や行政にがんばってもらうしかありません。

　また、家庭が安全基地にならない子どもでも、子どもが困難や苦痛を乗り越える安全基地を学校で手に入れることができれば、世代間伝達を断ち切るチャンスが生まれるかもしれません。安全基地は、物理的な安全という意味だけではなく、人が提供するものです。家庭での困難な状況がなかなか改善しない場合でも、担任や部活の顧問、保健室の先生との出会いや交流をきっかけに立ち直っていく子どもや、そういった体験を振り返る大人に度々出会います。それが用務員さんだったという子もいました。こういったポジティブなフィードバックが当の先生方に直接届かないのが非常に残念ですが、以上が、虐待予防・対策の最前線という学校機能についての私見です。

〇トラウマ体験を持つ子どもと関わる人のメンタルヘルス

　家庭内暴力や死の目撃、児童虐待など、トラウマ体験はその物語を聴くものに強烈な感情を体験させ、トラウマ体験がないにもかかわらず、あたかも被害者と同じような症状を経験することがあります。これを「**二次的外傷性ストレス**」もしくは「**二次受傷**」と呼び、「燃え尽き症候群」「（外傷性）逆転移」「代理受傷」「共感疲労」などという関連概念が提唱されてきました[36]。

　例えば、**燃え尽き症候群**では、個人および組織の対応能力が限界に達して

いるにもかかわらず外部からの支援を受けず、もしくは受けないままに、今までと同等かそれ以上のサービス（質、量もしくはその両方）を提供する羽目になり、心身の疲労が蓄積し、不安、イライラ感、悲哀感、自尊心の低下、睡眠障害、高血圧、頭痛、家庭内不和などを誘発することがあります[36]。感情（情緒）感染という言葉もあります。これは自分が関わる他者が実際に体験した、もしくは体験しそうな感情と同性質の感情反応を意図せず体験することを言います。

　ですから虐待された子どもと関わる際には、彼らが有するあらゆる感情が自らにも生じる可能性があることを知っておくことは有用です。怒り、悲しみ、憎しみ、恨み、絶望、不信、裏切られ、孤独、無力感、罪悪感、敵意、自己否定、支配欲求などなど。そして子どもとの関係に直接的にマイナスの影響を及ぼさないよう、**関わる側の大人が、子ども自身が処理できず、言葉にできずに持て余して行動や態度として表現するしかない負の感情に出会い、自分に生じたこれらの感情に気づき、「生き残る」必要があります。**逆境を体験した子どもと関わることで自分の内側に生じる感情や体験に圧倒され、子どもとの関係が壊れてしまわないように、それを仲間と分かち合って振り返る機会を持ち、自分の限界を知りつつも子どもの成長やチームの力を信じて希望を手放さず、そしてその実現に必須なこととして、自身の精神の健康を維持すること（例えば、遊びや笑いを失わない）、という極めて困難な難題を突きつけられることになります。「教師として子どもに対して腹が立つなどあるまじき」という意見があるかもしれませんが、相手が逆境を生き抜いてきた子どもの場合には特にそうはいきません。上述したような負の感情が生じてきたときに、その源泉を見極め、それを子どもの理解や援助につなげられるように模索していくということですので、これは決して簡単なことではありません。

　暴力・死の目撃や激しい虐待を理由に入院治療を必要とするような子どもの治療では、治療過程で子どもからの激しい攻撃に曝されることになります。「私のお母さんになってほしい」とか細い声で伏し目がちに言った次の瞬間には私をにらみ付け、「お前も（自分の親みたいに）私のこと嫌いなん

だろ。お前も私のことを見捨てるんだろ。殺せ！」などとすごんできたりするのです。多くの患者やその家族が行き交う大病院の待合で、「やーい、虐待医者！　お前に子どもの気持ちなんかわかるのか！」などと叫ばれた瞬間の、自分が見た景色（受付嬢のとまどう顔とたくさんの冷ややかな目）と、自分の固く閉じた唇と拳、棒のように突っ張って小刻みに震える腕の感覚（こみ上げる激しい気持ちと、今は感情に駆られて行動してはいけないと自分を制止する自分とのせめぎ合い）は、未だに生々しく蘇ります。私の体験した激しい怒りと絶望感は、彼女がこれまでに体験してきた気持ちでもあります。

　けれど、病棟にいれば、私は１人ではありません。自分の我慢が閾値に近づくと、周りにいる看護師に目配せ（「ごめん。もう無理。頼む。」）をして裏の休憩室に引っこみ、スタッフが淹れてくれたコーヒーでお菓子を頬張りながらあれこれと慰められ、また戦場に戻るのでした。

　治療者が生き残らなければ、患者の治療はあり得ません。難しいケースになればなるほど、治療という目的とゴールのために、思いつく限りの知恵とエネルギーと資源を投入せざるを得ず、そのためには、「仲間」の存在が欠かせません。校内全体や関係各機関がチームとして関わることのもう１つの重要な意味が、ここにあります。蛇足ながら、「治療者が生き残る」とは、治療者が楽をするとか、すべきことをしないことではないことを、自戒を込めて書き添えておきます。

6 就学先をどう決める？
当事者の希望と合理的配慮との関係

●質問●

4月から公立中学に進学予定の男子の母親から、教育委員会に相談がありました。子どもには発達障害（診断：自閉スペクトラム症）があり、対人コミュニケーションに少し困難があるが知的には問題がなく、小学校時も普通学級だったので、中学でも普通学級で学ばせたいということです。

在籍していた小学校に確認したところ、クラスメートとのトラブルが起きたこともあり、中学の普通学級でも問題が起きる可能性があるとのことでした。このような場合、子どもの就学先についてどのように判断すべきでしょうか。

弁護士による解説

1　特別支援教育とは

「特別支援教育」とは、障害のある幼児児童生徒の自立や社会参加に向けた主体的な取組を支援するという視点に立ち、幼児児童生徒（以下、「子ども」）一人一人の教育的ニーズを把握し、その持てる力を高め、生活や学習上の困難を改善又は克服するため、適切な指導及び必要な支援を行うもの、とされています（文部科学省）。

障害のある子どもへの教育は、従来、障害の種類・程度に応じた特別な場を設けて教育を実施する「特殊教育」として実施されていましたが、2007（平成19）年4月から、「特別支援教育」として学校教育法に位置づけられ、すべての学校において、障害のある子どもの個々のニーズに応じた個別の支援を行うものとされ、その後、2013（平成25）年には、就学先決定（就学指定）のあり方が変更されるなど制度改正がされています。

2　特別支援教育の枠組み（特別支援の種類）

（1）現在の特別支援教育の制度枠組みとしては、①**特別支援学校**（学校教育法 72 条等）、②**特別支援学級**（固定級）（学校教育法 81 条）、③**通常学級に在籍しながら通級指導を受ける**（学校教育法施行規則 140 条）、④**通常学級に在籍しそこで何らかの特別支援を受ける**（文部科学省通知・25 文科初第 756 号　平成 25 年 10 月 4 日）、というものが想定されています。

このうち、①の特別支援学校は、おおむね学校教育法施行令 22 条の 3（就学基準）で定める障害の種類・程度にあたる場合が想定されており（但し、具体的な決定については、後記 3 を参照）その詳細は、下の表の通りです。

そして、②の特別支援学級（固定級）は、「知的障害者、自閉症者、身体虚弱者、弱視者、難聴者、その他障害のある者で特別支援学級において教育を行うことが適当なもの」が想定されています。

また、③の通級指導教室は、「言語障害者、自閉症者、情緒障害者、弱視者、難聴者、学習障害者、注意欠陥多動性障害者、その他障害のある者」であって「特別の教育課程」すなわち、通級による指導が適当なものについて、通常学級に在籍しつつ、週のうち適当な時間について通級指導教室での特別支援を受けることとされています。

さらに④は、通常学級に在籍しつつ、当該学級において学習支援などの特別支援を受けるという場合です。

学校教育法施行令 22 条の 3（就学基準）

法 75 条の政令で定める視覚障害者、聴覚障害者、知的障害者、肢体不自由者又は病弱者の障害の程度は、次の表に掲げるとおりとする。

区分	障害の程度
視覚障害者	両眼の視力がおおむね 0.3 未満のもの又は視力以外の視機能障害が高度のもののうち、拡大鏡等の使用によっても通常の文字、図形等の視覚による認識が不可能又は著しく困難な程度のもの
聴覚障害者	両耳の聴力レベルがおおむね 60 デシベル以上のもののうち、補聴器等の使用によっても通常の話声を解することが不可能又は著しく困難な程度のもの

知的障害者	一　知的発達の遅滞があり、他人との意思疎通が困難で日常生活を営むのに頻繁に援助を必要とする程度のもの 二　知的発達の遅滞の程度が前号に掲げる程度に達しないもののうち、社会生活への適応が著しく困難なもの
肢体不自由者	一　肢体不自由の状態が補装具の使用によっても歩行、筆記等日常生活における基本的な動作が不可能又は困難な程度のもの 二　肢体不自由の状態が前号に掲げる程度に達しないもののうち、常時の医学的観察指導を必要とする程度のもの
病弱者	一　慢性の呼吸器疾患、腎臓疾患及び神経疾患、悪性新生物その他の疾患の状態が継続して医療又は生活規制を必要とする程度のもの 二　身体虚弱の状態が継続して生活規制を必要とする程度のもの

（2）質問の場合は、知的障害のない、発達障害（診断：自閉スペクトラム症）のケースということで、上記の特別支援教育の態様のうち、①以外の、②ないし④のいずれかが考えられます（①は知的障害のない発達障害のケースを想定していないため）。

　質問のケースで②・③・④のいずれが適当かは、当該生徒の個々のニーズや特性、また、その地域における特別支援教育の体制などを考慮して決められることになりますが（実際の手続きについては後記3）、このケースで小学校では普通学級で過ごせてきたことからすれば、インクルーシブ教育の理念の観点からも②の特別支援学級（固定級）はできるだけ回避されるべきであり、③の通級指導か、④通常学級での特別支援が検討されるべきではないかと考えられます。

3　特別支援教育の開始・種類を決める手続き

（1）個々の障害のある児童生徒について、特別支援教育の開始や種類、また具体的な支援のあり方の決定

　個々の障害のある子どもの就学先を最終的に決めるのは、区市町村教育委員会の就学支援委員会とされていますが、その決定に当たっては、2013（平

成 25) 年から、子どもの「**保護者及び教育学、医学、心理学その他の障害の
ある児童生徒等の就学に関する専門的知識を有する者の意見を聴くもの**」と
される（学校教育法施行令 18 条の 2) とともに、本人・保護者に対し十分
情報提供をしつつ、その意見を最大限尊重し、本人・保護者と区市町村教育
委員会、学校などが教育的ニーズと必要な支援について合意形成を行うこと
を原則とすべきものとされるに至っています（文科省通知・25 文科初第 655
号　平成 25 年 9 月 1 日）。

（2）特別支援のあり方を決めるに当たっての「合理的配慮」の要請

　また、2016（平成 28）年から施行となった「**障害者差別解消法**」は、障害
者から行政機関に対し、社会的障壁を除去するための合理的配慮を要請でき
るものとし、行政機関が合理的配慮の義務を負うとする制度を設けています
（民間機関の場合は努力義務）。

　すなわち、障害者から、障害者にとっての社会的障壁の除去を必要として
いる旨の意思の表明があった場合、行政機関は、その実施に伴う負担が過重
でない時、当該障害者の性別、年齢及び障害の状態に応じて、社会的障壁の
除去の実施について必要かつ合理的な配慮をしなければならない（障害者差
別解消法 7 条 2 項）とされています。

　このため、本件のような、障害のある子どもの就学先指定の場面でも、行
政機関は上記の条件で社会的障壁除去のための合理的配慮をする義務がある
ことになります。

（3）質問のケース

　このケースの場合には、保護者が、子どもを中学でも普通学級で学ばせた
いとの要望を表明しており、実際にも小学校で普通学級に在籍していた実績
もあります。一方で、子ども本人の意向の確認も必要であり、本人の意向と
も合致しているならば、このケースに関する諸事情ついての「教育学、医学、
心理学その他の障害のある児童生徒等の就学に関する専門的知識を有する者
の意見」も踏まえた上で、教育委員会の就学支援委員会は、普通学級を希望

するという本人・保護者の意向を最大限尊重することが求められることになります。さらに、その際、障害のある子どもの個別のニーズに沿った特別支援を実現するための合理的配慮も、行政機関である教育委員会に義務づけられることになります。

子どもの精神科医による解説

〇発達障害の告知と受容
　──「自分／子どもを知る」ことと「自分／子どもを受け入れる」こと
　診察室で初めて会う子どもやその保護者から、「○○（病院、関係各機関）で、ADHD／自閉症スペクトラムと言われました」とお聞きする機会も増えてきました。発達の偏りの傾向も程度も誰一人として同じではないので、「あなたの／あなたの子どもの発達障害」の様相を尋ねてみるのですが、答えられない方が何割かおられます。むしろ時には「そんな質問をして、この人は本当に専門家なのかしら」と怪訝な顔をされたりすることもあります。さらに、それらの傾向に対しての対策や対処法について伺うと、答えられずに困ってしまう方もおられます。障害受容が、子どもや親の発達課題やライフサイクルにより行きつ戻りつする過程であるとしても、これらの「告知」では子ども本人や保護者が自分や子どものことを知り、子どもの人生を豊かにするための、生きた知識にはなりきれていないと言えるでしょう。自戒を込めて、これは告知する側にも責任があります。
　宮本（2007）は、発達障害を子どもに告知することで期待される事項として、
　1．自分の特性を理解し、対応できる方法を考えられるようになる
　2．自分自身に対する疑問を解消し、不安を軽くする
　3．生じているトラブルや疑問・不安を気軽に相談できるようになる
　4．親子間で本人の特性について率直に話し合えるようになる
　5．将来について現実的に話し合えるようになる
　を挙げています。告知のタイミングとしては、子ども自身が周囲との違和感を抱き始めたり、困り感を持ち始めたりする時期、現実的には、小学校高

学年から中学校で告知されることが多いのではないかと推察されています。

　発達障害児への告知に関する文献的考察によれば、我が国の親や教員を対象とした質問紙や面接法を用いたこれまでの研究では、大まかには7歳から16歳までに、母、次いで医師から、診断名や特性について告知される傾向が見受けられました。一方で臨床現場では、自他の相違の気づきや本人の困り感が生じてきた頃に、医師により、困り感に焦点化された特性や対処法、今後の見通しなどが伝えられています[37]。

　障害受容に関しては、段階的モデル、慢性的悲哀（悲嘆）、螺旋形モデルなどのいくつかのモデルがあります。段階的モデルで最も有名なのは、キューブラー・ロスの『死ぬ瞬間』です。生命に関わる病いを知ってから死に至るまでの心理的変化を、以下の5段階に分けて論じました。

1. **否認**：不快で苦痛に満ちた状況に対する健康的な対処法であり、ショックな事柄からの衝撃を和らげる。
2. **怒り**：なぜ自分なのかという怒りが高まり、周囲にも怒りが向く時期。
3. **取り引き**：避けられない結果を先延ばしにしようと、色々と交渉しようとする。著者の報告した取引相手の多くは神であり、よい行いをすることによる延命を願う。
4. **抑うつ**：喪失感や、これから失うことへの準備としての抑うつが強まる。
5. **受容**：周りへの関心が薄れ、最期の時を静観するようになる。

　発達障害の場合にも、この死の受容と同様の段階があると論じる専門家がいます。また、慢性的悲哀は知的障害児や発達障害児の大多数の親が苦しんでいる広範な精神的反応のことですが、支援者はこれを自然な反応として理解することが重要とされています。螺旋形モデルは、障害受容の過程が一直線ではなく、螺旋階段を上るように紆余曲折しながら進展するというモデルです。

　親が障害のある子どもを受容していく過程には、子どもや親のライフサイクルや発達段階に応じていくつかの危機的時期があります。

　子どもに限って言えば、まずは誕生から3歳時までの時期で、健診などで専門病院受診を勧められたり、障害の診断・説明を受けたりした時です。以

後、保育園・幼稚園や療育などの集団生活が始まる時期、就学、中学や高校への入学や進学、高校卒業後の進路の選択時期などが挙げられます。

　親の障害受容には、我が子を受容することだけでなく、家族の問題（兄弟や家族間の問題、経済的問題）、親自身の人生の受容（親の思い、親自身の生活や加齢・健康）、社会受容（教育や社会生活の保障、地域社会の理解や協力、仲間作りなど）の4つの要因が組み合わされ、それぞれに対する支援の必要性が指摘されています[38]。

　さて、最近では発達障害も「スペクトラム」——定型発達との連続性の中で——と考えられるようになり、かつての正常と異常の境界線は曖昧になり、「発達の凸凹」、「グレーゾーン」、「個性」などの言葉が飛び交うようになりました。「スペクトラム」時代の告知や受容について、ここでは軽度の場合に限定して考えてみたいと思います。日常語に置き換えれば、告知は「自分／子どもを知る」こと、受容を「自分／子どもを受け入れる」こととなるでしょう。

　氏家（2018）は、告知段階で告知する内容として、「①特性の説明」、「②具体的な対処方法についての情報」、「③その後の見通しの説明」の3本柱の必要性を強調しています[37]。言うまでもなく、診断名というカテゴリーを伝えることだけが告知ではありません。子どもが自分を知ることを支援するという立場に立てば、この3本柱を伝える働きかけは、日々の子どもと大人との各年齢・発達段階に応じた働きかけの中で可能です。「AちゃんはXが得意だね」「B君はYが苦手だけど、それはB君のせいではないんだよ。誰しも得意不得意があるからね。困ったときはこうすればいいんだよ」等々。幼稚園世代の子でも十分伝わります。

　「告知」も「受容」も「スペクトラム」の観点で考えれば特別なことではなく、私たちは日々この「自分を知る」営みを繰り返しています。日々の他者との交わりの中で、自分の気持ちに気づき、自分の考えや言動を振り返り、自分の性格とその成り立ちを知り、進路選択、就職や転職、結婚や出産などのライフイベントの大きな決断をしているのです。この日々の積み重ねは、二次障害の発生を抑えるのにも有効に働くでしょう。というのも診断名を伝える

頃には、子ども本人が自分をマネージメントする方法を心得つつありますから、突然の告知が子どもの無力感や劣等感や心の傷に繋がることが少なくてすむのではないかと思いますから。

　ある精神療法家が「親は子どもの将来に自分たちの願望を投影するが、親になることの大きな課題の1つは、この期待の実現が失敗することである」と書いていますが、とは言え発達障害の子どもを抱える親の「子どもを知る」「子どもを受け入れる」過程は、いくら日常語に言い換えたとしても、上述のようにやっぱり大変なプロセスです。

　最後に中田（2018）を引用します。「障害告知は、保護者に精神的衝撃と悲哀を与え、その回復には一定の期間が必要である。回復し表面では適応していても、悲哀が常に内面にあり、状況によっては再燃する。人生の価値に対する質的な変革が生じるのは、慢性的悲哀を通して家族が幾度も心痛を経験し、また幾度もそれを自らの努力で克服するからである」[39]。

○保護者の協力が得られない場合――保護者の協力が得られなくても

　残念ながら、保護者の協力が得られない場合もあります。だからと言ってあきらめるべきではないこと、先生との出会いで子どもが劇的に変わり得ることを私に教えてくれたのは、ある先生との出会いでした。学校での対応に困り、とある少年の外来に同伴されたのでした。発達に偏りがあったのですが、授業中に上の空なのは人に迷惑がかからないだけまだよい方で、授業を抜け出して近くの商店街の書店でグラビア写真を立ち読みしたり、他の子の給食を食べてしまったり、校内で彼だけが「治外法権」のようでした。

　様々な事情で、保護者の協力はほぼ得られませんでした。病院の受診も先生の主導で、わざわざ同伴してきたのでした。初めて私たちが出会ったその日、何だか他人事のように所在なくそわそわしている彼と親を待合で待たせ、難しい顔をした先生と私で「もう地域でこの子を育てるしかない」という結論に至ったのでした。

　それ以降、その先生は熱心に彼に関わります。彼の好きなキャラクターなどありとあらゆる手を使って彼のモチベーションを上げ、まずは教室に留ま

ることから始め、できたことは必ず褒め、少しずつ守れるルールを増やして
いきます。季節をいくつか越した頃から、少しずつ勉強の課題に取り組む時
間を"ねじ込める"ようにもなってきました。彼も先生によく懐き、先生に
褒められたくて、熱心に課題に取り組み、掃除や係の仕事をこなすようにな
りました。地区の音楽大会にも参加できて、見違えるほど立派になって卒業
していきました。

　一方で私のした仕事と言えば、月1回の彼の外来に往復2時間近くかけて
同伴される先生の話を聞き、心から感心し、労うことだけでした。本当によ
く勉強されておられる（むしろ私が学ぶことの方が多いくらいでした）先生
で、彼が学校によくなじむようになった頃から、「もう（彼の外来に）つい
て来られなくていいですよ」と何度か申し上げたのですが、毎回必ずお見え
になるのでした。

　当初、彼は職員室では「やっかいな生徒」で、熱心に関わる先生の対応に
周りは半信半疑だったかもしれません。彼の変化に伴い、彼を取り囲む校内
の雰囲気も徐々に変わっていったように感じていました。

　繰り返しますが、私が彼に対して直接したことはほぼありません。保護者
の状況も変わりませんでした。先生の情熱と的確な指導だけが、彼の変化を
引き起こしたのです。本当によい勉強をさせてもらったなと、先生には心か
ら感謝しています。先生との出会いがなければ彼はどうなっていたのでしょ
うか。怖くて想像したくもありません。

7 外国籍の子どもたちへの配慮は？

受け入れる際の留意点

●質問●

　私は公立小学校の校長です。今年赴任した学校は、前任校に比べて、外国籍の児童が大変多く、とまどっています。

　外国籍の子どもたちを受け入れるにあたり、学校側で留意すべきポイントを教えてください。

弁護士による解説

1　外国籍の子どもの就学状況

　日本では、外国籍の子の保護者については法令上の就学義務がないと考えられていますが、公立の義務教育諸学校へ就学を希望する場合には、国際人権規約や子どもの権利条約の規定を踏まえ、その子を日本人児童生徒と同様に無償で受け入れています。

　法務省によれば、2019（令和元）年末現在、在留外国人の数は293万3,137人（中長期在留者262万636人、特別永住者31万2,501人）で、前年度末に比べ20万2,044人（7.4％）増加しました。国籍別にみると、中国（81万3,675人）、韓国（44万6,364人）、ベトナム（41万1,968人）、フィリピン（28万2,798人）、ブラジル（21万1,677人）、インドネシア（6万6,860人）などとなっています。[*1]

　1990（平成2）年の出入国管理及び難民認定法の改正以降日本に暮らす外国人の数は急速に増えていましたが、2019（平成31）年4月の新たな改正法施行を機に、ますます増加することが見込まれています。

　こうした背景のもと、日本の学校で学ぶ外国籍の児童生徒の数も急速に増加しています。文部科学省の調査によれば、2019（令和元）年5月1日現在、学齢相当の外国籍の子どもの住民基本台帳上の人数は、小学生相当が8万7,033人、中学生相当が3万6,797人でした。そのうち、義務教育諸学校（国

公私立小・中・義務教育学校、中等教育学校・特別支援学校）に在籍する子どもの数は、小学生相当が 6 万 8,237 人、中学生相当が 2 万 8,133 人となっています。[2]

【補注】
[1]　法務省「令和元年末現在における在留外国人数について」http://www.moj.go.jp/content/001317545.pdf
[2]　令和 2 年 3 月文部科学省総合教育政策局男女共同参画共生社会学習・安全課「外国人の子供の就学状況等調査結果（確定値）概要」https://www.mext.go.jp/content/20200326-mxt_kyousei01-000006114_01.pdf

2　外国籍の児童生徒らを受け入れる学校の課題

（1）日本語指導の問題

　外国籍の子どもたちの教育上の課題としては、とりわけ日本語能力とその指導体制が重要と言えます。

　外国籍の子どもたちの多くにとって、日本の学校の教授用語としての日本語は初めて学ぶものであり、学習はもとより学校生活そのものが困難を伴うものです。そこで、日本の学校で学ぶために日本語を身に付けることが必須となり、学校にはそのための体制づくりが求められます。日本語指導の担い手は、自治体によって様々です。学級担任他当該校の教員が指導を行っているところもあれば、教育センターに日本語教室を設けている自治体や独自に初期適応教室を開設している教育委員会もあります。また、地域の国際交流協会と連携して日本語教室を実施するケースもあります。

　ただ、現実には、語学指導には、個々の子どもの個人差が大きく、子どもの状況を見極めて個別具体的な指導を行う必要があります。これに加えて、日本語の指導者は、対象となる子どもたちに直接日本語を指導するのみならず、他の教職員への情報提供及び情報共有、他の子どもたちとの関係づくり、家庭と学校の橋渡し、地域との連携促進など様々な重要な役割を担うことになります。従って、子どもたちが在籍する学級の担任に任せきりにするのではなく、管理職が中心となって組織的に環境を整えることが必要です。学校外の公的機関や支援団体等と協働体制を構築し、言語、文化等において経験

や知識が豊富な協力者の派遣・紹介を受けることも、効果的な指導を行う上で有効です。

　なお、2014（平成26）年の制度改正により、外国籍の子どもたちが在籍する学校において、「特別の教育課程」を編成・実施することが可能になりました。「特別の教育課程」とは、外国籍の子どもたちが日本語で学校生活を営み学習に取り組めるように、日本語や各教科の指導等について児童生徒一人一人に応じて編成する教育課程です。これにより、子どもたち一人一人に合わせたきめ細かな指導を実施することが可能になりました。* 3

【補注】
＊3　文科省「学校教育法施行規則の一部を改正する省令等の施行について（通知）」平成26年1月14日
　　https://www.mext.go.jp/a_menu/shotou/clarinet/003/1341903.htm

（2）多様な背景への理解と特別な配慮

　次に、文化や価値観の違いにも配慮を要します。

　外国籍の子どもたちの文化的、宗教的、経済的背景事情は実に様々です。そのため、受け入れにあたっては、必ず保護者もいっしょに面談を行い、来日の背景や滞在期間の見通し、文化的・宗教的背景を含めた家庭環境、来日前の学習進度等について丁寧に聞き取りを行うことが必要です。近年、宗教的な理由で、給食や体育の授業への特別な配慮が求められるケースが増えています。こうした事柄についても、事前に保護者と話し合い、基本的には保護者の宗教的判断を尊重しつつ共通理解を形成しておくことが求められます。

　また、外国籍の児童生徒の滞日期間は、保護者の来日目的によって異なり、一時的な滞在にすぎない者から、永住を念頭に置いて滞在する者まで様々です。後者の場合、当然、日本の上級学校への「進学」を見据えた日本語学習や学力形成が必要となりますから、早期に見通しを明らかにして計画的に準備することが必要です。

（3）学校での居場所づくりと共生の取り組み

　外国籍の子どもたちは、はじめて接する日本の社会や生活習慣にとまどう

ことも多く、学校生活における様々なことがストレスの原因になります。そこでまずは、日本の学校に適応して「居場所」が確保されることが重要です。この居場所は、学級に限らず、日本語教室、クラブ活動その他本人が「受け入れられた」と感じて安心できる場所です。こうした安心感があって初めて学習への取り組みが可能になります。

　外国籍の子どもたちは、他方で、母国の言語や文化、宗教などを守り育んでいく立場でもあります。日本語や日本の学校生活への適応を求めるあまり、彼らの文化的背景を軽視したり、アイデンティティが損なわれるようなことがあれば、安心できる居場所を提供することはできません。そこで、学級運営においては、他の児童生徒らが異文化を理解し、受け入れ、尊重することができるよう、異文化理解や多文化共生の視点をもって指導を行い、互いに個性を認めあえるようクラスの雰囲気を高めていくことが不可欠です。

（4）保護者との連携における工夫

　外国籍の子どもたちが順調に学校生活を送るためには、保護者との連携が不可欠です。子どもに関する情報提供を受けると同時に、学校からも、保護者に対して日本の公立校の特徴や災害共済給付制度など、安全に過ごすための諸制度を含め丁寧な情報提供が求められます。

　しかし、保護者にとっても、日本の学校生活は初めての経験であり、また、子ども以上に保護者の方が日本語が話せないケースも多くみられ、こうした保護者と日常的に連絡事項や子どもの様子について情報交換をすることは容易ではありません。重要な連絡事項は口頭だけではなく文書でも伝える、お知らせにルビをふる、面談の機会を増やす、日本人保護者との接点をつくって情報を伝達してくれる人を決めておく等といった工夫が求められます。

　また、外国人の保護者に対しては、日本人との権利意識や文化の違いにとまどいを感じることもあるかもしれません。

　日本は、諸外国に比べて、言語や価値観、文化的背景が近い人が集まっている「ハイコンテクスト」な環境であると指摘されており、このような社会では、以心伝心、阿吽の呼吸で、相手の気持ちを察しあって意思疎通が成立

することを期待しがちです。

　これに対し、異文化が混在する環境では、互いに共通する部分が少ないので、情報を発信する側がより明確に説明をすることが求められます。こうした場合には、直接的でシンプルな表現を選ぶ、質問には端的に応えるなどの配慮が求められます。

3　チーム体制で、個々の子どもの背景・状況に応じた指導の充実を

　一口に「外国籍の児童生徒」といっても、来日の経緯や文化的背景は多様です。その多様な背景を理解し尊重できて初めて、それぞれの児童生徒に適切な支援を行うことが可能になります。また、それぞれ母国での学習進度や日本語の習得程度によって、授業の理解の程度も異なります。こうした事情を踏まえ、一人一人に応じたきめ細かな指導が実施されることが期待されています。

　学級担任が1人で抱えることなく、他の教員や保護者、あるいは地域の支援者などを介して情報交換等が行える体制づくりをすることが重要です。

【参考資料】
文部科学省「外国人児童生徒受入れの手引き」（2019年3月改訂）

8 性的マイノリティの子どもへの配慮は？
性的マイノリティに関する法と支援

●質問●

　トランスジェンダー（いわゆる性同一性障害）の生徒の保護者から、トイレや体育での更衣室の利用についての配慮を求められています。こうしたトランスジェンダーを始めとして、いわゆる性的マイノリティの子どもに対し、学校はどのような配慮を求められていますか。

弁護士による解説

1　トランスジェンダー、性的マイノリティ

　トランスジェンダーとは、生物学的な性と性別に関する自己意識（以下、「性自認」）が一致しない場合を言い、このため社会生活に支障がある状態の場合について、「性同一性障害」と言われる場合があります。このようなトランスジェンダーの児童生徒については、学校生活を送る上で特有の支援が必要な場合があることから、個別の事案に応じ、児童生徒の心情等に配慮した対応を行うことが求められています。

　このほか、恋愛対象が誰に向かうかを示す性的指向について、多数の人と異なって同性に向かうという性的アイデンティティーを持つ場合もあり、こうした、生物学的な性・性自認・性的指向などについて、社会的に多数を占めるとされる人とは異なる性的アイデンティティーを持つ人を「性的マイノリティ」と呼ぶことがあります（他に、「LGBT（IまたはQ）」「SOGI」などと呼ぶ場合もあります）。

2　トランスジェンダーの法律による扱いと学校に求められる配慮

（1）特にトランスジェンダーについての特有の支援の必要

　トランスジェンダーにおいては、社会生活を送る上で特有の支援が必要な

259

場合が多いことから、2003（平成15）年には成人に達した後についてですが法律が定められ、また、学齢期の段階からも、個別の事案に応じ、児童生徒の心情等に配慮した対応を行うことが求められるようになっています。

（2）法律による対応

　2003（平成15）年、トランスジェンダーについては、「性同一性障害者の性別の取扱いの特例に関する法律」（以下、「特例法」）が制定され、診断を的確に行うために必要な知識及び経験を有する2人以上の医師の、一般に認められている医学的知見に基づき行う診断が一致している場合であって、本人から20歳以上に達していること等の法所定の条件を満たしているとして請求があった場合には、家庭裁判所の審判により、法律上他の性別に変わったものとみなすと定められています（特例法4条）。

（3）学校に求められる配慮

ア　平成22年文科省通知

　トランスジェンダーの児童生徒について、文部科学省は、2010（平成22）年、学校に対し、保護者の意向にも配慮しつつ、児童生徒の実情を把握した上で相談に応じるなどの十分な配慮をするよう求める通知を出しました（「児童生徒が抱える問題に対しての教育相談の徹底について（通知）」平成22年4月23日）。

イ　平成27年文科省通知

　文部科学省は、その後に実施した調査で学校側の配慮が十分でなく、いじめや不登校につながるケースもあったことから、対応の充実が必要と判断し、2015（平成27）年4月30日、学校における対応の充実等を求める通知を出しました。

　そこでは、学校側は、トランスジェンダーの児童生徒に対し、原則として当該児童生徒の個別の実情に応じた対応が必要であるとし、相談体制の充実や、複数教員、教育委員会、医療機関の連携した対応を求め、サポートチームの設置などを推奨するに至っています。

　求められる対応の具体的な例として、

a　児童生徒本人が自認する性別の制服着用や髪型への配慮

b　職員用トイレや職員用更衣室の利用

c　名簿への記載や校内での呼称の変更

d　体育における別メニュー化や修学旅行における一人部屋利用

などについて、医療機関の診断の有無等にとらわれず、児童生徒の実情に応じ柔軟に配慮することを求めています。

　また、卒業後についても、当該児童生徒の卒業後に戸籍上での性別変更が確認できた場合（上記（2）の特例法4条参照）、本人の請求により、卒業時点での学籍とは異なる記載をした卒業証明書を発行する等、本人の不利益とならないような対応を要請するなどしています。

3　その他、性的マイノリティへの配慮の要請

（1）このほか、本人の性的指向が同性に向かう同性愛、男女両方に向かう両性愛など、その他の性的マイノリティについても、法務省人権擁護局は、「少数派であるがために正常と思われず、場合によっては職場を追われることさえあります。このような性的指向を理由とする差別的取扱いについては、現在では、不当なことであるという認識が広がっていますが、いまだ偏見や差別が起きているのが現状です」と指摘しています（「人権の擁護（平成27年度版）」）。

（2）こうした現状を受けて、文部科学省は、2015（平成27）年に、トランスジェンダーに限らず性的マイノリティの児童生徒への相談体制等を充実するよう要請するとともに、以下のような点を指摘しています。

①　学級において、いかなる理由でもいじめや差別を許さない適切な生徒指導・人権教育等を推進することが、児童生徒への支援の土台となること。

②　教職員として、「性的マイノリティ」とされる児童生徒全般に対し、その悩みや不安を抱える児童らの良き理解者となるよう努めること。

③「性的マイノリティ」とされる児童生徒は、自身の状態を秘匿しておきたい場合があること等を踏まえ、学校においては、日頃より児童生徒が相談しやすい環境を整えるようにすること。このため、まず教職員自身

が性的マイノリティへの配慮を踏まえた言動を行うこと。

④教職員が児童生徒から相談を受けた際は、当該児童生徒からの信頼を踏まえつつ、まずは悩みや不安を聞く姿勢を示すことが重要であること。

（3）さらに、いじめ防止対策推進法11条にもとづき文科大臣が策定したいじめ防止基本方針（平成29年改定）でも、「性同一性障害や性的指向・性自認に係る児童生徒に対するいじめを防止するため、性同一性障害や性的指向・性自認について、教職員への正しい理解の促進や、学校として必要な対応について周知する」ものとされ、「上記の児童生徒を含め、学校として特に配慮が必要な児童生徒については、日常的に、当該児童生徒の特性を踏まえた適切な支援を行うとともに、保護者との連携、周囲の児童生徒に対する必要な指導を組織的に行う」との方針が追加されています。

（4）いわゆるアウティングによる人権侵害への配慮

アウティングとは、本人の了解を得ることなく、当人が他者に公にしていない性的指向や性同一性等の秘密を暴露する行動のことを指します。

上記（2）の③に関わりますが、性的マイノリティの子どもも、それぞれの個性・事情により、自分自身の個性を秘匿しておきたい場合も少なくありません。こうした場合の本人の性的個性は、人種・信条・社会的身分・病歴などと並んで、高度の配慮が必要とされる「**要配慮個人情報**」に該当するものです。この点、大学において、同じ大学の学生が、本人の了解なしにその性的個性についてアウティングした行為について、裁判所は、人格権やプライバシー権を著しく侵害する「許されない行為」との判断を示しています（東京高裁令和2年11月25日判決）。

【参考資料】
文部科学省「性同一性障害に係る児童生徒に対するきめ細かな対応の実施等について」（平成27年4月30日）
文部科学省「性同一性障害や性的指向・性自認に係る、児童生徒に対するきめ細かな対応等の実施について（教職員向け）」周知資料（平成28年4月1日）
【参考書籍】
QWRC＆徳永桂子著『LGBTなんでも聞いてみよう』子どもの未来社、2016

第6章

特に対応が難しい
保護者要求

1 「話せばわかる」ではなかった場合
精神科医の視点から

●質問●

　保護者のクレームに対して「第2章-1　保護者対応の心がまえ」に書いてある通りにやってみたのですが、まったくうまくいきません。むしろ、こちらが誠心誠意向き合うほど深みにハマるというか、相手がエスカレートしてしまうというか…。とにかく私のやることが逆効果になっているみたいです。

　『それでも親はモンスターじゃない』（小野田正利　学事出版　2015）という本に、「そのような場合にはパーソナリティー障害の可能性があるから精神科医などに相談してみよ」と書いてありました。ということでさっそく解説をお願いします。それから自閉症スペクトラム障害が疑われる保護者についてもいっしょに解説してください。

教職員の精神科医による解説

1　共感的な理解をするうえで必要な精神障害の知識

　通常の「話せばわかる」方式がうまくいかず、あるいは逆効果でますます相手がエスカレートしてしまう場合には、保護者がメンタルヘルスの問題を持っていること『も』疑われます。[1]

　しかしその前に、教師が世間知らずで駆け引きが下手だから、それに振り回されているだけという可能性もあります。それが疑われる場合には、『なぜあの教師は保護者を怒らせるのか　プロ直伝！学校の苦情取扱説明書』（関根眞一　教育開発研究所　2013）が参考になるかもしれません。精神科医からのこういった切り口での独自の解説はしないのか？　しません。できません。なぜなら医者も、教師と同じくらい世間知らずで駆け引きが下手だからです。

　あるいは教師は個人プレイが多いため、役割分担してチームで対応するのが下手だからうまくいかないという可能性もあります。それが疑われる場合

には、『理不尽な保護者への対応術——関係を悪化させず教師が疲弊しないためのガイド』（齋藤浩　学事出版　2019）が参考になるかもしれません。精神科医からのこういった切り口での独自の解説はしないのか？　しません。できません。なぜなら医者も、教師と同じくらい個人プレイが多いため、役割分担してチームで対応するのが下手だからです。

　さて、これらの疑いが晴れた場合には、いよいよ保護者のメンタルヘルスの要因を考えなければならなくなりますが、なかでも問題になるのが、「パーソナリティー障害」と「自閉症スペクトラム障害」です。

　「パーソナリティー障害」は、その人の（知覚・感情・言動や）周囲とのコミュニケーションのパターンが一般的なものから外れていることで、本人が困ったり周囲が困ったりする障害のことです。ここでは、特に問題になることが多い「境界性パーソナリティー障害」と「自己愛性パーソナリティー障害」を取り上げます。この障害は先天的な要素と後天的な要素が組み合わさっていると考えられています。そして（あくまでもケースバイケースですが）年齢を重ねて成長していくことで、その特徴が徐々に目立たなくなっていく傾向があります。

　一方、「自閉症スペクトラム障害」は先天的な障害で、その症状は有名な３つの症状（社会性の障害・コミュニケーションの障害・想像力の障害）と感覚過敏に分けられます（←各論で詳述します）。似たような言葉として、「自閉症スペクトラム」、「自閉症」、「高機能自閉症」、「アスペルガー症候群・障害」、「広汎性発達障害」、「社会的コミュニケーション障害」などがありますが、それぞれが指す範囲が異なっているものの、概ね同じグループの用語です。やはり（あくまでもケースバイケースですが）年齢を重ねて成長していくことで、その特徴が徐々に目立たなくなっていく傾向があります。

　それぞれの障害のことを学び、理解を深めることによって、対応のポイントや注意しなければならないこと、それからやってはいけないこと（←つまり逆効果になって悪循環が回るようなこと）がわかってきますから、**少なくとも悪循環からは抜け出しやすくなるはずです**。とはいえ、悪循環は食い止められても、Ｖ字回復まではできずに、状況事態は停滞したままになってし

まうこともあるでしょう。しかしそれでも、保護者に対する共感的な理解は格段にしやすくなりますから、「ああ、こういう障害を背景にしたあのような事情があるのだから、今はまだ、停滞せざるをえない段階なのだな」などと納得できて、焦燥感・無力感・絶望感・精神的な空回り・燃え尽き症候群などの予防になるハズです。

【補注】
＊1　私の知る限り、学校でトラブルになっている保護者の多くは、メンタルヘルスの問題を抱えていませんし（←むしろ健全であるがゆえに、建設的な問題提起をしてくれている方のほうが多いかもしれません）、逆に、メンタルヘルスの問題を抱えている保護者の多くは、学校でのトラブルとは無縁です（←むしろ問題を抱えているがゆえに、主張すべきことも主張できずに泣き寝入りをしている方のほうが多いかもしれません）。ですから、くれぐれも、「学校でトラブルになっているからあの保護者はメンタルヘルスの問題があるにちがいない」という誤解も、逆に、「あの保護者はメンタルヘルスの問題を抱えているから学校でトラブルを起こすにちがいない」という誤解も決してしないでください。ここで述べたことは、あくまでも、学校でトラブルになっており、かつ、学校は最善を尽くしているにもかかわらず、状況が悪化の一途をたどっているケースの、ごく一部について、保護者のメンタルヘルスの問題に対する理解とそれに応じた対処法を検討する必要があるということです。

2　プロの限界＆限界設定

　ところで、精神科医やカウンセラーはこれらの障害の知識も経験も豊富だろうから、これらの障害の方といつでもどこでもスムーズ＆適切なコミュニケーションができているんでしょ？　とツッコまれますと（もちろんプロのほうがうまくやっていけているよという自信はあるものの）、「全然困ったことなんてないですよ！　プロですから！」とは、とうてい言えない実情がありまして、実はプロでも、トラブルやすれ違いや相互**誤解**を散発的に繰り返しながら、ときには患者さんからこちらの見当違いな理解を修正してもらったりしながら、日々悩み、試行錯誤していることが多いようです（←すいません。少なくとも私はそうです）。

　だからプロでも状況が停滞したり、ときには相手の言動がエスカレートしてこちらの対応できる限界を超えてしまうことだって起こります。そこであらかじめ治療開始の時点で、こちらがやれることとやれないことの明確な線引きや、どの範囲内ならば許されてどのラインを超えたらこちらでは対応できなくなる＊2のかの事前説明を丁寧にすることがあります。こういった条件提

示は「制限・限界設定」「リミットセッティング」「枠組みの明示」「境界線を引く」などと表現され、その目的や役割は様々ですが（←詳細は第2章−7参照）、**こちらが提供できるものの範囲内に留まってちゃんと（治療）関係を続けられる**ようになっていただくこともそのなかのひとつです。

さて、このような工夫をしたうえで、その範囲内でやれることをやっていくことになるのですが、ケースによっては、一線を超えないようにするのだけで精一杯で、あとはじっと成長するのを待つしかないこともあります。

学校トラブルで保護者が障害を抱えている場合であれば、子どもへの悪影響が最小限になるように工夫しつつ、（その家庭内で起きている親子の関係とは別に）**子どもとの間に愛情と信頼のある関係を築き上げて、親とは異なるロールモデル（お手本）を示し続ける**だけで精一杯で、あとはじっと子どもの成長を待つしかないケースもあることでしょう。

そのような長期戦と言いましょうか、籠城戦と言いましょうか、マラソンのような教育活動をせざるをえないときに大切なのは、**まず限界設定は組織のリーダーの判断・指示として伝えること**（←問題の大きさに応じて教育委員会の判断・指示・承諾・許可をとる必要もあるでしょう）、それから組織全体で問題を共有し、組織全体で役割分担して対応すること、そして最も大切なのは、矢面に立たされている教員を組織一丸となって支え続けること、そのために、**この問題はその教員の資質とは別の問題なのだという共通理解**を、組織全体で何度でもしつこいぐらい確認をしていくことになります。

【補注】
＊2　それぞれの治療機関で提供できるものの範囲を超えてしまうと、治療関係を続けることができなくなって、治療を終了することになったり、強制的な入院治療に切り替えることになったり、警察への通報をしたり、話し合いの場所を法廷に移さざるをえなくなることがあります。

3　私がオススメする工夫点を3つほど…

ひとつめにオススメするのは、何といっても「アサーションを身に着ける」ことです。というのもアサーションは、（教師の皆さんならご存知と思いますので説明は簡単にしますが）自分も他人も大切にする自己主張の仕方のこと

で、普段のコミュニケーションで大切であるのは当然のこととして、難しい保護者とのコミュニケーションのときにこそ、その真価を発揮するものだからです。

しかし、「和を以て貴しとなす」多くの日本人にとって、コレはなかなか上手に着こなせないアイテムなんですよねえ。何を隠そう私も、精神科医だというのに未だに苦手です。というのも私も日本人だからです。すいません。ただの言い訳です。

さて、そんな残念な精神科医がオススメするのが、アサーションが真価を発揮するような場面（難しい保護者と接するなど）が訪れた時には、教師という職業特性を生かして「よ〜し。望むところだ。これから自分がさっそくアサーションのロールモデル（お手本）を実演してみせようじゃないか！…まだ初心者だけど（汗）…」という気持ちになってみることです。

たとえば保護者の言動で傷ついたとき、すぐに反射的・感情的に反応する（←これではアサーティブとはほど遠いアグレッシブなものやパッシブなものになってしまうことでしょう。つまり教師自ら悪いお手本を示すことになっちゃいます！）のではなく、まずはひと呼吸置きましょう。それが難しかったら、とりあえず尿意 and/or 便意を催してトイレにでも行ってタイムアウトして頭を冷やしましょう。そして、「よし！　これはちょうどいい機会じゃないか！　今から自分は、『誰かの言動で傷ついたときには、感情的に噛みつくのではなくて、こんなふうにアサーションすればいいんですよ』という姿を実演してみせようじゃないか！…まだ練習中の身だけど（汗）…」という気持ちに切り替えて、相手と接するのです。

保護者がその姿をみて、「そうか、なるほど。そういう自己主張のやり方もあるのか」と知ってくれれば、保護者から子どもへのコミュニケーションも、不適切な自己主張が減ってアサーティブなものが増えるかもしれません。さらに子どもも、保護者の姿をみてアサーティブなやり方を身に着けられるようになるかもしれません。

もちろんこれは、言うはやすく…という類の話ですが、その狙いは、このような心持ちになることによって、日本人にとって苦手で不慣れなアサー

ションでも、**果敢にチャレンジして、今以上の自分に、一歩でも前に、実際に踏み出せるようになること**です。ですから、できる範囲で、そんなふうに考えて、勇気をもって接してみてください。

私の上司（三楽病院精神神経科部長・真金薫子　主著：『月曜日がつらい先生たちへ——不安が消えるストレスマネジメント』時事通信社　2018　絶賛発売中！）からは、「このテクニックは、学校の先生なら普段から何かを教えることに慣れているからなじみやすいでしょうね。でもね。先生方のその『教えよう』とする態度そのものが『上から目線でやってあげている』ように見えることだってあるでしょう。そういった態度に憤慨している保護者の場合には、このテクニックが『上から目線』の態度をさらに強めてしまうから、かえって逆効果になることだってありますよね。だからそういった副作用が生じないように、くれぐれも書き方には注意してくださいね」という指導を受けました。
　しかし私の文章力の限界に達してしまい、とうとう適切な文章表現が見つからなかったので、ズルして指導された内容をそのまんまココに載せることにしました。「部長！　おっしゃる通りで反論の余地もございません！」…ところで、上から目線になりやすいのは教師も医師も弁護士も同じですよね。だから共著者のみなさん、そして読者のみなさん、ウチの部長の言いつけを守って、お互いに気をつけていきましょうね！

　ふたつめのオススメは、他の家族からアプローチしていく方法を検討してみることです。追い詰められるとついつい人は、目の前の保護者とのやりとりにばかり集中してしまい、他の家族にまで目が向かなくなったりするもので、そんなときにはこのアプローチが突破口になることがあるのです。というのも、コミュニケーションのパターンというのは、そうそう変わるものではありませんので、たとえば、母親と担任との間で、あるコミュニケーションのパターンが繰り返されてトラブルになっているときには、**母親と父親との間でも同じようなコミュニケーションのパターンが繰り返されていて、同じようなトラブルになっていて、父親も担任と同じように困っている**…ということがあったりするからです。

　だからたとえば、「この問題は本当に大切な問題なので、できるだけ多くの方の知恵を結集させましょう」とか、「**これまでは**母親の役割がとても重要でしたが、**これからは**父親の役割もいよいよ必要な時期になってきたので」ということで、父親にも登場していただくと、父親も「自分も長年同じことで困っていて、母親というフィルターのない状態で学校とつながりたかった」と思っていたことが明らかになり、以降、父親が母親のセーブ役や

通訳の役割を担ってくれて、一気に事態が好転することがあるのです。

　そして最後のオススメは、私が仕事上にせよプライベートにせよ、何らかの困難な状況に追い詰められたときに、自分で自分に言い聞かせているスローガン。「**対人援助職にとって人生で起こる全ての出来事は芸の肥やしである**」です。だってそうでしょう？　たとえば自分が挫折をしたら、挫折をした人の対人援助をするための貴重な経験値が増えるんですよ。袋小路に陥ったら袋小路に陥った人の対人援助をするための、前を向けなくなったら前を向けなくなった人の、ということです。さらに言えば、研修や書籍やらで仕事として学んだことが、即、自分の人生の困難を乗り越えるときの知恵としても応用・活用できてしまう！　こんなに公私混同甚だしい（？）自分の人生と仕事が直結した職業って他にはないと思います。大変効率的でコスパが最高のみならず、頭から尻尾まで全部丸ごと無駄なくおいしくいただける、実にエコでロハスな職業選択だとは思いませんか！　ねえ、みなさん！…とまあ、そんなふうに考えて、「ほほう。いよいよおもしろくなってきやがった。この困難を糧にしてさらにレベルアップをしてやるぞ」などとつぶやきながら、私は前を向くようにしています。教師もれっきとした対人援助職ですよね。このスローガン。ピンと来るようであればぜひ、活用してみてください。

4　各論に入る前にそれぞれの障害のおおよその特徴について

　ここまでが総論で、次からが各論です。それぞれの障害に対して、共感的な理解をしやすいような説明の仕方と、そこから付随してくる対応のポイントや注意点を紹介いたします。でもその前にそれぞれの障害についてのおおよその特徴を書いておきますから、該当しそうな項目から読んでみるとよいでしょう。

　①感情表現が極端で、教員に対する毀誉褒貶も激しい印象⇒境界性パーソナリティー障害の傾向があるのかもしれません。

　②あらゆる言動が、ひたすらマウンティングすること自体を目的としているような印象⇒自己愛性パーソナリティー障害の傾向があるのかもしれません。

③枝葉末節にこだわり、融通が利かず、自分自身の損得は度外視している
　印象（＝悪気はなさそう）⇒自閉症スペクトラム障害の傾向があるのか
　もしれません。

5　境界性パーソナリティー障害の共感的理解への試み

　この障害は、英語で「Borderline Personality Disorder」と言うので、略し
て「BPD」と呼ばれることも多いです。この障害の成り立ちにはいろいろな
説があるのですが「感情の不安定性が中核にあるのではないか」という説が
一番共感的な理解をしやすいと思います。この説によれば、この障害の方は、
生まれつき感受性が鋭いために、ちょっとした刺激で激しく豊かな感情が生
じるのだと考えます。アスファルトのすき間から芽生えた雑草の花を見つけ
て感動に胸を打ち震わせたり、わずかに眉をしかめたしぐさから憎しみや裏
切りの証拠を見出したり、ちょっとした気遣いにフランス革命の博愛精神を
感じ取ったりと、普通の人なら見過ごすような刺激によって感情のバロメー
ターが**敏感**に反応するだけでなく、振り切れんばかりに**激しく**反応するのだ
というのです。

　このような感受性は、文学や音楽や演劇や絵画・映画・芸術などのアート
系の世界ではとても大切な能力ですよね。何気ない日常に潜む人間の美しさ
を敏感に感じ取ることで名作が生まれたり、あるいは世間の人々の感情の揺
れ動きを拡大することで荘厳なるミュージカルに昇華していく……アートっ
てそういうものですよね（逆に感情の動きに鈍感な人が名女優になるのは難
しいでしょう）。

　運よく親子ともにアート系感情バロメーターをもっていて、かつ、親が自
分の**感情との平和的共存**を上手にできるようになっている場合には、子ども
のあちらこちらにはじけとぶ感情の揺れに対しても「あら。そっくり（笑）」
とおおらかに包み込めることでしょう。そして先輩として、「感情をどのよ
うに受け入れてどのように表現すれば一般社会でも受け入れられて生かすこ
とができるのか」の知恵も学習済みでしょうから、アート系の感情に対する
「傾向と対策」を教えることもできるでしょう。そういった親子関係の中で、

子どもも徐々に、自分の感情との平和的共存ができるように育っていくと考えられます。

　一方で、不幸にして親がアート系の天賦の才に恵まれなかったり、あるいは恵まれていてもまだ平和的共存の道を模索中である場合には、子どもの感情の揺れを十分には理解できなかったり、上手な対処の仕方を知らないので、「そんなこと思うもんじゃない」とか「何を大げさな」とか「いちいち騒ぐな」などと、その感情を拒否したり否定したりしてしまいやすくなります。

　すると、さまざまな感情を存在してはならないとされた子どもは、いずれ、感情そのものを感じないように努力するようになります。たとえば、ちょっとしたことをきっかけに、学校でみんなにいじめられているような感情が生じても、それが生じるたびに頭ごなしに否定されることが繰り返されるうちに、感情そのものを感じないようにするようになります。

　でも、ずっと感情を感じないままにするなんてことは不可能ですから、どこかの時点でたまりにたまったものが爆発し、たとえば学校でリストカットをするなどの極端な行動に出てしまいます。そうなると親も、激しいネガティブな感情の爆発を目の前にどうしたらいいかわからなくなって、結局は折れてしまい、結果的に子どもは学校に行かなくても済むようになる。このようなパターンが繰り返されることで、**「感情はできるだけ感じないようにする、でもいざというときは感情を極端な形で爆発させると望みが叶う」**という学習が積み重なっていって、それが境界性パーソナリティー障害になると考えられています。

> 　とはいえ、親の立場からすれば、このようなアート系のカンの強い子どもに対して「どんなときもイライラせずに聖母や菩薩や守護天使のように寄り添い続けろ」というのはだい無理な話ですよね。だから実際には、多少ははじけながらも、そこそこにほどよい親を目指すのが現実的でしょう。このことは主題からズレるうえ、字数制限があるのでこれ以上は書けませんが、身に覚えのある親御さんなら深く納得いただけるでしょう。身に覚えのない方はピンとこないままかもしれませんが、少なくとも頭では「ピンとこないけどともかく大変なのだろうな」と理解しておいていただきたいと思います。

　こういった事情で、本人の感じられる感情といえば、強烈に大好きとか強烈に大嫌いとかの振り切ったものが目立ち、一方で「ちょっと好き」と

か「多少嫌い」という**中途半端なグレーゾーン**はもちろんのこと、「好きが7割・嫌いが2割・あとどうでもいいが1割」なんていう玉虫色の感情もなかなか感じられなくなります。だから、担任のちょっとした言動に激しく感動して距離が急激に近づいたかと思いきや、ちょっとした言動で激しく憎悪して罵倒してくるなんてことが起きます。また、周囲にいる人々も、強烈に大好きで自分の味方である正義のヒーロー・ヒロイングループと、強烈に大嫌いで悪の枢軸である悪役・天敵グループの2つにグループ分けをされやすくなります。さらに、悪の枢軸メンバーは「心底腐りきっている人だ」という思いから、正義の味方に悪の枢軸メンバーの悪事を告げ口するのみならず、「何としても学校から排除したほうが人類のためだ」というくらい盛り上がったりもするので、義憤のあまり尾ひれはひれのついた悪い噂を流してしまったりもします。

傍から見れば、周囲の人々の感情をたくみに刺激して自分の思い通りに操作しているように見えます。そして結果的に、本人の周りの人々は本人の**味方グループと敵グループに分断（スプリッティング）**されてしまい、最終的に、子どもの問題をどうするかというもともとの議題はそっちのけで、教員同士が仁義なき戦いに明け暮れるようになることすら起こりえます。

6 境界性パーソナリティー障害の対応のポイント

まず基本として「**感情は受け入れつつもその言動には責任をもってもらう**」という対応がポイントになります。責任をもってもらうというのは「**言動の限界設定をする**」（←詳細については p.91 ～ p.97 を参照）ということです。たとえば、面談の時間は最長で1時間までというルールを決めて、その時間を超えたら「では約束ですので」と電話を切ることです。あるいは、たとえば担任のことを「殴ってやりたい」と言われたら、「殴ってやりたい、という気持ちなのはわかりましたが、その危険があるとこちらが判断した場合には警察に通報します」と明言すること。そして実際に危険があると判断されたときには躊躇なく警察に通報することです。

このようにして、アート系感情バロメーターに振り回された言動が**現実の**

壁にぶつかって徒労に終わることを繰り返すなかで徐々に成長していただき、感情は感情として受け入れつつも、その表現の仕方は一般社会で受け入れられるような形に修正していただくようにするということです。

それから、組織が分断されぬよう、**常に情報共有するようにして、かつ、情報共有しているということを、相手にも周知しておきます。**正義の味方と悪の枢軸メンバーは、実はちゃんと情報共有していますよ、と。これがスプリッティング（分裂）の予防になると同時に、世界は白黒では分けられないというメッセージにもなります。

誰かの悪口を言われても、それも感情の不安定性のなせる業と考えて、その誰かとちゃんと情報共有しましょう。尾ひれはひれを取り除いてみても、本当にマズいところとかミスとかがしっかりと残ってしまうこともあるでしょう。でも、完全なる正義の味方も完全なる悪の枢軸も実在せず、**誰だってマズいところはあるし、ミスもしますよね。**だから反省すべきは反省して、あとはお互いに許しあい、不完全さを許容していきましょう。

ところで、多くの人はもともと、世界にはきっと正義の味方が実在していて、悪の枢軸も実在していて、そして自分は正義の味方のほう、という夢を持っていたのではないでしょうか。しかし成長する中で、正義の味方の不完全さに幻滅し、悪役と思っていた人の複雑な事情を知って共感を覚え、自分自身の中に潜むエゴイズムや同じ穴のムジナの要素に愕然とし、勧善懲悪のヒーロー物語や美少女戦士のシンプルな世界を青春の思い出として手放して、苦い現実を受け入れて大人になる、というプロセスをたどってきたと思います。世の中には完全なる正義の味方も完全なる悪の枢軸もいなくて、どんな人間も良いところも悪いところもあって、誰もが玉虫色のグレーゾーンに属しているんだ。それは学校の先生だってそうだし、子どもたちだってそうだし、保護者のあなたもそうなんだ。白黒ハッキリしてないから中途半端で落ち着かなくて気持ちが悪いかもしれないけれど、世の中は実際そうなんだ。でもそれは残念な失楽園なのではなく、**ありのままで、そのままでいいのだという、優しい許しなんだ**…ということ。それを学んで大人になったのではないでしょうか。

で、ここで考えてみてほしいんです。もしも自分がアート系の才能がある
ほどに感情の不安定性に恵まれていたとしたら、こういう不完全な世界と不
完全な自分を受け入れられていただろうかと。たぶん。難しいと思うんです。
時間がかかっていたと思うんです。感情の不安定性のある方は、このような
不利な初期設定を背負ったうえで、日々、激しい感情の嵐に振り回されなが
ら、苦い現実を受け入れるというプロセスの途上にいる……。そんなことに
思いを馳せながら、対応していくのが大切かなと思います。

　ちなみに、全てのことを玉虫色のグレーゾーンとして平等に容認してし
まったら何の進歩もないのではないかとか、玉虫色のグレーゾーンを絶対不
可侵の正義とみなし白黒思考を諸悪の根源の絶対悪とするのも、典型的な白
黒思考ではないかとか、そんな疑問も出てきますよね。そうそう。それもま
た、一面の真理だと思います。

追伸：以上、白黒思考の誘惑を振り払い、不完全で玉虫色でグレーゾーンな文章を書いてみました。

7　自己愛性パーソナリティー障害の共感的理解への試み

　この障害は、英語で「Narcissistic Personality Disorder（NPD）」と書く通
り、ナルシシスティック（自己愛的≒自己中心的）なコミュニケーションパ
ターンをとるのが特徴です。

　自分が頂点に君臨することだけを追求し、そのためなら誰がどれほど傷つ
こうともかまわず、周囲の人々がボロボロになる一方で、自分自身は何も困
らないので、本人が精神科の門を叩くことはまれです。実際私も、NPDの
残忍な攻撃によって傷ついた患者さんにはウンザリするほどたくさん会って
きましたが、NPDの患者さんを診た経験はほとんどありません。

　厳密に言えば、NPDには、本文で対象としているような社会的に成功しているケースと
は別に、何らかの挫折をきっかけに抑うつ状態になり、引きこもりがちに過ごしているケー
スもあります。後者のほうは、精神科臨床では決してめずらしいワケではないのですが、
学校トラブルで問題になることは少ないと考えたので対象外にして、本文ではもっぱら前
者に限定したNPD像を解説しています。
　また、NPDと類似の概念として「反社会性パーソナリティー障害」と「サイコパス（ソ
シオパス）」があります。前者は、反社会的行為を繰り返すところに特徴がありますが、や
はり学校トラブルで問題になることは実際には少ないと考えて割愛しました。

　一方で後者は、他者の立場や痛みに無関心で、他者を傷つけても心の痛みや罪悪感を持たないという特徴があります。実験でも、恐怖でおびえた顔の写真を見てもそれを「恐怖でおびえている表情だ」とは認識できなかったり、凄惨な映像を見ても発汗や心拍数の上昇などの身体的な反応が起きないことなどがわかっており、ある種の先天的な脳機能の障害ではないかと考えられるようになってきました。ですから、保護者がサイコパス（ソシオパス）であった場合には、情に訴えるようなアプローチは空振りしやすいでしょうし、互いの信頼関係をテコに協同作業ができるようになることにも期待しないほうがよいでしょう。情緒的な絆の形成を重視するよりも、互いに自国の国益のことを第一にしている外交官同士のように、互いの持っている様々なカードをにらみながら、隙があればすぐに突かれるのは当然と考えつつ、計算ずくで理路整然とした駆け引きをしているイメージで、淡々と問題に対処していくほうがよいようです。

　しかしながら、サイコパス（ソシオパス）は精神医学の公的な診断体系（ICDやDSM）には記載されていない概念であることと、名称自体に非常にネガティブなイメージがつきまとう概念なので、下手にサイコパス（ソシオパス）のことを意識することで、本当は共感的理解ができる方に対しても、その努力を放棄してしまい、安易にサイコパス（ソシオパス）と決めつけて、敵対関係に陥っていくというリスクがあると考え、本文では、あえて取り上げないようにしました。

　以上の類似の概念をわかりやすく分類すれば、目的がマウンティングならば「NPD」、反社会的行為を繰り返すならば「反社会性パーソナリティー障害」、共感性に障害があれば「サイコパス（ソシオパス）」と考えるとよいでしょう。このように注目しているポイントが違うので、当然、ケースによっては複数の概念が重複して当てはまることもあります。

　どれほどNPDがひどいかと言えば、アイアムナンバーワンであることを証明するためにはどんなこともできてしまうのです。自分のライバルになりそうな相手を片っ端から攻撃してつぶそうとしたり、相手がウンザリして白旗を掲げるまでどこまでも執拗に追いかけまわしたり、ささいな勝ち負けにこだわって無益なマウンティングを続けたりします。

　勝つためには、「どうしてわざわざそのようなウソを…」と、こちらが唖然とするような嘘でも平然とつくし、「なにもそこまでしなくてもいいんじゃ…」と仰天するような策略もサラリとやってのけます。さらに、そういった言動によって周囲がどれほど傷ついても、何の良心の呵責もないばかりか、そもそも他人に興味関心すらない様子なので、他人の心の痛みなんて全く感じておらず、自分以外の全ての人間を搾取する捨て石にしか思っていないように見えます。そこで一般的にNPDは、「共感性が欠如している」と言われています。

　…とまあ、こんな感じで冷酷な独裁者として嫌われがちなNPDですが、それでもなお、この障害を共感的に理解する試みとして、「NPDは育ちの中

で、等身大の自分でいることが許されず、完全なる存在でいることを強要されたため、それをアピールしていなければ生き延びられなかった人のことだ」という説があります。つまり、単に「共感性が欠如している」という理解でストップさせるのではなくて（←ここで止まっていたら完全に敵対的な理解になっちゃいますよね！）、「ではなぜそこまでマウンティングすることに執着するのか？　なぜそれほどまでに他人の気持ちに無関心でいられるのか？」という問題意識を持ち、さらに深掘りしてみたのです。

　すると、NPD は幼少期に等身大の自分のままでは無価値だと人格否定され、（想定はできても）**どこにも実在しないスーパーマンであることを強要される**という、非常に虐待的な環境で育ってきたことが明らかになることが多いのだそうです。その虐待的な環境の具体的な内容は人によって様々ですが、教育者である皆さんなら、さしあたりは教育虐待がまかり通っている家庭環境を想像すれば、そこから NPD が醸成されるのはごく自然なことだとおわかりになるのではないでしょうか。

　そのような環境で育ってきた結果、大人になってからも、**自分の不完全さが露わになることに対して耐えがたい強烈な苦痛を感じる**ようになるのだそうです。だから必死に、文字通り死に物狂いで「アイアムナンバーワンだ！」と世界の中心で叫ぼうとするようです。

　溺れそうになっているときって、死の恐怖のあまり、あるいは切迫した苦しさでパニックになり、目の前にいる人々にしがみつき、引きずり落として、踏み台にしてでも、自分だけは助かろうとしてしまうのが人情（？）ですよね。それほどまでに追い詰められた心境なので、他人の気持ちまで感じる余裕がないのかもしれません。溺れる者はワラにもすがる。だからワラのようにちっぽけなテーマですら、絶対に自分が勝とうとムキになってしまうのかもしれません。うん。そのように考えれば、私も NPD を、以前よりずっと共感的に理解できるようになってきました。みなさんはいかがでしょうか。

8　自己愛性パーソナリティー障害の対応のポイント

　さて対応のコツですが、NPD の相手と接するときには、**相手のなかに幼**

少期の本人を二重写しのようにイメージしながら対応するとよいのだそうです。つまり、あの手この手でマウンティングをしかけてくる相手の中に、「等身大の自分が拒絶され、実在しないスーパーマンになろうと必死になっている健気な少年」（←女性ならば少女となりますが、NPD の多くは男性だそうです）をイメージしながら対応するということです。あるいは、溺れそうになってワラにもすがろうと必死にもがいている子どもをイメージしてもいいかもしれません。そうやって共感的な態度をとりながらも、限界設定も含めて、ちゃんとアサーションしながら対話を進めていくことがポイントだそうです。

　そうですねえ。私も臨床経験がほとんどないので自信がありませんが、参考文献で学んだ内容を、私なりに保護者対応時に想定される文言に書き直してみると……「お父さん。私はあなたを○○君のお父さんとして大切にしたいですし、○○君のために、いっしょにできることを見つけていきたいです。それに、お父さんのお仕事である○×を通して培われてきた経験にも学びたいと思っています。

> 　申し遅れましたが、NPD の方は、ずっと恐怖に怯えて、ひたすら頂点に登りつめようと努力を続けてきた方ですから、特定の分野では本当に非常に優秀な方が多いようです。私の数少ない臨床経験でもそうでした。この例文では保護者をほめていますが、何事も嘘はダメです。バレます。本音で勝負です。だから、このようなセリフを吐く前に、NPD の方の優れた能力は優れていると素直に認めて、本気で敬意を持てるようになっておく必要があります。そのためにはまず、NPD の方の言動による傷つきを、仲間たちで共有して慰め合って癒すことが必要かもしれません。あるいは、改めて共感的な理解を試みて、被虐待児童であったであろうことに思いを馳せる必要があるかもしれません。もしくは、自分自身が妙な対抗意識やちっちゃなプライドにしがみついていることに気づくことがあるかもしれません。その場合には、その対抗意識やプライドは有害無益なので、勇気をもって手放していく必要があるでしょう。

　でも、お父さんからそんなに大きな声で、『オマエの学歴では教師失格だ』などと一般的に人格を否定する発言とされるようなことを言われると、私は深く傷ついて、このような気持ちを維持するのが難しくなってきてしまうのです。それにこれは大人と大人の話し合いではルール違反だと思いますから、気をつけていただけるとうれしいです。私は私で教師として培ってきた経験があります。お互いの知恵を結集して、○○君にとって何が最善かを冷

静に話しあいたいのです」…といったところでしょうか。

　ちなみに意外なことですが、相手を褒めすぎるのはよくないそうです。あくまでも、**等身大の相手を、等身大の範囲内で、承認していくことがポイント**とのこと。本人は、今にも溺れて死んでしまう恐怖に駆られて、他人を蹴落とさなければと、ちっぽけなワラにもすがらねばと必死にもがいているわけですが、「いやいや、落ち着いて。ちゃんと地に足をつけてみましょう。あなたはもう、小さくて無力な子どもなのではなくて、すっかり大きくなったのだから、もうそんなに必死にあがかなくても、溺れることはないのです。子どもの頃には底なし沼のように見えたそれは、大人になったあなたにとっては、もうただの浅瀬に過ぎないのです。ただ自分の足で大地をしっかり踏みしめて、ありのままのあなたでいることだけで、あなたは十分に価値があるし、愛してくれる人はいるし、しっかりとやっていけるんです」ということに、気づいてもらうような働きかけをするということなのでしょう。世界はあなたの思う通り、確かに弱肉強食なところもあって、決して甘くはないけれど、でも同時に、あなたが思うほど残酷なものでもないのだと……。いやあ、なかなか難しいですよね。この項目は、私の臨床経験に基づいて書いたのではなく、参考文献から学んだことを私なりにまとめたにとどまりますので、（どの項目もそうなんですが特にこの項目は）決して鵜呑みにせず、みなさんの教育経験に基づきながら、参考にする程度にしてください。
追伸：以上、虚勢を張らず、等身大の自分で書いてみました。

9　自閉症スペクトラム障害の共感的理解への試み

　この障害は病名が長いので、英語の「Autism Spectrum Disorder」を略して「ASD」と呼ばれることが多いですね。この障害の理解の仕方もまたさまざまですが、私の場合には、**表情と感情の反射的な結びつきが弱いことと感覚の過敏性**の2つを中核に理解することで、共感的理解をするようにしています。

　まず、表情と感情の反射的な結びつきが弱いことについてですが、定型発達者では、たとえばうれしいという感情とニッコリした表情とが、反射的に

結びついていますよね。うれしいと思ってから、「よし、ニッコリしよう」
と意識してニッコリするワケではないですよね。ほかにも、怒ったとき、悲
しいとき、悲しいふりをするとき、喜びを隠そうとするとき等々、定型発達
の脳は、さまざまな感情に応じてさまざまな表情が反射的に生じるようにで
きています。ところがASDの脳ではこの結びつきが弱いので、うれしくて
も悲しくても表情の動きが少なくポーカーフェイス気味になり、周囲からは
「本心が読めない、何を考えているのかわからない」と言われやすくなりま
す。

　ところで、定型発達に見られる表情と感情の反射的な結びつきは、自分の
表情と感情だけではなく、相手の表情と感情についても当てはまります。つ
まり定型発達者は、相手のさまざまな表情からさまざまな感情も反射的に読
み取っています。たとえば、「眉をしかめ、眉間が逆三角形になっており、
かつ、目が過剰に潤っており、さらに口がへの字に変形している。ゆえに相
手は悲しいのだろう」なんていちいち考えていますか？　あるいは「口はニッ
コリしているけど目が笑っていないから、あれは作り笑いだろう」などと、
その都度その都度、いちいち意識していますか？　違いますよね。相手の表
情から反射的に、直観的に、「あ。悲しいのだな」「あ、作り笑いだ」と感じ
るワケですよね。一方でASDでは、このような相手の表情を直観的に感情
に翻訳して感じ取るという反射的な結びつきも弱いことが知られています。
だから、相手がいやな顔をしてもそれを直観的には感じ取ることができず
に、空気を読まない行動を続けたりするワケです。

　ASDは3つ組の障害とも呼ばれ、「社会性の障害（≒人付き合いにおける
暗黙の了解がわからない）」と「コミュニケーションの障害（≒言葉遣いが
不器用）」と「想像力の障害（＝こだわり）」がセットで現れやすいのですが、
そのうちの前二者は、この結びつきの弱さから類推することができます。

　たとえば初診のときに、私に顔をぐぐぐっと近づけながら、無表情のまま、
「僕は子どもたちに怖いと言われて管理職からも指導されたんですが、いっ
たい僕の何が悪いのでしょう」と質問されたことがあります。「距離が近す
ぎることと表情の動きが少ないことでしょう」と率直に説明したところ、そ

んなことは今まで誰も教えてくれなかったと驚いていました。

　なぜ周囲は教えてくれないのか。それは、決してわざと教えないのではなく、定型発達なら距離を近づけたときに、相手がいやそうな表情を見せるので、反射的に「あ。これは相手を不快にさせるのだな」と学ぶことができるから、わざわざ言葉で教える必要がないからです。当たり前のルールというのはそんなふうに、わざわざ言葉にして教えずとも、表情（≒空気）を読みながら自然と学ぶので、だからこそ「暗黙の」了解になるわけです。だからこそ ASD では、その暗黙の了解がわからずに、（定型発達からすれば）非常識な言動をしてしまうと理解できます。これで社会性の障害が説明できました。コミュニケーションの障害についても、たとえば敬語の使いわけができないなどですが、それとて教科書などで言葉を通して習うというよりは、空気（≒相手の表情）を読みながら自然と学んでいくところが多いですから、これで理解できますよね。

　次に、感覚の過敏性についてですが、私の場合はこれは「**raw date（ロー・データ、生の情報）が直撃してくる一方で、まとまった感覚にはなりにくいこと**」だと理解するようにしています。味覚で言えば、素材の味（raw date）は鋭く感じることはできるけれども、それをひとまとまりの味としては感じにくいということです（←逆に、微妙な配合のわずかな違いもバチッと把握できるからソムリエの才能はありますよね）。

　身体内部の感覚で言えば、体の力が入らないとか、気が遠くなる感じがするとか、心臓がドキドキするとかいう個々の感覚は敏感に感じても、それをまとめた「おなかがすいた」という感覚は感じにくいということです。

　視覚で言えば、1つ1つの刺激はわかっても、全体で何を意味しているのかを適切にまとめられなかったりすることです。でも逆に、航空管制官なんかには向いていますよね。管制塔のレーダー・モニターに映る大空をバラバラに飛び交う超高速の飛行機たちを、定型発達が「なんかたくさんの飛行機がバラバラに飛んでいるなあ」とまとまって見てしまうところを、1つ1つの飛行機の動きをバラバラなまま見ることができるのですから。

　一方、聴覚では、（個々の音を聞き分けられたり絶対音感をもっていたり

して便利なこともありますが）一般的には、まとめられなくて困るというよりも、適切にフィルターにかけて自分にとって必要な情報だけを取り出すことができないことで困ることが多いようです。定型発達の脳は、騒がしい飲み屋さんでは周囲の雑音をフィルターにかけて、話し相手の声をクローズアップする（選択的注意・カクテルパーティー効果）のですが、ASDでは全ての音を平等に聞き取って混乱しやすくなってしまうのです。

　身体感覚でも似たようなところがあって、パンツのゴム紐がおなかを圧迫している感じとか、セーターのチクチクなどの、定型発達では自然と無視したり受け流したりしている情報を鋭敏に（慣れることなく）感じ続けてしまうので、本来の作業に集中できないこともあります。

　このように、個々の刺激を敏感に感じ取れる結果、たとえば魚の種類による微妙な違いを感じ取れることでお魚博士になったり、電車のリニューアルによる微妙な形の違いを圧倒的な変化として感じ取って電車マニアになったり、逆に変わらないものへの強い憧れを抱いて数学やパソコンのプログラムにハマったり*、何度も鉛筆を落として鉛筆が落ちることの不変性（再現性）を感じることで安心を得たりしていることもあります。これらをまとめて想像力の障害（こだわり）と呼ぶのですが、感覚の過敏性を出発点にすれば、ごく自然なこととして理解できるのではないでしょうか。**

　＊　世界で初めてのASDの自伝を出版し、現在もASDに関する著作に講演会にと積極的な啓発活動をしていることで有名なテンプル・グランディンというASD当事者の方がいます。とあるテレビで彼女が講演会をしていました。曰く「ASDは人付き合いよりも物の世界や動物の世界に興味を惹かれ、こだわり、研究をしたがるものだが、今日の人類が科学文明を享受して繁栄できているのは、私たちASDが科学的探究をしてきたおかげだ。そもそも人類最初の道具である石器にしたって、世界で初めて使い始めた者が定型発達者であったなんてことがあろうか。いや、そうではないだろう。彼らが群れておしゃべりに夢中になっているのを脇に、群からはずれ、石の特徴を一心不乱に研究していた私たちASDグループのご先祖様こそが人類に初めての道具をもたらした英雄であるに違いない！」という旨の発言をして会場をおおいに盛り上げていました。人類初の石器の開発者が果たしてどちらの派閥だったか？　が考古学的に明らかになる日は来ないでしょうけれど、まあ、まちがいなく彼女の言う通りでしょう！

＊＊　考えようによっては、実は表情と感情の結びつきの弱さも、感覚の過敏性から類推可能です。というのも、まず表情がある生き物自体が生命のほんの一部に過ぎません。マンガやアニメの世界では、鳥だろうが昆虫だろうが自在に擬人化されて、いろんな表情を浮かべていますが、現実の彼らには、そもそも表情を作り出すための表情筋がないか、あってもごくわずかです。実際、たとえば、満面の笑みを浮かべたカラスとか、苦悶に顔をゆがませたアゲハチョウなんかを見たことはないでしょう？
　チンパンジーやボノボなどの霊長類になると表情筋がついてきて、怒りや悲しみなどのシンプルな感情なら表情に表れるようになり、相手のそういった表情から感情を読み取ることもできます。しかしそれ以上の複雑な感情となると、表情には反映されませんし、複雑な表情から複雑な感情を読み取ることもできません。苦笑いするオランウータンとかいないですものね。
　これがホモ・サピエンスになっていく経過の中で、見ず知らずの大勢の人々が身を寄せあって団結して力を合わせなければ生きていけず、目の前の相手が何を思っているのか？
　敵か？　味方か？…などを読み取ることが死活問題となって、相手の複雑な感情を読み取る必要が出てきたときに、顔の raw date（個々のパーツの情報：口の形、その周囲の皺の形状、鼻の孔の開き具合、眉の角度、目の大きさ、瞳孔の大きさ etc.）そのものの知覚は犠牲にして「それらの複雑な組み合わせをひとまとめにした複雑な感情」を読み取るようになったのだそうです。
　となると、ASD の表情と感情の結びつきの弱さは、感覚の過敏性（raw date が直撃してくる一方で、まとまった感覚にはなりにくい）のために、個々のパーツの情報を読み取ることができても、ひとまとめにした表情の意味を読み取れないことだと考えることができます。
　さあこれで、感覚の過敏性からすべての症状が類推可能になりました。そしてやっぱり、表情と感情の結びつきのジャンルでも定型発達は生命全体から見れば、明らかに非定型で不自然で圧倒的にマイノリティーだということになります。

　そもそも現代人はスケジュールが変幻自在すぎるとは思いませんか。保育園、小学校、中学校、高校…社会人、主婦（夫）、老後、それぞれに別々の生活の仕方とスケジュールとルールがあって、さらに細かくみれば平日と休日でも違う。他の生物には曜日なんてないし、短期間でルールやスケジュールが変わることもありません。いったい、いつ頃から曜日って生まれたんでしょうね。ああ、古き良き縄文時代が懐かしい……。

　そんなふうに考えてみれば、本来、想像力の障害（こだわり）があるのが生命の基本であって、実は**定型発達のほうが非定型で不自然な発達をしてしまった少数派**なのだと言えるのではないでしょうか。ということで私は、ASD の方に対しては、「グローバル（全地球規模）に考えれば、本当はあなたのほうが本来の自然な姿で定型で圧倒的な多数派なのに」と思いながら接しています。

10　自閉症スペクトラム障害の対応のポイント

　以上の共感的理解をしたならば、人付き合いにおける常識が通じなくて
も、とまどうことが減るのではないでしょうか（←もっとも、とまどってい
る姿を素直に見せることによって、「何か違うことをしたらしい」と気づい
てもらえることもありますが）。そして、それが**当たり前のことであればあ
るほど**、「ああ。こんなに当たり前のことは、普通は相手の表情を読み取っ
て自然と学んでいくことだから、どこにもわざわざ書いてないよなあ。だか
ら誰からも言葉では教えてもらったことがなくて、この方はずっと困ってき
たのだろう。きっと大変だったろうな」と思えるでしょう。

　必要に応じて、お互いに冷静に話し合えるタイミングで、それを率直に伝
えてみるのもよいでしょう。その際の注意点は2つです。1つは、遠回しな
言い方では逆に混乱することがあるので、率直で単刀直入なほうがよい場合
が多いことです。2つ目は、伝えるべきことがあまりに当たり前のことだ
から（←グローバルには少数派のあなたにとっては…というだけなんです
が！）、思わず子どもを諭すように、あるいは小バカにしたように伝えてし
まいそうだったらやめることです。群れを作ってコミュニケーションをする
ことで生き延びてきたホモ・サピエンスとして、表情と感情の結びつきが先
天的に弱いというのは、生きていくうえで非常に不利な初期設定を背負って
いるのだということに思いを馳せて、大変ですよね、と労をねぎらいながら、
伝えるようにしてください。

　悪気があるように見える言動でも、本人の論理の中では、理にかなったまっ
とうなことをしているだけで、さらに、「**こちらから見れば悪気があるように
見える**」ということすら知らないということも多いものです。その場合には
シンプルに、そのことを教えてあげるだけで、あっけなく解決することもあ
ります。

　もっともこれはお互い様で（定型発達と ASD は脳の仕組みが違うだけだ
とも言えますから）、ASD から見れば、定型発達のやっている言動こそ悪気
があるように見えることもあります。定型発達の論理の中では、理にかなっ
たまっとうなことをしているだけで、さらに「ASD から見れば悪気がある

ように見える」ということすら知らないということなんですが。だからその場合にも、シンプルに、そのことを教えてもらうだけで、あっけなく解決するように心がけなくてはいけませんよね。こんなふうに**「脳の仕組みが違うから誤解してしまいやすいものなんだ。お互いに!!!」**という、お互い様精神をもつことが大切なポイントになります。

　それから、スケジュールや話の展開が本人の思っていた見通しからズレてしまったとき、定型発達からは、全体のまとまりの中のほんのささいな違いに過ぎないように見えても、個々の素材のインパクトが直撃してくる本人からすれば、世界が崩壊するような恐怖を感じているかもしれません。その恐怖のあまりパニックになったり、激昂してしまっているときには、ここで白黒ハッキリ決着をつけようと深追いして刺激を追加すると、ますます世界が崩壊する恐怖が増すばかりで有害無益なことが多いでしょう。継続審議ということにして、いったんは距離を置くようにしましょう。それが難しいときにはトイレ休憩をとってもよいでしょう。

　まとめられないという点からいえば、対話の中で、こちらのしゃべる個々の言葉のインパクトは敏感に感じ取る一方で、全体像がつかめずに本当に言いたいことがわからなくて困っているかもしれません。だからたとえば不登校の対策を伝えるときには、「今後数年間の長期的な見通し」を図表を使いながら説明することで、短期的効果に目を奪われずに長期的展望から効果的なことに目を向けてもらえるようにするとよいでしょう。

　もっと小さなレベルでもたとえば、面談の全体像を見通せないで困惑していることもあるかもしれません。ならば「今日の面談の予定」を最初に箇条書きするとよいかもしれません。それから、ある種の正しさにこだわり、大局を見失い、逆効果の努力を続けてしまうこともあるでしょう。その場合には別の項目で紹介しているプラグマティズムの発想の図（p.29、p.31）を用いながら説明するとよいでしょう。

追伸：以上、不変的な正しさや科学的厳密さにはこだわらず、わかりやすさと実用性を重視して書いてみました。

【もう一歩深めたい方への参考書籍】

＜総論＞

楠凡之著『「気になる保護者」とつながる援助──「対立」から「共同」へ』かもがわ出版、
　　2008

ヴィヒャルト千佳こ著『保護者をクレーマーにしないために』ファストブック、2019

園田雅代・沢崎俊之・中釜洋子著『教師のためのアサーション』金子書房、2002

＜境界性パーソナリティー障害＞

ランディ・クリーガー、Ｋ・Ａ・ウィリアム - ジャストセン著　荒井秀樹・佐藤美奈子訳『愛
　　した人が BPD だった場合のアドバイス』星和書店、2008

シャーリ・Ｙ・マニング著　荒井秀樹監訳『境界性パーソナリティー障害をもつ人と良い
　　関係を築くコツ』星和書店、2014

黒田章史著『治療者と家族のための境界性パーソナリティ障害治療ガイド』岩崎学術出版
　　社、2014

＜自己愛性パーソナリティー障害・サイコパス（ソシオパス）＞

ウェンディ・ビヘイリー著　伊藤絵美・吉村由未監訳『あなたを困らせるナルシシストと
　　のつき合い方』誠信書房、2018

Joe 著『離れたくても離れられないあの人からの「攻撃」がなくなる本』SB クリエイティブ、
　　2019

マーサ・スタウト著　木村博江訳『良心をもたない人たち』草思社、2012

アビゲイル・マーシュ著　江戸伸禎訳『恐怖を知らない人たち』角川 e 文庫、2018

＜自閉症スペクトラム障害＞

吉田友子著　ローナ・ウイング監修『あなたがあなたであるために──自分らしく生きる
　　ためのアスペルガー症候群ガイド』中央法規出版、2005

綾屋紗月＋熊谷晋一郎著『発達障害当事者研究』医学書院、2008

平岩幹男監修　shizu 著『発達障害の子どもを伸ばす魔法の言葉かけ』講談社、2013

2 文書要求・録音・長時間電話・第三者同伴・懲戒要求

弁護士の視点から

●質問●

　公立小学校の校長として、多くの保護者の方からの要望や問い合わせに応じてきました。大半の保護者の方は、こちらが誠実に話をすることで信頼関係が増す、という実感を得ています。しかし中には、とても対応に迷うケースがあります。以下のような要求を受けた場合、いったいどのように対応したらいいのでしょうか。

　①面談ではなく、文書での回答を求める保護者

　②会話を録音しようとする保護者

　③長時間・頻回の電話や面談などの対応を求める保護者

　④弁護士や第三者を連れてくる保護者

　⑤特定の教員の交替や懲戒を迫る保護者

弁護士による解説

1　面談ではなく、文書での回答を求める保護者

　最近は保護者から学校の見解について、文書による回答を求められる場面も日常化してきています。保護者が文書にこだわる意図は、多くの場合、学校の表明した見解を証拠として残しておきたいという狙いがあると思われますが、さらには、「口頭説明ではすまさないぞ」という意図も垣間見えたりして、学校側も動揺するかもしれません。

　前提として、保護者が文書での回答を求めた場合でも学校がそれに応じる法的義務はありません。いじめ防止対策推進法などでは、保護者への情報提供を義務付けている条文もありますが、情報提供の方法は特に定められていないのです。

　ただし、法的に報告書の作成が求められる場合や、文科省や教育委員会が作成するガイドライン等で報告書の作成が求められる場合があります。

　例えば、子どもの学校内でのケガの治療のために災害共済給付を申請する際には、災害の発生状況を記した「災害報告書」の提出が求められます。また、重大な学校事故が起きた際の詳細調査については、報告書の作成が想定されています[*1]し、学校が体罰を把握した場合には教育委員会への報告が求められます[*2]が、多くの場合報告書が提出されています。こうした制度上、学校が作成しなければならない文書について、後日、情報公開請求の制度によって開示の対象となる場合があるので、その点は注意が必要です。

　また、保護者に対する文書回答の義務がないとしても、あえて文書で回答することにメリットがある場合もあります。

　例えば、保護者がその就労状況などの理由から、平日に面談することが極めて困難な事情があったり、外国籍で日本語のやり取りが不自由な場合など、面談での回答に固執するとかえって解決が長引いたり、教員側の負担となってしまう場合があります。また、「言った」「言わない」の誤解をあらかじめ回避したいと考える場合にも、文書は有効です。

　さらに、すでに当事者の間で事実の確認を終えており、学校も一定の非を認めざるをえないと考えられるような事案では、信頼関係構築に向けた真摯な姿勢を明確に示す手段として、文書が活用される場合があります。

　このように、もし学校側が文書を作成する場合には、その文書は「見立て」を踏まえた「手立て」の1つとして、あえて文書で回答する目的・理由を明確にした上で作成することが大切です。

　また、文書を出す場合も、守れない可能性のある約束を記載しないなどの注意点もあり、文書を出す場合には専門家のチェックを得るなどの対応は重要です。

　保護者に言われたからとりあえず出す、というような消極的な位置づけで文書を作成しても、紛争が終わらない（場合によってはますます拡大させる）リスクがあるので、要注意です。

【補注】
＊1　文部科学省「学校事故対応に関する指針」(平成2年3月)
＊2　文部科学省「体罰の禁止及び児童生徒理解に基づく指導の徹底について(通知)」(平成25年3月13日)

2　会話を録音しようとする保護者

　近時、保護者が学校側との面談内容について、録音の許可を求める場合が散見されます。こうした申し出があると、面談におけるやり取りを客観的に保存しておいて、誰かに聞かせるつもりではないかなどと、つい警戒してしまうかもしれません。そして、録音がされている環境では、外部への録音データの流出を想定せざるを得ず、固有名詞を出して具体的に状況説明をすることなどは難しくなりますし、全体に形式的・抽象的なやり取りに終始してしまう恐れもあります。果たしてこうした対応で、解決に向けて率直な意見交換となるのか疑問が残るところです。

　そもそも校内で録音を許可するか否かは、基本的に学校側の裁量に属する事項であり、録音を拒否することには問題はありません。そこで、まずは保護者に対して、会話を録音することに伴う弊害を説明するなどしてお断りをすることが考えられます。

　ただし、現在ではスマートフォンなどを通じて、誰でも簡単に録音をすることが可能になりました。そして事前に了解を得ることなく、あるいは、断られたにもかかわらず、実際には録音していたというような場合(いわゆる秘密録音)であっても、そうした録音行為が直ちに違法行為となるわけではなく、裁判の証拠に使うことも許されると考えられています。この点について、酒席での参加者の発言の秘密録音が問題となった著名な判例(東京高裁昭和52年7月15日判決)がありますが、「その証拠が，著しく反社会的な手段を用いて，人の精神的肉体的自由を拘束する等の人格権侵害を伴う方法によって採集されたものであるときは，それ自体違法の評価を受け，その証拠能力を否定されてもやむを得ない」としつつ、無断で録取したにとどまる場合には証拠能力を有する、と判断しています。

　こうした秘密録音に関する技術的・法的な観点からすると、昨今では面談

のみならず電話での会話などについても、秘密録音がされている可能性が常にあるという前提に立って、常に慎重な言動を心がける姿勢が大切です。

3　長時間・頻回の電話や面談などの対応を求める保護者

　学校は、教育活動や学校運営の状況に関する情報を保護者に積極的に提供する必要があるため（学校教育法43条参照）、保護者への説明も教師の職務には含まれていると言えます。しかし、第三者の目から見て、すでに相当な範囲で説明をしているならば、たとえ目の前の保護者がその説明の内容に納得しなかったとしてもそれ以上の対応をする義務があるとは言えません。

　特に、勤務時間外にも保護者への対応に追われてしまうという現場の声を聴くことがありますが、学校現場では、時間外勤務を命じることができる事項は、子どもの実習に関する業務、学校行事に関する業務、職員会議に関する業務、非常災害等やむを得ない場合の業務に限られていますので、日常的な保護者対応はこうした業務には含まれていません。そのため、勤務時間外には原則として保護者対応をすることは予定されておらず、あくまでも教師個人の自主的判断による対応という位置づけになります。そうである以上は、できる限り対応しなければという発想を捨てて、「○時まで」あるいは「最長30分以内」など、無理のないルールを設ける姿勢が大切です。

　ただ現実には、こうしたルールを個々の教師が設定し、保護者に理解を求めることは難しい面がありますので、校長などの管理職から入学前や年度初めなどの節目節目で、保護者全体に向けて基本的なルールを説明するなどの取り組みも大切です。

　また、長時間・頻回に相談を寄せてくる保護者の中には、精神疾患等により精神状態が不安定で電話をかけてしまう、また、電話の内容もその時々でばらばらで、聴く側が振り回されてしまうという場合もあります。

　こうした保護者の方については、1つ1つの電話の内容を振り返り、その保護者のパターンを分析してみることもお勧めします。例えば、午前中の電話は攻撃的だけれども、夕方の電話は比較的落ち着いて現実的な話ができるというようなケースや、どうやら診察日などの特定の予定の前に不安定にな

るらしいなど、付き合い方の傾向が見つけられる場合もあります。こうした
リズムが把握できれば、こちらも相手の反応を事前に予測して落ち着いた対
応ができます。

4　弁護士や第三者を連れてくる保護者

　学校は、保護者に対して、子どもの学校内での生活状況等を報告する義務
はありますが、そのために第三者との面談や交渉に応じる義務はありません。
　その第三者と会うことが、子どもの最善の利益にかなうかどうか見極め
て、例えば同席させても学校側には弊害はなく、むしろ保護者が精神的に落
ち着くことが期待できるような場合には同席を認めるなど、是々非々で判断
をするとよいでしょう。
　これに対して、弁護士については、当事者の依頼を受けて、裁判等の訴訟
手続き以外であっても、法律事務全般を取り扱うことができます（弁護士法
3条1項）。法律事務というとわかりにくいかもしれませんが、例えば、学
校と保護者の間で、特定の事柄について、意見が合わず対立関係が生じてい
るような場面では、保護者の側にそうした要求をする権利や根拠があるの
か、学校の側に要求を受け入れる義務があるのかが問題になっているともい
え、これはまさに法律事務であるといえます。そうすると、当事者が弁護士
に、学校との話し合いを依頼したり、弁護士が当事者に代わって話し合いに
臨むことを、学校側で拒むことは困難です。
　ただ、弁護士は、そのほかの第三者とは異なり、まさに当事者の「代理人」
として介入しますから、学校が弁護士に伝えたことは、本人に伝えたことと
同視されます。
　また、多くの弁護士は、学校側の言い分も論理的に理解しますし、当事者
の言い分も、弁護士があらかじめ聴きとって整理した上で学校側に伝えるこ
ともよく行われます。そのため、学校関係者からは、弁護士の介入をきっか
けに、むしろ保護者との意思疎通が楽になったという声も聞かれます。
　他方で、弁護士が介入した後も、子どもたちの学校生活は現在進行形で続
いており、学校が積極的に問題を解決しなければいけない状況に変わりはあ

りません。

　「弁護士が入った以上は弁護士からの連絡を待っていればよい」というような待ちの姿勢になってしまうのではなく、場合によっては、弁護士に学校と保護者の間の通訳になってもらいながら、日常の教育活動を円滑に進める努力をしてほしいと思います。

　なお、弁護士法72条は、弁護士でない者が報酬を得る目的で法律事務を取り扱うことを禁止しています。保護者が、学校との交渉を弁護士以外の第三者に依頼し、保護者がその第三者に対価を払っている場合には、違法行為に当たる可能性があります。

5　特定の教員の交替や懲戒処分を迫られた場合

（1）特定の教員の交替（学校内での人事変更）を求められた場合

　まず、特定の教員の交替、とりわけ、クラス担任の変更などの要求が保護者から出される場合があります。

　学校内での校内人事、組織編成といった公務分掌の決定は、校長の権限とされていますので、校長は、校内人事の変更要求に対しては、その権限を行使するかどうかの判断を迫られます。

　その際には、交替を求められている当該教員の行った行動の悪質さ・問題の重大さ、再発防止の可能性が十分にあるか否か、実際に交替した場合に他の子どもたちや他の教員に及ぼす影響などの諸事情を考慮して、校内人事の変更の要否を判断することになると思われます。

（2）特定の教員に対する懲戒処分を求められた場合

　次に、保護者から特定の教員の懲戒処分を求められることもあります。

　この点、まず公立の学校の場合、学校や校長には、特定の教員に対して懲戒等の処分をする権限はない、ということを保護者には理解してもらう必要があるでしょう。すなわち、いわゆる県費負担教職員について、その採用や解雇などに関する人事権は都道府県教育委員会にあるとされています。

　もっとも校長は、所属の県費負担教職員の進退に関する意見具申を市町村

教育委員会にすることができ（地方教育行政の組織及び運営に関する法律39条）、市町村教育委員会はこれを付して都道府県教育委員会に内申をしますから（同法38条3項）、校長として一定の影響力を行使できることは言うまでもありません。

　逆に、このような方法を取ることなく校長が事実上教員に退職を迫るようなことをすれば、パワーハラスメントとの誹りを受けますから注意が必要です。

　また、免職・停職・減給・戒告といった懲戒処分についても、県費負担教職員については都道府県教育委員会に権限がありますが、懲戒処分に至らない文書訓告・厳重注意等は、服務監督権限のある市町村教育委員会が行うこととなりますから、この点の検討はする必要があるでしょう。

第7章

学校を取り巻く
そのほかの問題
Q&A

1 個人情報の取扱い

●質問●

学校在籍中の児童・生徒の写真を撮影して学校ホームページに掲載して公表したり、児童・生徒の住所・電話番号等の連絡先情報を入手して名簿を作成し保護者に配布したりする場合に、注意すべき点はありますか？

個人情報の保護については、公立学校では設置自治体の「**個人情報保護条例**」が、私立学校では「**個人情報保護法**」に定めがあります。

また、こうした条例・法律を前提として、2004（平成16）年には文部科学省が「**学校における生徒等に関する個人情報の適正な取扱いを確保するために事業者が講ずべき措置に関する指針**」を出し、翌年に指針についての解説がそれぞれ出されています。[*1]

これらの法令や指針等を踏まえた時の「個人情報」の扱いについての大まかな注意点は以下の通りです。

1 「個人情報」とは

法や条例が保護の対象としている「個人情報」とは、a）<u>生存する個人に関する情報であって</u>（個人情報性）、b）<u>当該情報に含まれる氏名、生年月日等やその他何らかの方法により特定の個人を識別することができるもの</u>（個人識別可能性）とされており、この2つの条件を満たすものは「個人情報」に当たることになります。

2 学校が「個人情報」を取得する際の注意

学校が「個人情報」を取得する場合、<u>①利用目的の特定と②取得に際しての利用目的の通知と同意が必要</u>です。

児童等が撮影された写真は、撮影された内容において個人の容貌が判別できる程度に写っている場合、a）個人に関する情報として、個人情報性があり、b）容貌が判別できることからそれ自体として個人の識別も可能といえ

個人識別可能性もあるため、「個人情報」に当たることになります。

　この場合、撮影の前に利用目的を明確にし（例えば学校ホームページへの掲載等）、これを本人・保護者に説明した上で撮影の了解を得る必要があります。

　同じく児童生徒の電話番号などの連絡先情報も、個々の児童生徒の氏名とひも付けされている場合、ａ）個人情報性、ｂ）個人識別可能性があり、「個人情報」に当たることになります。このためやはり、各児童生徒から連絡先情報を取得するに当たっては、利用目的を明確にして（例えば「学校における名簿作成」等）これを説明した上で提供してもらう必要があります。

３　学校が「個人データ」や個人情報を第三者に提供する場合の注意

　法では、個人情報の集合物のうち、特定の個人について容易に検索できるよう整理されたものを「**個人情報データベース等**」と呼び、また、その一部となっている各個人情報を「**個人データ**」と呼んでいます。例えばデジタルデータ化されていれば当然ですが、そうでなくても、児童等の顔写真に氏名等を付して名簿として紙媒体で管理している場合には検索可能となっているので「個人データ」と言えることになります。

　「個人データ」については、これを第三者に提供する場合に、各「個人データ」の本人の事前同意が必要とされています（個人情報保護法23条）。

　このため、児童の顔写真に氏名等を付して整理した名簿を民間の業者等に提供するには、事前に各本人及び保護者の同意がないとできないことになります。また、学校が作成している児童・生徒の連絡先名簿に記録されている各「個人データ」を本人以外の児童・生徒やその保護者に提供することも、事前に各本人の同意が必要ということになります。

　特定の児童等の学校行事等における顔写真などは、特に名簿等のように体系的に整理されていない限り、それだけでは上記の「個人データ」にはあたらないため、上記の意味での同意は不要です。とはいえ、容貌の写真として本人のプライバシー権が保障される必要があるので、この関係で、一般第三者が閲覧できることになるホームページ掲載はもちろん、容貌の写真は個人情

報に当たるのでこうした情報を第三者に提供するにあたっては、本人及び保護者の同意がやはり必要となります。

　なお、2017（平成 29）年改正前の個人情報保護法においては、個人情報の第三者提供をするに際し、あらかじめ以下（1）〜（4）の項目を本人に通知するか、または、本人が容易に知りえる状態に置いておくこと（オプトアウト方式）によって、個別の本人の同意を得ずに第三者提供できるとされていました（個人情報保護法 23 条 2 項）。

　　（1）第三者への提供を利用目的とすること

　　（2）第三者に提供される個人データの項目

　　（3）第三者への提供の手段又は方法

　　（4）本人の求めに応じて第三者への提供を停止すること

　しかし、人種・信条・社会的身分・病歴・犯罪歴・犯罪被害歴などの個人のプライバシー権・人格権の高度の保障対象となる情報は「要配慮個人情報」として、より慎重な配慮が必要であることから、2017（平成 29）年の個人情報保護法改正により、上記の要配慮個人情報については、オプトアウト方式での第三者提供は認められないとされるに至っています。

【補注】
＊1　「学校における生徒等に関する個人情報の適正な取扱いを確保するために事業者が講ずべき措置に関する指針」（平成 16 年文部科学省大臣）、同解説（平成 17 年文部科学省大臣官房総務課）
　この指針と解説は、直接には個人情報保護法が適用される私立学校が対象とされ、個人情報保護条例が適用される公立学校は直接の対象ではありませんが、公立学校においても「本指針などを参考にしつつ」適切な措置を講ずることが望まれるとされています。

2　学校教育と著作物の取扱い

●質問●

　学校教育の中で、小説や楽曲など著作物を利用する場合の注意点について
教えてください。

1　著作物を利用する際の原則

　小説や楽曲など、自分の考えや気持ちを作品として表現したものを「**著作
物**」といい、著作物を創作した人を「**著作者**」、著作者に対して法律によっ
て与えられる権利のことを「**著作権**」といいます。

　著作権の中には、著作物を印刷、写真、複写、録音、録画などの方法によっ
て有形的に再製する権利（複製権）、著作物を公に上演したり・演奏したり・
上映する権利（上演権・演奏権・上映権）などがあり、こうした複製（コピー）
や上演・演奏・上映には、著作権者の許諾が必要とされるのが原則です（著
作権法21条など）。

2　学校での著作物利用の場合の例外

　しかし、学校教育は国家にとっても個人にとっても大変重要であり、そし
て、教育をする上で著作物を利用する必要性は高いといえます。

　そのため著作権法では、教育活動については、例外的に著作権者の許諾が
なくても、著作物の複製と、教室以外の場所で同時に授業を受ける場合（遠
隔授業）にも著作物を提示すること（公衆送信）ができます（著作権法35
条1項）。

　もっともこのような場合でも、「著作権者の利益を不当に害することとな
る場合」許諾を要する（同但書）とされています。

〈著作権法35条1項〉

「学校その他の教育機関（営利を目的として設置されているものを除く。）
において教育を担任する者及び授業を受ける者は、その授業の過程におけ
る利用に供することを目的とする場合には、その必要と認められる限度に

おいて、公表された著作物を複製し、若しくは公衆送信（略）を行い、又は公表された著作物であって公衆送信されるものを受信装置を用いて公に伝達することができる。ただし、当該著作物の種類及び用途並びに当該複製の部数及び当該複製、公衆送信又は伝達の態様に照らし著作権者の利益を不当に害することとなる場合は、この限りでない。」

3　著作権者の利益を不当に害する場合とは

では、どのような場合には「著作権者の利益を不当に害する」と判断されるのでしょうか。この点について権利者側の各団体で組織された「著作権法第35条ガイドライン協議会」が以下のような点を含むガイドラインを公表しており参考になります。*1

（1）「授業の過程における使用」

「授業」とは、学習指導要領で定義されるものとされ、教科の授業に限らず特別教育活動である学校行事（運動会など）や、部活動、生徒指導など学校の教育計画に基づき行われる課外指導も含まれるとされ、この場合許諾なしで複製できることになります。

他方で、学級通信・学校便りや学校ホームページに掲載する場合や、子どもたちの自主的なサークル活動の中で利用する場合などは、「授業の過程」における使用にあたらないとされ、個別の許諾が必要ということになります。

（2）「授業を受ける者」

「授業を受ける者」とは授業を担任する者の指導の下にあることを要するとされ、社会教育の授業を受ける者も含むとされますが、研究授業や授業参観における参観者は「授業を受ける者」に当たらないとされています。

（3）「著作権者の利益を不当に害する」

児童生徒が授業を受けるにあたり、本来は購入・借受して利用することが想定されているものを、購入する代わりにコピーして配布するような場合に

は、「著作権者の利益を不当に害する」ものとされます。例えば、ドリル・ワークブックなどは、教育活動の中で1人1冊購入して利用することが本来的に予定されているといえますが、こうした著作物を購入させることなくコピーして利用するような場合がこれに当たります。

　また、著作権者の許諾なく利用できる場合であったとしても、「著作者人格権」を侵害しないように気をつけなければなりません。具体的には、著作者が著作物に込めた思想や意図を歪めるような編集や、誰が著作者なのかわからなくするような利用は許されません。

（4）出所の明示

　著作物を複製する場合には、複製物にその著作物の出所を明示する必要があり、このルールは教育活動の中で利用する場合にも適用されます。生徒に複製をさせる場合にも、教員は出所明示の指導を行う必要があります。

　出所明示の内容としては、以下のような項目を明示することが推奨されています。

- 書籍の場合：書名、作品名、著作者名、出版社名、発行年
- 雑誌・新聞の場合：掲載紙誌名、記事・論文名、著作者名、発行年月日
- 放送番組の場合：番組名、放送局名
- 音楽（CD）の場合：曲名、作詞・作曲者名、実演家名、レコード会社名
- 映画の場合：題名、製作者名、監督名、実演家名

4　営利を目的としない利用

　また、教育活動に限らず、営利を目的とせず、観客から料金をとらない場合には、公表された著作物を上演・演奏・上映・口述することができるとされています（著作権法38条1項）。ただし、出演者などに報酬を支払う場合にはこの例外規定は適用されません。

【補注】
＊1　「学校その他の教育機関における著作物の複製に関する著作権法第35条ガイドライン」（著作権法第35条ガイドライン協議会、平成16年3月）

3 ネット上での匿名の誹謗中傷への対応策

●**質問**●
　インターネット上での誹謗中傷などの匿名の書き込みについて、一般にはどのような対応ができるのでしょうか。

　インターネット上での書き込みなどを通じて名誉やプライバシーが侵害された場合、被害者としては、まずは「早くその書き込みを削除してほしい」と希望するでしょう。

　さらには、書き込みをした人物を特定して、今後、二度とこのようなことをしないように民事的な賠償を求めるなどの責任追及をしたい、と考える場合もあると言えます。

　そこで、それぞれの場合についてどのようなことができるか解説します。

1　任意に削除を求める方法

　削除を請求する相手としては、まず書き込みがされたサイトの管理者、その管理者や書き込みをした人物が契約しているプロバイダ、そして書き込みをした人物などが考えられます。

　任意に削除を求める方法として、もっとも簡便なものとしては、書き込みがされたサイトの管理者が利用者に提供しているガイドラインや、削除依頼用のフォームに従って申請をする方法です。

　ツイッターやインスタグラム、Facebook などの一般に広く使われているソーシャルネットワークサービスでは、それぞれに違法な投稿や問題のある投稿がされた場合の対応に関するガイドラインが公表されていますので、ぜひ一度確認をしてみてください。

　また、任意の削除請求の方法として、一般社団法人テレコムサービス協会の「**プロバイダ責任制限法　名誉毀損・プライバシー関係ガイドライン**」に基づく、「**送信防止措置依頼書**」の書式を利用して削除依頼することもできます（http://www.isplaw.jp/）。サイト管理者やサーバー管理者がこの書類

を受け取ると、情報発信者に対して情報の削除の可否について照会し、7日以内に反論がなければ当該情報が削除されます。

　もっとも、サイト管理者やサーバー管理者はこの照会を行う義務があるわけではありませんし、表現の自由に配慮してか削除に応じないことも多いようです。

　さらにブログなどの場合には、書き込みをした人物が氏名を公表していなくても、直接メールなどを通じて削除を求めるやり取りをすることもできます。ただし、この方法はますます炎上させてしまう危険性もあります。

2　裁判を通じて強制的に削除を求める方法

　任意の方法では、サイト管理者が削除要請に応じてくれない、または「裁判所の判断に従います」などの回答を受けてしまった場合には、司法による手続きを検討しなければなりません。

　具体的には、問題の情報が掲載されているサイトの運営者等を相手方として、削除請求仮処分や削除訴訟といった司法手続きを利用することになります。実務上は削除請求仮処分の申立を行う方が、訴訟に比べて解決までの時間が短くて済むので、この方法が利用されることが多いようです。ただし、仮処分を利用するには一時的に数十万円の担保金を用意する必要があり、まったく経済的な後ろ盾がない場合には選択しにくい方法です。

3　書き込みをした人物に責任追及をするための個人情報の調査

　問題の投稿を削除してもらうだけではなく、さらに書き込みをした人物を探し出して慰謝料の請求などをしたいという場合には、以下のような手続きを行う必要があります。

　匿名の書き込みをした人物の個人情報を取得するために、プロバイダ責任制限法に基づいて、発信者の情報を把握しているプロバイダに対して個人情報の開示を求めていくことになります。

　プロバイダ責任制限法4条1項では、①書き込みによって、書き込みがされた者（以下、「請求者」）の権利が侵害されたことが明らかな時、②発信者

の情報が、請求者の損害賠償請求権の行使のために必要である時などには、プロバイダやサイト管理者に対して、発信者の情報（氏名、住所、電話番号など）の開示を請求することができる、としています。

　では、誰が発信者情報開示請求の相手方になるのかというと、実名サイトであれば、個人情報が登録されているであろうサイト管理者に対して開示請求をすることになります。

　匿名サイトの場合には、書き込まれたサイトの管理者も書き込みをした人の個人情報は把握していないため、サイトの管理者に問い合わせただけでは個人情報にたどりつけません。そのため、まずサイト管理者に対して、問題の投稿が書き込まれた際に残された「投稿者の IP アドレス」、「投稿日時（タイムスタンプ）」の情報の開示を請求します。これによって、書き込みをした人物が契約をしている接続プロバイダを探すことができます。その後、投稿者が契約している接続プロバイダに対して、投稿者に関する発信者情報の開示請求を行い、書き込みをした匿名の人物を突き止めます。

　その上で、判明した人物に対して慰謝料請求などの法的な要求を行うことになるのです。

　これらの発信者情報開示請求をするためには、裁判所に対する発信者情報開示仮処分、あるいは、発信者情報開示請求訴訟を行います。

　このように、現状では、被害者側が、匿名の書き込みをした人物を特定してその責任を追及するためには、大きな負担を強いられ、迅速性にも欠けている実情があります。2020（令和 2）年のネット上の書き込みを苦にしたと見られる著名人の自死報道を契機に見直しを求める議論がされており、今後の法改正を注視する必要があります。

４　給食費未納への対応

●質問●
　給食費が未納となっている保護者には、どのように対応すればよいですか？

1　学校給食費の負担と請求権者

　公立学校の給食では、実施に必要な施設・設備・運営に要する経費などについては、学校設置者である自治体の負担とされていますが、それ以外の日々の食材費などの「学校給食費」については、学校給食を受ける児童生徒の保護者の負担とされ、保護者の義務とされています（学校給食法11条2項）。

　この学校給食費の支払義務を保護者が果たすべき相手、つまり、給食費を誰が請求するか（＝債権者）ついては規定がなく、このため学校給食費の会計処理のあり方について、従来から、公会計と私費会計の2つのやり方が取られてきています。

2　公会計と私費会計

　「公会計」処理とは、給食費などを自治体財政の中に位置づけ、予算を立て、歳入・歳出の管理を自治体として行うことであり、これに対し、「私費会計」処理とは、給食費などを各学校での収入・支出として処理することを意味します。

　公会計のもとでは、自治体（区市町村）が学校給食費の債権者となり、未納の場合には自治体が保護者に請求をしていくことになり、私費会計では、各学校の長である校長が債権者ということになります。

　そして、校長が未納の保護者に支払を催促しても支払がない場合、法的には、裁判所の支払督促や小額訴訟の手続を利用できることになります。

3　学校給食会計の現状と学校の負担

　学校給食の現状としては、その実施過程から、多くが個々の学校ごとの私

費会計として処理されてきた経緯があり、文科省による 2016（平成 28）年度調査でも、公会計化されている自治体は 4 割にとどまっているという調査結果となっています（ただし公会計化が増加しつつあると指摘されています）。

このため、私費会計のもとでは、未納の場合には、各学校の校長やその命を受けた担当教職員が保護者への催促を担ってきており、催促しても回収できない場合には校長が自己負担を強いられている、回収業務の負担が学校の多忙化の一因になっている、などの弊害が指摘されてきました。

4　給食費未納問題への対応の動き

こうした中、私費会計を取るところでも、自治体の支援のもと、学校が未納の保護者に、裁判所の支払督促や少額訴訟の制度などの法的手続を取る動きも出てきています。

また、この間検討されてきた学校における働き方改革に関する中教審答申と、これを受けた文科省通知において、学校給食費などの学校徴収金について「銀行振り込み・口座引き落としによる徴収を基本とし、その徴収・管理を学校ではなく、教育委員会事務局や首長部局が担っていくこと。仮に、学校が担わざるを得ない場合であっても、（中略）教師の業務としないようにすること」として、公会計化の方向が示されるに至っています（29 文科初第 1437 号）。

5 少年事件の流れ

●質問●

　私が副校長を務める公立中学校の2年生の男子生徒が傷害の疑いで逮捕されました。今後どのような手続きになるのでしょうか。

1　少年法の対象となる少年と少年法の理念「保護主義」

　少年法（以下「法」）は、20歳に満たない者を「少年」としています（法2条1項）。そして、14歳以上20歳未満の者で法律上の罪を犯した少年を「**犯罪少年**」（法3条1項1号）、②14歳未満で刑罰法令に触れる行為をした少年を「**触法少年**」（同2号）、③正当な理由がないのに家庭に寄りつかない、犯罪性のある人もしくは不道徳な人と交際し、またはいかがわしい場所に出入りする等、その性格または環境に照らして、将来、罪を犯し、または刑罰法令に触れる行為をするおそれのある少年を「**ぐ犯少年**」（同3号）としています。中学校2年生の場合、13歳と14歳が混在しますが基本的に14歳未満の少年が逮捕されることはないことから、本件の男子生徒は14歳に達していたと考えられます。

　法は、こうした少年に対して、「少年の健全な育成を期し、非行のある少年に対して性格の矯正及び環境の調整に関する保護処分を行う」ことを目的としており（法1条）、保護主義と呼ばれています。少年事件は手続きの全体を通してこの保護主義の理念が根底にあります。

2　少年事件の手続き

（1）ぐ犯事件の場合

　警察がぐ犯少年を補導した場合や少年相談などによってぐ犯少年が発見された場合、少年が14歳未満の場合は「要保護児童」として児童相談所又は福祉事務所に通告し（法3条2項、児童福祉法25条本文）、少年が14歳以上18歳未満の場合は、警察官の選択により児童相談所又は福祉事務所に通告するか、家庭裁判所に送致することとされ（法6条2項、同41条後段、

同 42 条 1 項後段）、少年が 18 歳及び 19 歳の場合は、家庭裁判所に送致することとされています（法 41 条後段、42 条 1 項後段）。

　児童相談所に通告がなされると、児童相談所が必要な調査を行い、必要性に応じて、①少年及び保護者を児童福祉司等に指導させる、②少年を里親に委託し、又は児童養護施設、児童自立支援施設に入所させる、③家庭裁判所に送致する等の措置がとられます（児童福祉法 26 条、27 条）。

　家庭裁判所に送致された後の手続きは、後述の犯罪事件の場合と同じです。

（2）犯罪事件の場合

ア　捜査段階での手続き

　犯罪行為を行った少年が 14 歳未満の場合は、刑事責任能力がないため逮捕されることはありませんが、「触法少年」として児童相談所に通告・送致されます。そして、児童相談所では児童福祉司らによる調査が行われ、その結果、家庭裁判所の審判に付するのが相当と判断された場合は、家庭裁判所に送致されます。

　一方、少年が 14 歳以上の場合は、刑事責任能力が認められるため、捜査段階では成人と同じく被疑者として扱われます。従って、少年が罪を犯したと疑うに足りる相当の理由があり、逃亡または罪証隠滅のおそれがある場合は逮捕されることがあります（刑事訴訟法 199 条 1 項）。逮捕された場合は48 時間以内に検察官に送致され、送致を受けた検察官は 24 時間以内に勾留請求を行うか、事件を家庭裁判所に送致します。勾留期間は原則として 10日間、やむを得ない事由がある場合にはさらに 10 日間の延長が可能です。

　もっとも、少年法は、保護主義の観点から、勾留については「やむを得ない場合」でなければすることができないと定め（法 43 条 3 項、48 条 1 項）、少年を勾留する場合には勾留場所を少年鑑別所にすることができるとしているほか（法 48 条 2 項）、勾留に代わる観護措置として、家庭裁判所調査官による観護措置と少年鑑別所送致等を定めています（法 43 条、44 条、17 条 1 項）。

　捜査の結果、犯罪の嫌疑があると思料される場合や犯罪の嫌疑がなくても家庭裁判所の審判に付すべき事由がある場合は全て家庭裁判所に送致されま

す（全件送致主義。法41条、42条）。

イ　家裁送致後の手続き

　捜査機関又は児童相談所から事件の送致を受けた家庭裁判所は、審判を行うために必要があると認めるときは、家庭裁判所調査官の観護に付すか、少年鑑別所送致のいずれかの観護措置決定を行います（法17条1項1号、同2号）。捜査段階で身柄拘束を受けていた少年の大半は少年鑑別所に送致され、少年鑑別所で、少年の身体の安全確保と心情の安定を図りつつ、知能検査、心理テスト、面接などを通じて少年の資質や性格、非行の背景事情等について調査を行います。観護措置の期間は、原則として2週間を超えることができず（法17条3項本文）、「特に継続の必要があるとき」は1回に限り更新することができます（同但書）。従って、家庭裁判所が少年鑑別所送致の観護措置決定を行った場合は、決定から2週間ないし4週間以内に審判が開かれます。なお、観護措置決定のされていないケースについては、審判までの期間に関する法律の定めはなく、事案ごとに異なります。

3　最終的な処分（家庭裁判所の審判の内容）はどうなるのか

（1）家庭裁判所の裁判官は、捜査機関から送られた捜査記録（法律記録）及び少年の身上に関する資料や少年鑑別所の鑑別結果等（社会記録）をもとに、非行事実の内容や少年の要保護性に鑑み、少年に必要な保護処分を決定します。決定の種類は以下のとおりです。

　【終局決定】

①　不処分（法23条2項）

　　非行事実なしを理由とする場合／保護処分不要を理由とする場合／別件保護中を理由とする場合

②　保護処分

　ⅰ　保護観察（法24条1項1号）

　ⅱ　児童自立支援施設・児童養護施設送致（同2号）

　ⅲ　少年院送致（同3号）

③　都道府県知事又は児童相談所長送致（法23条1項、18条1項）

④　検察官送致
　　i　刑事処分相当（法23条1項、20条）
　　ii　年齢超過（法23条3項、19条2項）
【中間決定】
試験観察（法25条）

（2）主な処分の内容の解説
　このうち「不処分」は、非行事実が確認できなかった場合や、調査・審判の過程で要保護性が解消されて保護処分の必要がないと判断される場合です。
　「保護観察」は、社会の中で更生を目指す処分であり、期間は概ね半年から1年程度です。保護観察中は、保護監察官や保護司の指導監督に服し、その指導のもと健全な生活習慣や規律の順守等を身につけることを目指します。
　「少年院」は、家庭裁判所から保護処分として送致された少年を収容しこれに矯正教育を授ける施設です（少年院法3条）。少年の犯罪傾向や心身の状態により下記のいずれかの少年院に、下記の期間収容されます。
　【少年院の種類】
　第1種：心身に著しい障害がない概ね12歳以上23歳未満の者
　第2種：心身に著しい障害がない犯罪的傾向が進んだ概ね16歳以上23歳
　　　　　未満の者
　第3種：心身に著しい障害がある概ね12歳以上26歳未満の者
　第4種：少年院において刑の執行を受ける者
　【期間】
　特別短期間：4か月以内／短期間：原則6か月以内／比較的短期間：8か
　　　　　　　月程度
　期間について処遇勧告なし（長期）：概ね1年程度
　比較的長期間：1年を超え、概ね2年以内／相当長期間：2年を超える期間

　「検察官送致」は、死刑または懲役または禁錮にあたる罪を犯した少年に

ついて、その罪質及び情状に照らして刑事処分に付するのが相当と認められる場合や、審判時に20歳以上に達している場合になされる審判です。2000（平成12）年の少年法改正により、検察官送致対象年齢が行為時14歳に引き下げられるとともに、行為時16歳以上で故意の犯罪により被害者を死亡させた事件については、原則として検察官送致の決定がされることになりました（法20条2項）。

中間決定としての「試験観察」は、終局的な保護処分を決定するために必要と判断される場合に相当の期間少年を調査官の観察に付する処分で（法25条1項）、在宅で行われる場合と、少年を補導委託先に移して行われる場合があります。

4　質問の生徒の場合

逮捕された男子生徒は、捜査機関による捜査を経て家庭裁判所に送致されます。家庭裁判所は事案の重大性その他の事情に鑑み、家庭裁判所調査官の観護に付すか、少年鑑別所に送致して審判に必要な調査を行います。家庭裁判所調査官の観護が行われる場合は、男子生徒は自宅に戻って従前の生活を続けながら調査を受け審判を待ちます。審判の結果、「不処分」になれば男子生徒は従前の生活に戻りますが、「保護観察」になった場合も、自宅に戻り学校に通いながら保護観察官や保護司の指導を受けます。また、「少年院送致」の審判であっても、出院後は復学することになります。

こうした児童生徒の場合は、従前から学校生活や人間関係に課題を抱えていることが多いのですが、非行をした児童生徒が再び学校に戻って居場所を得て、学びを継続することは、本人の改善更生と生活の安定において極めて重要です。

学校には、保護者や保護観察所との協力・連携の中で児童生徒の立ち直りを支えることが求められます。

【参考資料】
法務省矯正局・保護局「保護観察・少年院送致となった生徒の復学・進学等に向けた支援について」（令和元年6月）

6 子ども本人の虐待通告と保護者からの開示請求

●質問●

子どもが「親に虐待されている」と学校に文書で訴えてきました。保護者から「それを見せてください」と開示請求をされた場合、どう対応したらいいですか？

1 子どもが家庭で虐待を受けている事実について学校に訴えてくる場合

近年、いじめ防止対策推進法の施行に伴ってほとんどの学校で、児童生徒に対していじめについてのアンケート調査を実施しています。このアンケート調査を始め、子どもが、学校の教師に対し、家庭での虐待（いじめ）についての事実を申し出てくる場合があり、こうした場合、学校は子どもの個人情報を取得したことになります（第7章−1参照）。

2 学校が取得した児童生徒の個人情報と法定代理人からの開示請求

このような場合も含め、学校が児童生徒の個人情報を取得した場合、これを学校が第三者に提供することは、原則として禁止されています。もちろん、学校が、児童相談所や子ども家庭支援センターに虐待通告をする場合は例外とされています（公立小中学校の場合は各自治体の個人情報保護条例、私立学校の場合は個人情報保護法23条等）。

ただ、児童生徒の個人情報については、未成年者の個人情報であり、一般的には親権者（法定代理人）からの開示請求が認められていることから（個人情報保護法32条3項、同法施行令11条など）、保護者が、子の親権者法定代理人として、子に関する個人情報の開示を求めてくる場合があります。

3 親からの、虐待に関する個人情報の開示請求についての対応

このように一般的には、未成年者である子の個人情報については、法令上、親権者からの開示請求が認められていると言えます。

しかし、親から虐待を受けていることを内容とする情報を当該の親に開示

すれば、もし虐待が事実であった場合、親からの子への虐待が激化し取り返しのつかない事態となる恐れがあることも明らかです。

　こうした場合への対処として、私立学校に適用されることになる個人情報保護法には、「本人の生命、身体……の権利利益を害するおそれがある場合」について、本人（又は代理人である親権者）からの請求があっても（情報を）「開示しないことができる」（法28条2項）との規定があり、これを根拠として開示を拒否できると考えられます。

　また、公立学校に適用されることになる、地方自治体の個人情報保護条例も、個人情報の第三者への提供に当たって「当該個人情報に係る本人……の権利利益を不当に侵害することのないようにしなければならない」旨規定が置かれています。

　さらに、文部科学省の「学校における生徒等に関する個人情報の適切な取扱いを確保するために事業者が講ずべき措置に関する指針」では、本人の法定代理人（親権者など）から当該本人に関する個人情報の開示を求められた場合の留意事項として「本人に対する児童虐待……のおそれの有無を勘案すること」とされています。

　従って、質問のような親からの虐待についての、子から提供された情報については、開示を求められた自治体（教育委員会）や私立学校法人は、上記の規定を根拠として、<u>親権者からの開示請求を拒むことができ、また、拒む義務がある</u>ものと考えられます。

引用文献

1. 松木邦裕. 耳の傾け方—こころの臨床家を目指す人たちへ. 岩崎学術出版、東京、2015.

2. ハフシ・メッド. ビオンへの道標. ナカニシヤ出版、京都、2003.

3. 辻悟. 治療精神医学の実践：こころのホームとアウェイ. 創元社、2008.

4. 山本晃. 青年期のこころの発達第2報—情緒・知的障害の観点から—. 大阪教育大学障害児教育研究紀要、第23号、29 - 37、2000.

5. 山本晃. 青年期のこころの発達第3報—情緒・知的障害の観点から—. 大阪教育大学障害児教育研究紀要、第24号、22 - 33、2001.

6. 山本晃. 青年期のこころの発達第4報—情緒・知的障害の観点から—. 大阪教育大学障害児教育研究紀要、第25号、47 - 58、2002.

7. 齊藤万比古. 増補不登校の児童・思春期精神医学. 金剛出版、東京、2016.

8. 滝川一廣. 家庭のなかの子ども　学校のなかの子ども. 岩波書店、東京、1994.

9. 小倉清. 思春期に現れる乳児期来の諸問題. 子どもの危機にどう応えるか—時代性と精神科臨床、pp.69-102, 岩崎学術出版、東京、2020.

10. 成田善弘. 精神療法家の仕事—面接と面接者. 金剛出版、東京、2003.

11. Craig, W., Harel-Fisch, Y., Fogel-Grinvald, H., et al., A cross-national profile of bullying and victimization among adolescents in 40 countries. Int J Public Health, 54 Suppl 2, 216-224, 2009.

12. Harel-Fisch, Y., Walsh, SD., Fogel-Grinvald, H., et al., Negative school perceptions and involvement in school bullying: a universal relationship across 40 countries. J. Adolesc, 34, 639-652, 2010.

13. Iwanaga M, Imamura K, Shimazu A, et al., The impact of being bullied at school on psychological distress and work engagement in a community sample of adult workers in Japan. PLoS ONE, 13(5) e0197168, 2018.

14. 中井久夫. いじめのある世界に生きる君たちへ—いじめられっ子だった精神科医の贈る言葉. 中央公論新社、東京、2016.

15. 滝川一廣. 子どものための精神医学. 医学書院、東京、2017.

16. Department of Education and Training. A review of literature (2010-2014) on student bullying by Australia's Safe and Supportive School Communities Working Group, 2015.

17. Berger, KS., Update on bullying at school: science forgotten? Develop Rev 27, 90-126, 2007.

18. Nishina, A. and Juvonen J., Daily reports of witnessing and experiencing peer harassment in middle school. Child Develop, 76, 435-450, 2005.

19. Haynie, DL., Nansel T., Eitel P., et al., Bullies, Victims, and Bully/Victims: Distinct groups of at-risk youth. J Early Adolesc, 21, 29-49, 2001.

20. Weller JC. Abrasive teachers and principal response: a mixed-methods exploration of administrative decisions regarding teachers who bully students. Dissertations. 1535.
https://digitalcommons.andrews.edu/dissertations/1535.

21. Rigby, K. Bullying in schools and what to do about it. Revised and updated. Melbourne, Australian Council for Education Research, 2007.

22. Kenny, DT. Bullying: a research-informed discussion of bullying of young people in schools and workplaces. Development and Educational psychology, 2016.

23. Lodge, J. Working with families whose child is bullying: an evidence-based guide for practitioners. Australian Government, Australian Institute of Family Studies, 2014.

24. Zabolotsky, B., Bradshaw, CP., Anderson, CM., et al., Risk factors for bullying among children with autism spectrum disorders. Autism, 18, 419-427, 2014.

25. Schwartz, D., Subtypes of victims and aggressors in children's peer groups. Journal of Abnormal Child Psychology, 28, 181–192, 2000.
26. Juvonen, J. and Graham, S., Bullying in schools: The power of bullies and the plight of victims, Annual Rev Psychol, 65, 159-185, 2014.
27. Bollmer, JM., Milich, R., Harris, MJ., et al., A friend in need: The role of friendship quality as a protective factor in peer victimization and bullying. J. Interpersonal Violence, 20, 701–712, 2005.
28. 中沢たえ子. 子どもの心の臨床—心の問題の発生予防のために. 岩崎学術出版社、東京、1992.
29. 中沢たえ子. 障害児の心の臨床—知的・情緒的障害児とその親の心. 岩崎学術出版社、東京、2001.
30. Sabatier, C., et al., Emotion Regulation in Children and Adolescents: concepts, processes and influences. Psicol. caribe [online]. 2017, vol.34, n.1, pp.101-110.
31. 成田善弘. 精神療法の深さ. 金剛出版、東京、2012.
32. 山崎透. 不登校支援の手引き—児童精神科の現場から. 金剛出版、2019.
33. Unnever, JD., Bullies, aggressive victims, and victims: are they distinct groups? Aggressive Behavior, 31, 153-171, 2005.
34. van der Kolk, BA., Developmental Trauma Disorder: Toward a rational diagnosis for children with complex trauma histories. Psychiatric Annals, 35, 401–408, 2005.
35. van der Kolk, BA, The body keeps the score: Brain, mind, and body in the healing of trauma. Viking, 2014.
36. 大澤智子. 二次受傷—臨床家の二次的外傷性ストレスとその影響. 大阪大学教育学年報、7, 143-154, 2002.
37. 氏家享子. 発達障害児本人への診断名告知について考える：様々な疾病・障害も含む診断名告知に関する研究動向から. 東北福祉大学研究紀要 42, 95-110, 2018.
38. 佐藤孝子. 親が障害のあるわが子を受容していく過程での支援（第4報）：ライフサイクルを通した支援の指針. 小児保健研究、66, 779-788, 2007.
39. 中田洋二郎. 発達障害の家族支援における「障害受容」—その概念の変遷を巡って—. 応用心理学研究、44, 2, 131-138, 2018.

おわりに——補足として

　このとおり、この本は教師向けの本ですが、保護者の方で、この本を手にしている方もいらっしゃるかもしれません。以下はそのような方へのメッセージです。

　どうでしょうか。私たちなりに、不完全なりに、穴だらけのまま、意見の一致にも至らないまま、でも唯一「子どもたちのために」という共通の旗の下につどって、それぞれの専門分野や得意分野の知恵を結集させて、ウンウンと悩みながらこんな本を作ってみました。みなさんも専門分野や得意分野があるかもしれません。ないかもしれません。でもそんなことはどうでもいいですよね。だって親ほど身近な存在はいないのですから。そして我が子への愛情は、親を超えられる者など誰もいないのですから。それだけで十分ですよね。

　だから子どものことで何かの問題が起きたときにはあなたにも、チームの大切な一員として参加していただきたい。そうやって不完全なりに、穴だらけのまま、意見の一致にも至らないまま、でも唯一「子どもたちのために」という共通の旗の下につどって、お互いの知恵を結集させて、ウンウンと悩みながら、突破口となるような解答をいっしょに導き出していきたいと思っています。どうぞよろしくお願いいたします。

＜念のための補足＞

　このとおり、この本は大人向けの本ですが、当事者である子どもたちのなかで、この本を手にしている方もいらっしゃるかもしれません。以下はそのような方へのメッセージです。

　どうでしょうか。ここだけの話、弁護士さんに書いてもらった法律的なところは、大人である私でもチンプンカンプンなところがあったので、みなさんはもっとチンプンカンプンなところが多かったかもしれません。わからないところはそのまま華麗に既読スルーしていいので、以下のメッセージだけは読んでほしいと思います。

　みなさんは今、人生という物語の途上にいます。楽しいこともあり、悲しいこともあり、出会いもあれば、別れもある。ケンカをしたり、仲直りをしたり。ときには傷つき、あるいは誰かを、傷つけてしまうこともあるでしょう。世の中のひどさに絶望することもあれば、暗闇のなかに一筋の光を見出すこともあるでしょう。そのような様々な出来事を通して主人公は少しずつ成長し、数々の困難を乗り越え

て、ハッピーエンドを迎える。そうゆう物語。

　でも、実はそれって人生という物語の前編なんです。人生って実は大人になって
からが一番長い。大人である期間が圧倒的に長いんです。本当です。実際に大人に
なった私が言うんだからまちがいない。え？　たった一人の証言だけじゃ納得いか
ないって？　そりゃそうだ。だからみなさんのまわりの大人たちにも聞いてみてく
ださい。本当だから。大人の読者のみなさん。そうですよねぇ。振り返れば前編は
実に実に短い物語でしたよねぇ。。。

　そして前編の終わりで「こうして主人公は無事に大人になって、幸せに暮らしま
したとサ。めでたし。めでたし」ということはなくて、決して（!!!!!!）そんな夢物
語は起きなくて、もちろん大人になると自由度がアップした分だけ楽しいことも多
いし、グッと幸せにはなりますが、相変わらずつらいことも不幸なことも理不尽な
ことも起こるから、主人公はけっこう苦労しています。今だって締め切りに追われ
ながら、どうにかみなさんのお役に立てるようなメッセージを書こうと四苦八苦し
ているワケですよ。そしてこの物語も終わったら今度はおじいちゃんやおばあちゃ
んという後編の物語が始まる。そこでは悠々自適の老後ライフを謳歌したり、人生
の総まとめをしたり、あとに残す人たちに残したいものを残したりするのかな。私
はまだ未体験なのでわかりませんが。あれ。何の話だったっけ？

　そうそう。大人たちはみんな、そういったわけで、物語の前編をすでに完結させ
ているんです。そして無事に前編を書き終えた先輩として、たいていの大人たちが
今、思っているのは、後輩であるみなさんには、何としても「前編の物語をハッピー
エンドとして完結させてほしい」ということなんです。バッドエンドではなく、希
望と成長の物語にまで、どうにかこぎつけてほしいのです。前編の主人公であるみ
なさんのことを、たくさんの大人たちが見守っているんです。主人公が悪戦苦闘す
る姿をハラハラドキドキしながら「がんばって！」と応援しているんです。「もう
ちょっとの辛抱だから」と手に汗をにぎりしめながら。あるいは目に涙を浮かべな
がら「負けるなよ！」と必死に祈っているんです。ときには「次があるからダイジョ
ウブだよ。今はゆっくり休めばいいよ」となぐさめつつ、見えないところでしっか
り号泣しているんです。

　おい。佐藤。オマエは本当にそういうことをしているのか？　…え…え〜と…ざ
…残念ながら私は大人を専門としている精神科医なもので、直接のお手伝いはでき

ていません。でもこの本を通して出会った、子どものための活動をしている弁護士さんや児童精神科医の先生方は、まちがいなくみなさんの味方であり応援団です。それから学校の先生、養護の先生、スクールカウンセラー、さまざまな相談・治療機関や施設の先生や担当者の方々、いろんな電話相談の担当者の方々、もちろん親御さん、親せきのおじさん、親せきのおねえさん（←ここらへんの言葉のチョイスって重要だよねぇ）…みんな物語の前編を書き終えた人たちばかりで、後輩たちを応援している人のほうがずっと多いんです。だって人生という物語は3部作。一番長い中編を謳歌している先輩として、前編で奮闘中のみなさんを見たら、そりゃ応援しないではいられないじゃないですか!!!

　…さて、最後は言い訳で締めくくらせてください。ここに書いてあることには、きっと的外れだなあと思うこともあるでしょう。でも私たち著者は、前編とは比べ物にならないほど長い中編を生きていて、学校の数々の問題の当事者だった子どもだったのは、遠い遠い遠い遠～～い昔の話なのですよ。たとえば私などは、中編をもう20年以上にわたって生きているのですが、まだまだ中編は終わりそうにありません。長いな～。全く。だからみなさんの気持ちや考えからは、どうしてもズレてしまうことがあるだろうと思います。でもそんな当事者としての記憶がだいぶあやふやになっているというハンデを背負った不完全な大人たちが、みなさんの幸せのために、足りない頭を寄せ集めてこんな本を作ったのです。とりあえず努力だけは認めてやってください。そしてできればみなさんには、「いやいや、当事者の立場から言わせてもらうとね…」とか、「物語の主人公としては本当はね…」などというツッコミや添削を入れてくれるとうれしいです。

　そしてそうやって、（しょせん大人になっても人間は相も変わらず）不完全ですが、不完全なりに、穴だらけのまま、意見の一致にも至らないまま、でも唯一「人生の物語の前編をハッピーエンドにするために」という共通の旗の下につどって、お互いの知恵を結集させて、ウンウンと悩みながら、突破口となるような解答をいっしょに導き出していきたいと思っています。どうぞよろしくお願いいたします。

追伸：無事に前編をハッピーエンドで完結できた暁には、ぜひ私たちといっしょに、後輩たちを応援していきましょうね!!!

　　　　　　　　　　　　　　　　　　　　　編者　精神科医　佐藤克彦

●執筆者プロフィール（あいうえお順・＊印は編集委員）

加藤昌子（かとう　まさこ）

フリーランス通訳・翻訳家を経て 2012 年弁護士登録。南北法律事務所。東京弁護士会子どもの人権と少年法に関する特別委員会委員。児童福祉から学校問題まで幅広く関心を持ち、紛争解決のみならず、子どもたちへのいじめ予防授業や保護者向け講演等、予防啓発活動にも取り組む。共著に『子どもの虐待防止・法的実務マニュアル第 6 版』（明石書店、2017 年）。

佐藤克彦（さとう　かつひこ）＊

2001 年に東京医科歯科大学医学部卒業。東京都教職員互助会・三楽病院精神神経科科長。日本ブリーフセラピー協会・スーパーヴァイザー。日本 TFT 協会・会長、心の健康対策ネットワーク第三管区海上保安庁本部カウンセラー。共著に『解決の物語から学ぶブリーフセラピーのエッセンス』（狐塚貴博・若島孔文編著、遠見書房、2016 年）。専門は教職員のメンタルヘルス。

佐藤香代（さとう　かよ）＊

2004 年弁護士登録。法律事務所たいとう代表弁護士。養護教諭を母に持ち、学校問題に関心を抱く。2012 年に日本社会事業大学（専門職）に進学し、福祉の視点を学ぶ。共著に『Q&A 学校事故対策マニュアル』（明石書店、2005 年）、『Q&A 子どものいじめ対策マニュアル』（同、2007 年）、『週刊教育資料』の共同連載「教育問題法律相談」など。

澤田　稔（さわだ　みのる）

2000 年弁護士登録。池袋総合法律事務所パートナー弁護士。東京弁護士会子どもの人権と少年法に関する特別委員会前委員長。子どもの人権110番の運営に長年携わるほか、学校法律相談も担当する。共著に『Q＆A子どもをめぐる法律相談』（新日本法規出版）、『週刊教育資料』の共同連載「教育問題法律相談」など。

補永栄子（ほなが　えいこ）

奈良県立医科大学を卒業後、大阪大学医学部附属病院神経科精神科、大阪・兵庫の児童思春期精神科勤務を経て、2017 年よりクリニックおぐら。共訳書に『ラター　児童青年精神医学』『新版児童青年精神医学』（マイケル・ラター編、明石書店）、『人づきあいが苦手な人のためのワークブック―中高生が大人になるまでに身につけておくこと』（バーバラ・クーパー著、日本評論社）など。医学博士、子どものこころの専門医。

三坂彰彦（みさか　あきひこ）＊

1991 年弁護士登録。東京弁護士会所属。現在、吉祥寺市民法律事務所勤務。登録年より東京弁護士会・子どもの人権と少年法に関する特別委員会にて「子どもの人権救済センター」の活動に携わる。編著書『Q＆A子どものいじめ対策マニュアル』（明石書店）、『Q＆A子どもをめぐる法律相談』（新日本法規出版）、共著に『いじめと向き合う』（旬報社）等。

装　丁　　藤本孝明（如月舎）
本文デザイン　松田志津子
編　集　　堀切リエ

弁護士と精神科医が答える
学校トラブル解決 Q&A

2021 年 3 月 28 日　第 1 刷印刷
2021 年 3 月 28 日　第 1 刷発行

編　者　　佐藤香代・三坂彰彦・佐藤克彦
発行者　　奥川 隆
発行所　　子どもの未来社

〒 101-0052 東京都千代田区神田小川町 3-28-7-602
TEL 03-3830-0027　FAX 03-3830-0028
E-mail：co-mirai@f8.dion.ne.jp
http://comirai.shop12.makeshop.jp/

振　替　　00150-1-553485

印刷・製本　中央精版印刷株式会社